비트코인
슈퍼사이클
2026

일러두기
- 이 책에서 언급되는 정보는 투자 판단에 대한 조언일 뿐, 투자의 최종 판단과 책임은 투자자 본인에게 있음을 알립니다.
- 이 책의 정보는 2025년 상반기를 기준으로 작성되었습니다.

비트코인
폭발적 수익의 기회는
지금부터다

슈퍼사이클
BITCOIN SUPER CYCLE

2026

신민철(처리형) 지음

거인의 정원

서문

다시, 사이클의 정점 앞에서

　2024년 1월, 저는 《비트코인 슈퍼 사이클》이라는 제목의 책을 세상에 내놓았습니다. 비트코인을 공부하면서 발견한 '사이클'의 비밀은 절 설레게 만들었고, 이 비밀을 파헤쳐 사람들에게 알려야겠다는 신념하에 수개월을 완전히 연구에 몰입하며 보내기도 했습니다. 그 결과 4년 주기로 반복되는 비트코인의 가격 사이클, 그 사이클의 본질과 투자 전략, 그리고 다가올 네 번째 반감기를 앞두고 우리가 준비해야 할 실전적 사고방식을 담은 책이 완성되었습니다. 그렇게 나온 책을 다행히도 많은 분이 읽어주셨고, 기대보다 훨씬 큰 반향이 일었습니다.

　그로부터 1년 반이 흐른 지금, 이제 사이클은 정점에 가까이 다가가고 있습니다. 당시 제가 말씀드렸던 '4차 반감기 직전의 저평가된 기회'는 실제로 현실이 되었습니다. 《비트코인 슈퍼 사이클》이 출간되던 시점 비트코인은 약 5,000만 원 선에서 거래되고 있었고, 많은 분이 여전히 비트코인의 상승 가능성에 대해 의심하고 계셨습니다. 그러나 제가 슈퍼 사이클의 요인으로 지목했던 반감기로 인한 공급 충격과 현물 ETF로 인한 수요 충격을 거치면서 비트코인 가격은 상승을 이어갔죠. 2025년 초에는 미국 대통령 트럼프에 의해 미국의 '전략적 준비 자산 **Strategic Reserve Asset**'으로 편입되면서, 하나의 완전한 자산 클래스로 인정을 받았고 결국 가격은 고대하던 10만 달러를 넘기까지 했습니다.

지금에 와서야 많은 분이 말씀하십니다. "그때 사야 했는데…." 그러나 1년 반 전 대다수 사람은 그렇게 말하지 않았습니다. "ETF 효과는 일시적일 것입니다.", "반감기 효과가 과연 계속될까요?", "글로벌 금리가 너무 높습니다." 수많은 우려와 회의론 속에서 사람들은 머뭇거렸습니다. 그리고 그 틈을 놓치지 않은 소수의 투자자만이 시장이 움직이기 전 미리 움직였고, 그분들은 지금 상당한 보상을 받고 계십니다.

이 책은 그분들의 이야기이기도 합니다. 동시에, 아직 기회가 남아있는 여러분의 이야기이기도 합니다.

저는 이번 후속작에서 다시 '사이클'을 이야기하려 합니다. 다만 이번에는 단순한 추론이 아니라, 그 예측이 어떻게 실현되었는지를 확인하고, 남은 사이클에서 어떤 전략이 필요한지를 구체적으로 다룰 것입니다. 우리는 지금 사이클의 어느 국면에 와 있을까요? 이 상승장이 끝나면 시장은 어떤 흐름을 타게 될까요? 우리는 어디까지 올라갈 수 있고, 언제쯤 매도하는 것이 현명할까요? 그리고 지금이라도 진입하는 것이 늦은 건 아닐까요?

전작에서는 사이클의 초입에서 무엇을 어떻게 사야 할지를 중점적으로 말씀드렸습니다. 이번 책에서는 사이클의 후반부에서 무엇을 언제, 어떻게 팔아야 할지에 대해 얘기하고자 합니다. 투자는 아름다운 매수만큼이나 중요한 아름다운 매도에서 완성되기 때문입니다. 많은 분이 비트코인 가격이 오르자 뒤늦게 매수에 나섰고, 지금 시점에도 여전히 "언제 팔아야 하나요?"라는 질문이 쏟아지고 있습니다. 그러나 대부분은 준비가 되어 있지 않습니다. 계획 없이 뛰어든 투자자는 계획 없는 결말을 맞게 됩니다. 이 책은 그 결말을 조금 더 긍정적인 방향으로 바꾸는 데 도움이 되기 위해 쓴 책입니다.

전작의 서문에서도 이론을 공부하기 위한 책이 아닌 돈을 벌기 위한 투자서로서 책을 집필했다고 강조하였습니다. 이번 책도 마찬가지입니다. 이 책의 목적 역시 독자 여러분이 더 많은 돈을 벌 수 있도록 도와드리는 것에 있습니다. 철저하게 투자서로서 존재하며 독자들의 투자 성공 확률을 높이고, 열망하던 경제적 자유에 한걸음 더 다가설 수 있도록 돕는 교재가 되었으면 합니다.

저는 여전히 같은 원칙을 강조하고 싶습니다. '낮은 리스크, 높은 수익'은 이상론이 아니라 적절한 타이밍과 확신의 산물입니다. 2024년 초는 리스크는 상대적으로 낮고 기대 수익은 컸던 구간이었습니다. 지금은 반대로, 수익은 이미 상당 부분 현실화되었고 리스크는 점점 커지고 있습니다. 그렇다면 지금 우리는 무엇을 해야 할까요? 더 높은 수익을 기대해야 할까요, 아니면 차분히 수익을 지켜야 할까요?

이 책은 사이클 고점에서의 전략, 그리고 다음 사이클을 위한 준비에 대한 투자 실전서입니다. 비트코인뿐 아니라 주요 알트코인, 시장 내러티브, 온체인 분석, 기술적 지표, 거시경제 흐름 등을 종합적으로 분석하여 현실적인 시나리오를 구성했습니다. 특히 '어떻게 수익을 실현할 것인가'에 대한 전략적 가이드를 본격적으로 제시하고자 합니다. 왜냐하면 사이클의 초입에서 성공하는 투자자는 많지만, 사이클의 끝에서 이성을 유지하고 다음 사이클을 준비하는 투자자는 그리 많지 않기 때문입니다.

    지금 우리는 또 한 번의 중요한 분기점에 서 있습니다. 사이클은 언제나 반복되지만, 준비된 사람들만이 그 안에서 보상을 얻을 수 있습니다. 전작인 《비트코인 슈퍼 사이클》이 여러분을 '기회의 문' 앞에 데려다 놓았다면, 이번 책에서는 그 문을 '어떻게 통과하고 앞으로 나아갈 것인가'를 알려드리고자 합니다. 함께 이 사이클을 현명하게 마무리하고, 여러분이 다가올 다음 사이클의 기회도 놓치지 않길 희망합니다.

2025년 7월, 신민철

차례

서문 다시, 사이클의 정점 앞에서　　　　　　　　　　　　　　4

1부
지금까지의 비트코인 사이클 진단

1　왜 지금 다시 사이클을 이야기해야 하는가?　　　　　　15
2　2013년 첫 번째 사이클: 시장의 원시적 열정과 극단적 변동성　　18
3　2017년 두 번째 사이클: 비트코인의 대중화와 광기의 정점　　24
4　2021년 세 번째 사이클: 제도권의 문턱에서, 신뢰와 붕괴의 교차　　29
5　2023~2025년 네 번째 사이클:
　　회복과 초입, 그리고 다시 정점을 향해　　　　　　　　35
6　계단식 상승을 보여주는 4차 사이클　　　　　　　　　45

2부
무엇이 비트코인 가격을 결정하는가

1 전통 자산과 다른 비트코인의 가격 메커니즘　　　　　　　　　**59**
2 디지털 희소성과 유동성이 상호작용하는 가격 역학　　　　　　**69**
3 상품자산과 위험자산이 결합한 하이브리드 자산　　　　　　　**78**
4 4차 사이클의 진행 속도가 변화한 결정적 이유　　　　　　　　**83**
5 시차를 두고 비트코인 가격에 반영되는 유동성　　　　　　　　**96**

3부
폭발적 상승장을 맞이할 비트코인

1 비트코인 슈퍼 사이클에 대한 예측　　　　　　　　　　　　　**109**
2 폭발적으로 상승할 준비를 마친 비트코인　　　　　　　　　　**127**
3 비트코인이 폭등할 시기는 언제일까　　　　　　　　　　　　　**134**
4 길어지고 있는 비트코인 슈퍼 사이클　　　　　　　　　　　　**145**
5 사이클의 정점 비트코인 가격은 얼마일까　　　　　　　　　　**152**

4부
2025~2026 알트코인 사이클 전망

1 사이클이 예견하는 알트코인 불장　　　　　　　　　**159**
2 암호화폐 시장의 패러다임을 바꾸는 AI 토큰　　　　**168**
3 실물 자산 연동으로 수익을 창출하는 RWA　　　　　**177**
4 집단적 감정이 가격을 결정하는 밈코인　　　　　　**185**
5 알트코인 투자 최적의 타이밍　　　　　　　　　　　**195**
6 사이클에 따른 4단계 자금 배분 전략　　　　　　　**202**
7 알트코인 시즌은 언제 끝날까　　　　　　　　　　　**210**

5부
비트코인 정점을 알리는 신호들과 매도 전략

1 사이클의 끝을 알리는 7가지 신호들　　　　　　　**223**
2 온체인 데이터가 알려주는 사이클 정점　　　　　　**232**
3 세 번의 사이클로 검증된 신호 강도 매도법　　　　**240**
4 반드시 지켜야 할 비트코인 매도 원칙　　　　　　**250**

5	비트코인 가격 추측 모델 ①: 시가총액 접근법	**257**
6	비트코인 가격 추측 모델 ②: 전문가 견해와 시장 기대치	**265**
7	비트코인 가격 추측 모델 ③: 데이터 기반 구조적 예측	**275**
8	실전 투자자를 위한 분할 매도 전략	**283**

6부
진짜 투자는 슈퍼 사이클 이후부터다

1	반드시 다음 사이클을 준비하라	**295**
2	3가지 자산으로 수익금을 리밸런싱하라	**298**
3	멘탈 리셋, 투자 휴식기를 가져라	**306**
4	비트코인의 최종 도달점은 어디인가	**313**

맺음말 그릇을 키우는 시간   **323**

BITCOIN SUPER CYCLE

1부
지금까지의 비트코인 사이클 진단

비트코인의 가격은 반감기를 중심으로 하는 명확한 사이클에 따라 움직인다. 그러나 이번 사이클에서 비트코인 가격은 과거 사이클과 비슷한 양상으로 흘러가면서도, 분명하게 달라진 모습을 보여주고 있다. 1부에서는 4차 사이클에 변화가 발생한 근본적인 이유는 무엇인지 살펴보고, 이를 통해 앞으로 비트코인 시장이 어떻게 흘러갈지 예측해 보고자 한다.

1

왜 지금 다시
사이클을 이야기해야 하는가?

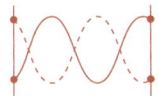

비트코인이라는 자산은 언제나 극단적인 가격 변동성으로 언론의 조명을 받아왔다. 2021년 11월 약 6만 9,000달러라는 사상 최고가를 찍었을 때, 사람들은 "이제는 진짜 디지털 금의 시대가 왔다"고 말했다. 그러나 그로부터 불과 12개월 후 1만 5,470달러까지 폭락하자 시장은 "끝났다"는 이야기로 가득 찼다. 아이러니한 것은 이 모든 흐름이 이전에도 똑같이 반복되었다는 점이다.

이 책의 전작이었던 《비트코인 슈퍼 사이클》에서 나는 '2024년이 시작되며 비트코인은 다시 반등의 궤도에 진입할 것이고, 그것은 우리를 슈퍼 사이클로 이끌 수 있다'고 썼다. 이제 그 예측을 점검하고, 우리가 지금 어디에 서 있는지를 정확히 진단해야 할 시점이다. 왜냐하면 "지금 비트코인은 사이클상 어디에 와 있는가?"라는 질문이 정말 중요한 문제이기 때문이다. 단순히 가격이 올랐다고 해서 사이클이 절정에 가까워졌다고 볼 수는 없다. 그 반대의 경우도 마찬가지다. 우리는 데이터와 구조, 시장의 심리와 패턴을 종합적으로 분석해야 한다. 그래야만 현재 사이클이 어느 정도 진행되었는지 파악할 수 있고, 사이클 후반부의 전략에 대해 생각할 수 있다.

비트코인은 2025년 7월 기준 약 11만 달러 선에서 움직이고 있다. 지금 우리가 보고 있는 시장은 단기 급등의 결과가 아니다. 그것은 수년에 걸쳐 형성된 에너지, 기술적 구조, 온체인 On-Chain 흐름, 거시경제 완화 기조의 결합에서 비롯된 하나의 필연적 반응이다. 따라서 지금이야말로 비트코인 사이클을 다시 짚어보고, 우리가 어떤 위치에 와 있는지를 냉정히 분석해야 할 시점이다.

2025년의 우리는, 단지 상승을 기대하는 '희망적 투자자'가 아니라, 패턴과 확률을 기반으로 판단하는 '전략적 투자자'여야 한다. 이 장에서는 바로 그 전략적 관점을 위한 출발선 위에 서기 위해, 2025년 현재 비트코인이 사이클상 어디에 와 있는지를 데이터로 정밀하게 진단할 것이다.

과거 사이클 총정리: 반복의 역사

비트코인 사이클은 단순히 '가격의 등락'을 의미하는 게 아니다. 비트코인 사이클의 핵심은 반감기 Halving를 중심으로 반복되는 '구조적 변화'이다. 약 4년마다 채굴로 받을 수 있는 비트코인의 블록 보상이 절반으로 줄어드는 반감기는 공급 감소를 의미하고, 시간이 지나며 가격에 반영된다. 중요한 점은 대개 반감기 이후 12~18개월간 급격하게 가격이 상승했다는 점이다.

이러한 사이클은 2013년, 2017년, 2021년에 정확히 같은 형태로 반복되었다. 각 시기마다 비트코인 가격이 정점을 찍은 이후 약 1년간의 하락장이 뒤따르는 일이 발생했다. 비트코인 투자를 '감'이 아닌 '패턴'에 따라 올바르게 하려면 이 사이클을 이해하는 것이 유일한 방법이다. 이제 첫 번째 사이클부터 하나씩 되짚어보도록 하겠다.

■ 과거 비트코인 사이클 당시 가격 최저점부터 최고점까지의 역사

출처: ecoinometrics.com

2

2013년 첫 번째 사이클: 시장의 원시적 열정과 극단적 변동성

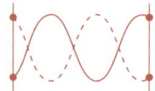

■ 2013년 비트코인 첫 번째 사이클

출처: glassnode.com

비트코인의 첫 번째 메이저 사이클은 2012년 말에서 2013년 말 사이에 본격적으로 전개되었다. 지금 와서 보면 단순히 숫자상의 상승이 아니라, '디지털 자산'이라는 개념이 처음으로 글로벌 시장에 충격을 던졌던 역사적인 시기였다. 이 사이클에서 약 2달러 수준이던 비트코인은 1년 남짓한 시간 동안 1,100달러 이상으로 상승하면서 무려 500배가 훨씬 넘는 수익률을 기록했고, 이후 약 200달러 아래까지 85% 하락하는 폭락을 겪었다.

2013년 1차 비트코인 사이클
- 시작가: 약 2.5달러(2011년 11월)
- 고점: 약 1,134달러(2013년 12월)
- 상승 배수: 약 553배
- 종료 후 저점: 약 172달러(2015년 1월)
- 종료 후 하락률: 약 -85%

하지만 단순히 숫자만으로 이 사이클을 해석하면 본질을 놓칠 수 있다. 이 시기는 일종의 '비트코인 원시기'로, 모든 것이 실험적이었고, 참여자들은 탐험가와 같았다. 거래소, 보안, 수탁, 투자자 보호 등 시장에 필요한 거의 모든 것이 없던 시기였다. 오로지 블록체인과 암호화폐의 미래에 대한 믿음만으로 모인 사람들이 만들어낸 극단의 상승과 극단의 하락이었다. 첫 번째 사이클은 비트코인이 단순한 기술에서 자산으로 변모하기 위한 통과의례와도 같았다.

2013년 당시 비트코인의 거래는 사실상 단일 거래소 마운트곡스 Mt. Gox에 의해 지배되고 있었다. 일본에 기반을 둔 이 거래소는 전 세계 비트코인 거래량의 약 70~80%를 처리했는데 사용자 인터페이스부터 보안, 출금 정책까지 모든 것이 매우 원시적인 수준이었다. 거래 지연, 출금 정지, 서버 과부하 등은 일상이었고 '시장가 주문' 한 번이 전체 호가창을 뒤흔드는 상황이 비일비재했다. 결국 이 취약한 인프라는 이후 대규모 해킹 사태로까지 이어졌고, 마운트곡스는 2014년 초 약 850,000BTC를 분실했다며 파산을 신청하게 된다.

그러나 2013년 당시만 해도 시장은 이 리스크를 인식하지 못하거나 무시했다. 비트코인이 거래가 된다는 사실 자체가 기적이었고, 누군가에게 0과 1로 구성된 디지털 토큰을 보내는 일이 '가치'로 전환된다는 체험은 그 자체로 충격이었다.

사실 첫 번째 사이클의 주인공들은 대중이 아니었다. 오히려 철저하게 '비주류'였다. 사이퍼펑크Cypherpunk(권력에 반하는 저항 정신) 정신에 동조한 기술자들, 리버테리언Libertarian(개인의 자유를 중시하는 철학) 사상에 매료된 철학자들, 그리고 무료로 비트코인을 채굴할 수 있었던 초기 채굴자들이 시장을 이끌었다.

이들은 단순히 가격 상승을 위한 참여자가 아니라 '디지털 화폐를 통한 금융 해방'을 믿었던 이상주의자들이었다. 특히 비트코인의 창시자인 사토시 나카모토Satoshi Nakamoto가 사라진 이후, 이 사상은 더욱 신화화되며 많은 사람들이 비트코인을 '디지털 혁명'의 상징으로 인식하게 됐다.

당시 시장에는 펀더멘털Fundanmental 분석과 거시경제적으로 비트코인에 접근하려는 시선, ETF 같은 제도권의 손길이 없는 상태였다. 오직 코드, 채굴 난이도, 블록 보상, 암호화폐 관련 포럼 내 토론이 가격과 시장 참여를 좌우했다. 자율성과 순수성은 있었지만, 그만큼 가격은 아무런 기준 없이 날아오르거나 떨어지기 일쑤였다. 그럼에도 불구하고 첫 번째 사이클에서부터 비트코인은 이후 맞이하게 될 엄청난 가격 상승의 잠재력을 보여주었다.

가격 급등의 메커니즘: 제한된 공급과 제한된 수요의 충돌

2013년의 급등은 본질적으로 '희소성'과 '호기심'의 충돌이었다. 총 발행량이 2,100만 개로 제한된 구조, 채굴 난이도의 점진적 상승, 1차 반감기(2012년 11월)를 통한 공급 감소 등은 매우 한정된 수급 환경을 만들었다. 이런 상황에서 비트코인을 처음 알게 된 소수의 글로벌 투자자들이 거래소를 통해 매수를 시작했고, 수요는 기하급수적으로 증가했다. 하지만 시장에 떠도는 코인 수량이 너무 적었고, 유동성은 부족했기 때문에 단 몇 백만 달러의 신규 유입만으로도 가격은 폭등할 수 있었다.

당시 비트코인의 시가총액은 고점 기준으로 약 140억 달러 수준이었는데, 이는 지금 기준으로 보면 단일 밈코인보다도 낮은 규모다. 이런 극단적인 유동성 결핍 상황은 비트코인 가격이 비정상적으로 빠르게 상승하고, 다시 빠르게 하락하는 버블 붕괴 구조를 낳았다.

2013년 말 비트코인은 전 세계 언론의 헤드라인을 장식했고, 일부 국가에서는 금지령이 떨어졌다. 2013년 12월, 중국인민은행(中國人民銀行)은 비트코인에 대한 부정적 입장을 내며 거래소 폐쇄 조치를 유도했고, 이는 시장 전체에 충격을 안겼다. 동시에 거래소인 마운트곡스 내의 시스템 장애와 루머가 퍼지면서, 투자자들은 출금을 시도했지만 막혀버렸고, 이는 패닉셀로 이어졌다. 하락은 비정상적으로 빠르고 깊었다. 1,150달러였던 비트코인은 단 몇 개월 만에 400달러 수준으로, 이후 1년여에 걸쳐 200달러 이하까지 추락했다. 그리고 약 1년 동안 시장은 침묵의 시간을 보냈다.

이 시기의 하락은 단순한 가격 조정이 아니라 '비트코인이란 것이 존재할 이유가 있는가?'라는 근본적인 회의로 이어졌다. 많은 투자자들이 코인을 잊거나 지갑을 삭제했고, 일부는 영원히 시장을 떠났다. 이른바 '죽은 지갑(블록체인상 기록이 남아 있지만 전혀 활동이 이뤄지지 않아 사실상 비트코인이 담긴 지갑이 들어 있는 하드디스크나 접근하기 위한 비밀번호를 주인이 분실한 것으로 판단되는 지갑)'은 이 시기 대거 생성되었다.

놀라운 것은 그 이후다. 2015~2016년, 극소수의 생존자들이 다시 시장을 복구하기 시작했고 새로운 기술, 특히 이더리움ETH의 등장과 ICOInitial Coin Offering 모델을 중심으로 암호화폐 시장은 재편된다. 비트코인은 '생존했다'는 사실 자체만으로 신뢰를 얻기 시작했고, 가격은 다시 상승세를 탔다.

이후 도래한 2차 사이클(2017년)은 바로 이 '생존의 기억' 위에 구축된 것이었다. 그리고 그 모든 출발점은 바로 2013년, 미지의 세계를 향한 이상과 투기가 맞닿았던 이 첫 번째 사이클에 있었다.

3

2017년 두 번째 사이클: 비트코인의 대중화와 광기의 정점

■ 2017년 비트코인 두 번째 사이클

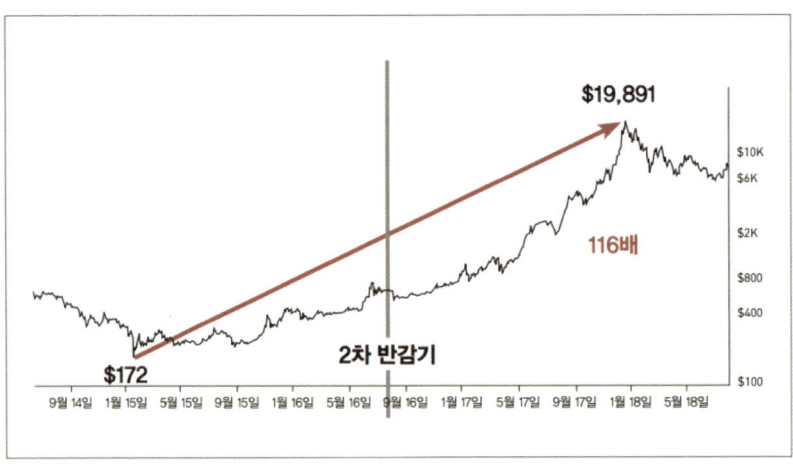

출처: glassnode.com

2017년은 비트코인이 '기술 덕후들의 장난감'에서 '대중의 투기 자산'으로 탈바꿈한 해였다. 비트코인은 2015년 저점인 172달러를 찍은 이후 약 2년 반 만에 100배 가까이 상승하며 1만 9,900달러까지 치솟았다. 두 번째 사이클은 단순한 자산 가격 상승이 아닌, 암호화폐라는 개념 자체가 글로벌 대중의 심리 속으로 급속하게 침투한 시기였다.

2017년 2차 비트코인 사이클
- 시작가: 약 172달러(2015년 1월 저점 기준)
- 고점: 약 1만 9,900달러(2017년 12월)
- 상승 배수: 약 116배
- 종료 후 저점: 약 3,200달러(2018년 12월)
- 종료 후 하락률: 약 -84%

그리고 그 진입로를 연 건 단연코 '이더리움'과 'ICO'였다. 2015년 이더리움이 출현한 이후 스마트 컨트랙트Smart Contract(스마트 계약이라고도 하며 중개자 없이 자동으로 실행되는 조건 기반의 디지털 계약) 기반 토큰 발행이 가능해지자, 수천 개의 신규 프로젝트가 경쟁적으로 토큰을 발행했고, 이들 중 상당수는 백서만으로 수천만 달러를 유치하며 자금 조달의 신기원을 이뤄냈다.

비트코인의 첫 번째 사이클이 '디지털 희소성과 탈중앙 자산'을 실현하려는 실험이었다면, 두 번째 사이클은 탈중앙화 금융 생태계에 대한 상상력 그 자체였다. 이더리움은 단지 암호화폐가 아닌 "누구나 탈중앙 서비스를 직접 구축할 수 있는 월드 컴퓨터"라는 비전을 들고 등장했다.

이 기술은 곧바로 투자 수단으로 전환됐다. 바로 ICO다. ICO는 기업공개**IPO**처럼 토큰을 발행해 초기 투자자에게 판매하는 방식인데, 법적 규제가 사실상 전무했고, 누구든지 스마트 계약만 올리면 프로젝트를 시작할 수 있었다. 2017년 한 해 동안 1,000개 이상의 ICO가 진행됐고, 그중 상당수가 일주일 만에 수십 배의 수익을 기록하며 대중의 관심을 끌었다. "비트코인은 끝났다, 다음 이더리움을 찾아라", "이제는 코인으로 돈을 번다"라는 말이 일반인의 입에서도 나오기 시작했다.

ICO 열풍은 일반 투자자들에게 "이 기회를 놓치면 평생 후회할지도 모른다"는 FOMO**Fear of Missing Out**(뒤처질까 두려워 매수에 광적으로 참여하는 행위) 심리를 촉발했다. 유튜브, 블로그, 카카오톡 단톡방, 각종 커뮤니티에는 매일 수백 개의 새로운 코인이 추천됐고, 수익 인증글은 투자자들의 심리를 끊임없이 자극했다.

한국에서는 '김치 프리미엄'이라 불리는, 한국 거래소에서 비트코인 가격이 해외보다 20~30% 이상 비싸게 거래되는 왜곡 현상이 벌어졌다. 단순히 시장에 대한 정보 부족으로 발생한 일이 아니라 '돈을 벌 수만 있다면 무엇이든 하겠다'는 심리에서 비롯된 유동성 광풍이었다.

해외도 사정은 비슷했다. 미국, 유럽, 일본, 동남아까지 수많은 사람들이 갑자기 투자자가 되었고, 대부분 기술보다는 수익에 관심이 있었다. 프로젝트들이 발행한 토큰 수는 폭증했고, 전 세계 거래소의 코인들에 대한 정보를 제공하는 CMC**CoinMarketCap**에 등록된 코인은 순식간에 수천 종으로 늘어났다.

비트코인은 이 투기적 열풍의 중심에 있었다. 비트코인을 구매해 이더리움으로 바꾸고, 이더리움으로 또 ICO에 투자하는 구조. 즉, '유동성의 거대한 관문' 역할을 하며 비트코인 가격은 급속히 상승했다.

거품과 붕괴: ICO의 붕괴, 신뢰의 붕괴

2017년 12월, 비트코인은 역사적 고점인 약 1만 9,900달러에 도달했다. 이 시점에서 누적 수익률은 약 116배에 달했다. 그러나 이 정점에서 이미 여러 붕괴의 조짐은 보이고 있었다. 일부 ICO 프로젝트가 자금을 모은 후 연락이 두절되었고, 개발이 지연되거나 '백서뿐인 공약'으로 판명된 경우도 속출했다.

SEC(미국 증권거래위원회)는 2017년 말부터 일부 ICO를 '무허가 증권 발행'으로 간주하며 법적 조사를 시작했고, 이는 시장 심리를 급속도로 위축시켰다. 2018년 1월부터는 글로벌 차원에서 'ICO 사기'에 대한 뉴스가 이어졌고, 투자자들은 빠르게 자금을 회수하기 시작했다.

비트코인은 한 달도 되지 않아 1만 달러 아래로 떨어졌고, 이후 1년간의 하락 추세 끝에 2018년 12월 약 3,200달러까지 폭락했다. 전체 하락률은 대략 -84%. 단순한 조정을 넘어선 '심리 붕괴'가 벌어진 것이다.

이 하락은 단지 숫자의 문제가 아니었다. 많은 사람들이 부자가 될 꿈을 안고 뛰어들었다가, 큰돈을 날렸다. 갓 직장에 자리 잡은 사회 초

년생, 등록금을 투자한 대학생, 퇴직금 전액을 넣은 은퇴자들까지 다양한 계층이 피해를 입었고 단순한 투자 손실을 넘어 많은 사람들의 삶의 기반이 붕괴되는 일로 이어졌다.

이 시기에는 '비트코인은 사기다'라는 담론이 다시 고개를 들었고, 언론은 연일 버블 붕괴, 디지털 튤립, 기술주의 허상에 대해 보도했다. 많은 프로젝트들이 파산하거나 자취를 감췄고, 거래소도 문을 닫았다.

그러나 이 혼돈 속에서도 살아남은 이들이 있었다. 일부는 손실을 딛고 다시 시장을 공부했고, 다른 일부는 하락 속에서 조용히 매수했다. 그리고 그들이 바로 다음 사이클(2021년)의 핵심 세력이 된다.

2017년 사이클은 결과적으로 실패와 수익, 광기와 혁신이 공존한 시기였다. 실패한 ICO가 대부분이었지만, 그 와중에 살아남은 이더리움은 기술적으로 도약했고 체인링크LINK, 유니스왑UNI, 에이브AAVE 같은 유망 프로젝트들이 등장하기 시작했다. 또한 제도권도 이 광기를 계기로 비트코인을 '무시할 수 없는 존재'로 인식하게 되었다.

2017년은 비트코인을 대중의 머릿속에 각인시킨 사이클이었고, 이후의 규제, 제도화, 기관 진입은 모두 이 시기의 교훈에서 비롯되었다. 결국 이 사이클은 대중 참여가 최초로 폭발한 '비트코인 대중화의 원년'이자, 시장이 다시금 '현실'과 '가치'를 돌아보게 된 계기였다. 그리고 그 잿더미 위에서 다음 사이클의 토대가 형성된다.

4

2021년 세 번째 사이클: 제도권의 문턱에서, 신뢰와 붕괴의 교차

■ 2021년 비트코인 세 번째 사이클

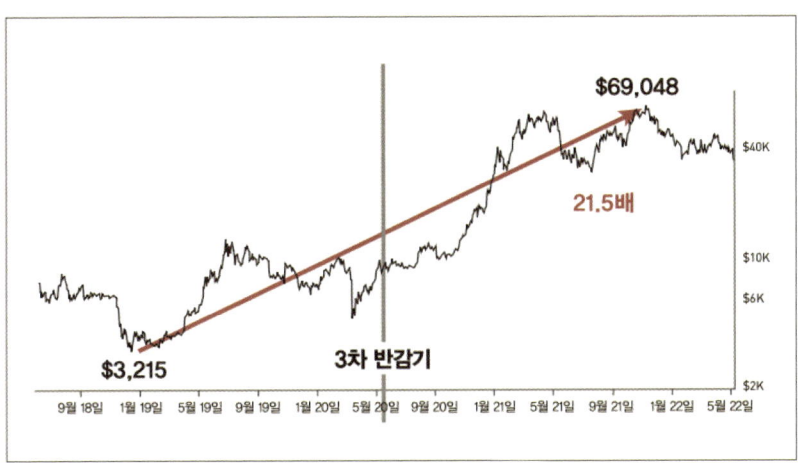

출처: glassnode.com

비트코인의 세 번째 사이클은 2018년 말 약 3,200달러의 바닥을 찍고, 이후 3년간 상승 곡선을 그리며 2021년 11월 약 6만 9,000달러의 사상 최고가를 기록한 것으로 정리된다. 상승률은 약 21.5배로, 앞선 두 사이클보다 배수는 낮았지만 시장 총액, 참여자 범위, 정책적 영향력에서 가장 큰 파장을 남긴 사이클이었다.

2021년 3차 비트코인 사이클
- 시작가: 약 3,200달러(2018년 12월 저점 기준)
- 고점: 약 6만 9,000달러(2021년 11월)
- 상승 배수: 약 21.5배
- 종료 후 저점: 약 1만 5,470달러(2022년 11월)
- 종료 후 하락률: 약 -77%

이 사이클의 핵심 키워드는 '제도권 편입'이다. 최초로 미국의 대형 상장기업들이 재무제표에 비트코인을 포함했고, 기관 자산운용사들이 관련 ETF와 금융 상품을 설계하기 시작했으며, 언론과 정부, 중앙은행이 비트코인을 국가 자산과 통화 체계의 위협으로 언급하기 시작했다. 단순한 자산이 아닌, 정치적이고 시스템적인 질문의 대상으로 올라선 것이다.

그러나 상승장의 끝에는 역대 최악의 사건들이 기다리고 있었다. 2022년 들어 5월 루나LUNA 코인의 붕괴, 7월 암호화폐 대출 플랫폼 셀시우스Celsius 파산, 11월 거래소 FTX 사기까지… 한 해 동안 전 세계 암호화폐 산업은 신뢰를 송두리째 잃었다.

아이러니하게도 이 사이클은 가장 제도권에 가까웠던 시기이자, 가장 강력한 내부 붕괴가 동시에 벌어진 시기였다. 또한 이전 사이클과 가장 큰 차이는, 기업과 기관이 서서히 시장에 진입했다는 점이다. 2020년 코로나19로 인한 글로벌 유동성 완화 속에서, 비트코인은 '인플레이션 헤지' 수단으로 다시 조명되었다.

- 2020년 8월, 마이크로스트래티지MicroStrategy(현재의 스트래티지)는 회사 자금으로 21,000BTC를 매입하며 "디지털 금 전략"을 공식 선언
- 2021년 2월, 테슬라는 15억 달러어치의 비트코인을 매입했고, CEO 일론 머스크는 공식적으로 "비트코인 결제를 허용하겠다"고 발표
- 피델리티Fidelity, 그레이스케일Grayscale, 스퀘어Square, 아크인베스트ARK Invest 등 대형 금융기관과 핀테크 회사들의 비트코인 포지션 증가

이러한 상황은 일반 투자자들에게 "이제 비트코인은 믿을 만한 자산이다"라는 확신을 심어주었고, 가격은 단기간에 2만 달러 → 3만 달러 → 5만 달러를 뚫으며 급등했다. 미국에서 비트코인을 포함한 금융 상품은 401k(미국의 퇴직연금) 투자 항목으로도 언급되기 시작했다. 이 시기는 비트코인이 자산 클래스로 인정받는 공식적인 출발점이었다.

2021년 상승장은 단지 가격만 오른 게 아니다. 내러티브 자체가 확장되었다. 비트코인은 금의 대체자로, 이더리움은 웹3 인프라로, NFT는 디지털 소유권 혁명으로 주목받았다.

특히 NFT는 대중문화를 관통하며 일반인들에게도 암호화폐 진입의 계기를 만들어주었다. BAYC(지루한 원숭이 요트 클럽), 크립토펑크 CryptoPunks 등의 프로젝트는 수십억 원에 거래되었고, 셀럽들과 스포츠 스타들이 트위터 프로필을 NFT로 바꾸는 것이 유행처럼 번졌다.

디파이 DeFi(블록체인 기반 탈중앙화 금융) 생태계도 급성장했다. 탈중앙 거래소, 스테이킹 Staking(가상자산을 블록체인에 예치하고 보상을 받는 방식), 파생상품, 담보 대출 등 다양한 금융 기능이 온체인에서 구현되며, 기존 금융권조차 이를 무시할 수 없게 되었다. 비트코인은 더 이상 단일 자산이 아니라, 새로운 금융 체계의 대표주자로 떠올랐다.

가장 화려한 붕괴: 시장은 상승했지만, 리스크는 쌓이고 있었다

2021년 11월, 비트코인은 6만 9,000달러를 돌파하며 사상 최고가를 기록했다. 그 시점까지는 모든 것이 완벽해 보였다. 거래소 코인베이스 Coinbase는 미국 나스닥에 상장되었고, NFT는 수조 원 단위 시장을 형성했고, 현물 ETF 승인에 대한 기대감도 고조되었다. 그러나 내부적으로는 리스크가 축적되고 있었다.

대형 펀드와 거래소 간의 과도한 레버리지, 탈중앙화를 표방하지만 사실상 중앙화된 구조를 가진 플랫폼, 무분별한 벤처 캐피탈 자금 투입과 비현실적 토큰 구조까지. 마치 암호화폐판 '서브프라임 모기지'를 연상시키는 상황이었다. 겉은 화려했지만 실질 담보와 신뢰 기반은 취약했고, 시스템은 한 번의 충격에도 무너질 수 있는 구조였다. 결국 그 파국의 도미노가 시작되었다.

2022년 5월, '스테이블코인의 혁신'이라 불리던 루나-테라UST 시스템이 붕괴했다. 약 400억 달러의 시가총액이 며칠 만에 사라졌고, 투자자 수백만 명이 피해를 입었다. 이 붕괴는 단순한 프로젝트의 실패가 아니라, 시장 전체 유동성 붕괴의 시작점이었다.

이후 셀시우스, 보이저, 3AC 등 크립토 네이티브 금융기관들이 연쇄적으로 파산했고, 그 최종 종착지가 바로 FTX였다. FTX는 당시 기준 세계 2~3위권의 거래소였으며 미국 정치권과의 깊은 관계, 미디어 플레이, 스포츠 후원 등으로 '가장 안전한 거래소'라는 이미지를 쌓아왔지만 2022년 11월, 내부 유동성 부족이 밝혀졌고 결국 사용자 예치금을 유용한 정황이 드러나며 파산했다.

이 사건은 암호화폐 역사상 가장 큰 신뢰 붕괴였다. 이전 사이클의 하락이 기술에 대한 회의로 비롯됐다면, 이번 사이클은 "시스템적 배신"이었고, 기관 투자자들마저 시장을 떠나게 만든 충격이었다. 사건의 여파로 비트코인 가격은 2021년 고점 대비 약 -77% 하락한 1만 5,470달러까지 떨어졌다. 과거 사이클에 비해 하락률은 조금 낮았지만, 시가총액과 투자 금액의 규모를 생각한다면 이전 하락과 비교할 수 없을 정도로 충격적인 결과였다. 수만 달러의 손실을 본 투자자, 파산한 기업들, 고발당한 창업자들이 속출했다.

그러나 그 속에서도 생존자는 있었다. 마이크로스트래티지(현 스트래티지)는 BTC를 팔지 않았고, 온체인 지표상 장기 보유자들의 매도는 과거보다 적었다. 또한 규제기관은 비로소 정책적 명확성 확보를 위한 논의를 시작했고, SEC의 단속은 시장 정화를 촉진하기도 했다. 2023년부터는 다시 상승장으로 전환되는 움직임이 시작되었고, ETF 승인을 위한 검토, 반감기 기대감 등으로 시장은 서서히 회복 곡선을 그렸다.

2021년 사이클은 비트코인이 '투기'에서 '자산'으로, '자산'에서 '체제'로 접근되기 시작한 첫 사이클이었다. 하지만 그곳으로 향하는 첫 번째 다리는 부실했고, 무너졌으며, 수많은 희생자를 남겼다. 때문에 이 사이클은 시장과 투자자들에게 가장 많은 교훈을 남긴 사이클이 되었다. 그리고 무엇보다 중요한 것은 이 무너진 폐허 속에서 또 한 번 새로운 사이클이 시작되려 하고 있었다는 것이다.

그리고 지금 우리가 바로 이 사이클의 뒷이야기인 4차 사이클의 한복판에 서 있는 것이다.

5

2023~2025년 네 번째 사이클: 회복과 초입, 그리고 다시 정점을 향해

■ 비트코인 가격 최고점 이후 사이클

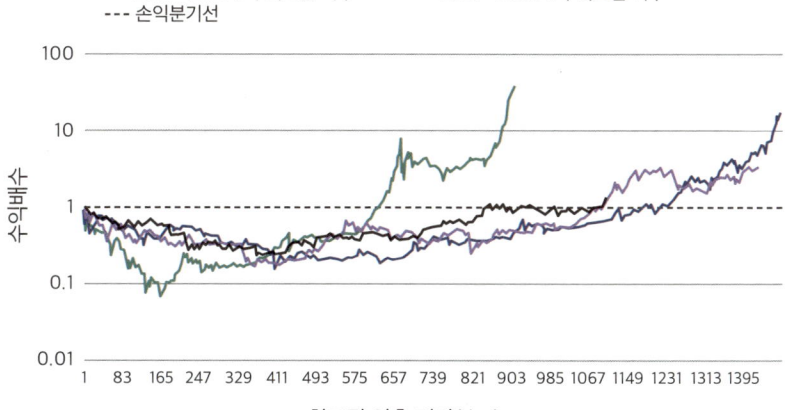

출처: glassnode

2022년 11월, FTX 파산과 함께 비트코인은 약 1만 5,470달러로 바닥을 찍었다. 불과 1년 전인 2021년 11월, 사상 최고가였던 6만 9,000달러를 기록했던 시장은 약 77% 하락하며, 다시금 "비트코인의 시대는 끝났다"는 회의론이 고개를 들기 시작했다. 비트코인 가격이 2만 달러 아래였던 2023년 3월 나는 《비트코인 슈퍼 사이클》 집필을 시작했다. 비트코인의 자산 가치에 대한 절대적 확신이 있었고, 가격이 반드시 회복할 것이란 비전이 있었기 때문이다.

2023년 4차 비트코인 사이클
- 시작가: 약 1만 5,470달러(2022년 11월 저점 기준)
- 고점: ???
- 상승 배수: ???

그리고 결국 역사는 반복되었다. 비트코인은 회복하기 시작했고, 2024년 현물 ETF 출시를 지나 트럼프에 의해 미국의 전략적 준비 자산이라는 위치를 획득하는 여정을 거치며 이 책을 집필한 2025년 5월 기준, 우리는 또 한 번의 사이클 정점 구간 진입을 눈앞에 두게 되었다.

이번 사이클은 몇 가지 중요한 측면에서 과거와 다르다. 시장은 더 성숙했고, 제도권 자금이 실제로 유입되었으며, 변동성은 낮아졌고, 투자자 구성도 달라졌다. 그리고 반감기 이후 약 1년이 경과(2025년 5월)한 현 시점, 비트코인은 다시 역사적 정점을 향해 진격 중이다.

1단계 폐허 속의 매집기: $15,000~$25,000(2023년 1월~6월)

FTX 사태 직후, 시장은 그 어느 때보다 조용했다. 대형 투자자들은 사라졌고, 미디어는 암호화폐에 대한 보도를 멈췄으며, 거래량은 바닥 수준으로 줄어들었다. 그러나 그 조용한 흐름 속에서 한 가지 변화가 감지됐다. 바로 '고래 매집'이었다.

2023년 상반기, 온체인상에서는 장기 보유자의 지갑이 급격히 늘어나고 있었다. 그들은 공포 속에서 조용히 저가 매수에 나섰고, 일부 기관 자금도 슬그머니 재진입을 시작했다. 같은 시기, 자산운용사 블랙록 **Blackrock**과 피델리티가 비트코인 현물 ETF 승인 신청을 공식화하면서, 시장은 잠재적 반등의 단초를 얻게 된다.

무너진 신뢰 속에서도 살아남은 투자자들은 이 구간에서 조용히 포지션을 구축했고, 이 시기는 훗날 '4차 사이클의 진정한 출발선'으로 기억되게 된다.

■ **장기 보유자들이 보유한 총 비트코인 공급량**

출처: glassnode

2단계 제도권의 문턱: $25,000~$40,000(2023년 7월~12월)

ETF 승인에 대한 기대감은 시간이 갈수록 구체적인 현상으로 나타났다. 그레이스케일Grayscale이 SEC와의 소송에서 부분 승소하며 시장은 환호했고, 블랙록의 입김은 정치권과 규제기관 모두를 움직이기 시작했다. 단지 "ETF가 나올 수도 있다"는 소문이 아니라, "ETF가 정말 나올 것이다"라는 분위기가 형성된 것이다.

같은 시기, 미국 내 몇몇 은행이 위기 국면에 들어서며 다시 한 번 비트코인의 '디지털 피난처' 내러티브가 조명됐다. 과거에는 사이퍼펑크들이 외쳤던 탈중앙화 가치가, 이번에는 대형 자산운용사들의 입에서 반복되고 있었다. 이 구간은 명확한 상승장이 아닌, 기대감에 기반한 정당한 재평가 구간이었다. 투자자들은 이제 2022년의 저점을 단순한 공포가 아닌 '기회'로 인식하기 시작했다.

3단계 ETF 승인과 4차 반감기: $40,000~$70,000
(2024년 1월~3월)

2024년 1월, SEC는 마침내 11개의 비트코인 현물 ETF를 전격 승인했다. 블랙록, 피델리티, 아크인베스트 등 쟁쟁한 이름이 포함되었고, 승인 첫날 45억 달러가 시장으로 유입되며 시장은 폭발적으로 반응했다. 그와 동시에 4월에는 고대하고 고대하던 네 번째 반감기가 찾아왔다. 채굴 보상은 6.25BTC에서 3.125BTC로 감소했고, 공급은 절대적으로 줄어들었다. 수요는 ETF를 통해 매일같이 늘어나고 있는데, 공급은 반토막이 된 것이다. 구조적으로 가격이 상승할 수밖에 없는 환경이

■ 반감기 전 비트코인 가격 폭등을 촉발했던 SEC의 현물 ETF 승인

출처: Viska Digital Assets

었다.

결국 비트코인은 7만 4,000달러 근처까지 상승하며 정점을 찍었다. 투자가들은 비트코인이 이제 지난 사이클의 고점을 돌파했으니 훨씬 더 가격이 상승할 것이라며 온통 희망에 사로잡혀 있었다. 하지만 이후 블랙 먼데이와 같은 큰 거시 경제 사건을 겪으며 비트코인 가격은 반년이 넘는 암흑기를 맞이하게 된다.

4단계 본격적인 재평가: $70,000~$50,000(2024년 4월~10월)

예상대로 4월 19일, 비트코인은 네 번째 반감기를 맞이했고 블록 보상은 6.25BTC에서 3.125BTC로 줄어들었다. 시장은 이를 축하하는 분위기였다. 그러나 이전 사이클들과 달리, 반감기 직후의 시장 반응은 예상보다 훨씬 약했다. 5월 초부터 비트코인은 6만~7만 달러 범위에서 횡보하기 시작했으며, 6월 들어서면서 약세가 더욱 두드러졌다.

특히 7월 중순, 미국 연방준비제도 Fed(연준)가 금리를 인하할 것이란 기대감이 후퇴하면서 비트코인의 6만 달러 지지선이 무너졌다. 미국의 고용 지표와 인플레이션 데이터가 예상보다 강세를 보이면서, 시장은 9월 연방공개시장위원회 FOMC에서의 금리 인하 가능성을 재평가하기 시작했고 이는 리스크 자산 전반에 부담으로 작용했다.

급기야 2024년 8월 5일 월요일, 암호화폐 시장은 물론 글로벌 금융 시장 전체를 뒤흔든 대규모 조정이 발생했다. 당일 비트코인은 24시간 만에 약 20%가 넘는 폭락을 기록했고, 장중 4만 9,200달러까지 하락하며 투자자들에게 충격을 안겼다. 닛케이225 지수는 12.4% 하락했고, S&P500과 나스닥도 각각 4% 이상 급락했다.

이 '블랙 먼데이'는 단일 요소가 아닌 여러 가지 요인이 복합적으로 작용하며 발생한 일이었다.

1. **엔 캐리 트레이드의 대규모 청산**: 일본 중앙은행 BOJ이 7월 31일 금리를 0.25%로 인상하고 추가 인상을 시사하면서, 저금리 엔화를 빌려 고수익 자산에 투자하는 '엔 캐리 트레이드'가 급격히 청산되었다. 엔화 가치는 급등했고, 글로벌 시장 전반에 유동성 충격이 발생했다.
2. **미국 고용 지표 부진**: 8월 2일 발표된 7월 미국 비농업 고용 지표가 예상을 크게 하회하면서(예상 17만 5,000명 vs. 실제 11만 4,000명), 경기 침체 우려가 급격히 확산되었다.
3. **ETF 유입 둔화**: 5월부터 시작된 미국 비트코인 ETF의 순유입 둔화가 8월에 접어들면서 더욱 심화되었다. 특히 8월 첫 주에는 순유출이 기록되며 시장

심리가 악화되었다.

4. 레버리지 포지션 청산: 비트코인 선물 시장에서 약 2억 5,000만 달러 규모의 롱 포지션이 단 하루 만에 청산되었다. 이는 2023년 이후 최대 규모의 청산으로, 가격 하락을 가속화했다.

블랙 먼데이 이후 암호화폐 시장의 심리는 극도의 비관론으로 급변했다. 비트코인 공포·탐욕 지수는 '극도의 공포' 영역으로 진입했으며, 소셜 미디어에서는 "이번 사이클이 조기에 종료될 수 있다"는 우려가 확산되었다. 특히 일부 시장 분석가들은 과거 사이클과의 차이점을 지적하며, 이번 사이클이 2013년이나 2017년과 같은 파라볼릭Prabolic한 상승이 아닌, 더 완만하고 변동성이 작은 성숙한 시장 움직임을 보일 수 있다고 전망했다. 또한 기관 투자자들의 비중이 증가하며 비트코인이 전통 금융 시장과의 상관관계가 더욱 강화되었다는 분석도 제기되었다.

5단계 트럼프 당선과 비트코인 6 피규어 시대: $70,000~$109,000(2024년 11월~2025년 1월)

2024년 11월 5일(현지 시간) 치뤄진 미국 대선에서 도널드 트럼프가 카말라 해리스를 상대로 승리하며 백악관 재입성에 성공했다. 이 선거 결과는 단순한 정권 교체를 넘어 암호화폐 시장에 강력한 촉매제로 작용했다. 선거 결과 발표 직후 비트코인은 24시간 만에 15% 급등했고, 이는 새로운 대규모 상승 랠리의 시작이었다.

트럼프는 선거 기간 캠페인을 통해 암호화폐, 특히 비트코인에 대한 친화적 입장을 명확히 표명했다. 트럼프가 발표했던 암호화폐와 관련한 주요 정책 방향은 다음과 같다.

1. **미국 비트코인 전략 예비군 구축**: 트럼프는 미 재무부와 국방부가 공동으로 국가 비트코인 보유고를 구축하겠다는 계획을 발표했다.
2. **SEC의 과도한 규제 완화**: 게리 겐슬러 SEC 의장의 교체와 함께 암호화폐 기업에 대한 "규제에 의한 질식Regulation by enforcement" 정책의 종식을 약속했다.
3. **국가 전략적 자원으로서의 비트코인 채굴**: 미국 내 비트코인 채굴 산업을 전략적 산업으로 지정하고 세제 혜택을 제공하겠다는 공약을 내세웠다.
4. **중국과의 기술 패권 경쟁 프레임**: "중국이 디지털 위안화로 세계 통화 지배력을 확장하려는 지금, 미국은 비트코인으로 디지털 경제의 주도권을 확보해야 한다"는 지정학적 접근을 강조했다.

트럼프는 당선 연설에서 "미국은 디지털 자산의 글로벌 리더가 될 것이며, 중국이나 다른 어떤 나라도 이 부문에서 우리를 앞서가도록 허용하지 않을 것"이라고 말하였고 트럼프의 발언은 시장에 강력한 신호로 작용했다.

트럼프 당선 이후 기관을 중심으로 하는 대규모의 자금이 다시 시장에 유입되기 시작했고, 2024년 12월 11일, 비트코인은 마침내 10만 달러를 돌파하며 역사적인 순간을 맞이하게 되었다. 비트코인이 '6 피규어 6 figure(여섯 자리 숫자라는 의미로 '100,000' 달러를 의미하며 한국의 1억 원처럼 미국에서도 큰돈을 상징하는 수치)' 시대에 돌입한 것이다. 이는 단순히 비트코인 가격만의 문제가 아니라 사회적으로도 다양한 이슈를 만들었다.

주요 거래소들은 10만 달러 돌파 순간에 거래량 폭증으로 일시적 서버 다운을 경험했고 CNN, 블룸버그Bloomberg와 같은 주요 언론의 뉴스에서는 실시간으로 비트코인의 여섯 자릿수 진입을 중계했다. 이후 상승세는 계속되어 2025년 1월 20일 최고가 10만 9,350달러를 기록하였다.

6단계 트럼프발 관세 전쟁과 투자 심리 급랭:
$109,000~$74,000(2025년 1월~2025년 4월)

모두가 다시 새로운 강세장 진입에 들떠 있을 때 전혀 예상치 못했던 곳에서 또 한 번의 한파가 찾아왔다. 트럼프가 취임 이후 예상보다 훨씬 빠르고 강하게 관세 전쟁을 일으킨 것이다. 트럼프는 취임 연설에서 "미국 산업 재건"을 약속하며, 중국 제품에 60%의 고율 관세를 부과하고 유럽, 멕시코, 한국, 일본 등 주요 교역국에도 15~25%의 관세를 매기겠다고 발표했다.

이 갑작스러운 보호무역 조치는 글로벌 시장에 즉각적인 충격을 주었다. 미국 기업들은 공급망 차질 우려로 주가가 하락했고, 신흥국 통화는 약세를 보였다. 중국은 미국 농산물과 항공기 부품에 보복 관세를 부과하며 대응했고, 유럽연합도 미국산 제품에 대한 관세 인상을 예고했다.

관세 전쟁으로 비트코인 시장도 심각한 타격을 입었다. 비트코인은 트럼프의 친암호화폐 정책 기대감으로 10만 9,000달러까지 올랐지만, 관세 정책 발표 후 급격히 하락하기 시작했다. 글로벌 경제 불확실성이 커지면서 투자자들은 리스크 자산에서 빠져나가기 시작했고, 비트코인도 예외가 아니었다.

특히 심각했던 상황은 2025년 4월 초, 트럼프가 자칭 "해방의 날"이라고 부른 상호 관세 부과로 인해 발생했다. 이후 중국의 보복 관세 발표와 미 연준의 긴축 유지 결정이 겹치면서 비트코인은 단 며칠 만에 16% 가까이 폭락해 7만 4,500달러까지 추락했다. 최고점에서 32% 하락한 수준이었다.

트럼프의 관세 전쟁은 비트코인이 더 이상 독립적인 자산이 아니라는 사실을 분명히 보여주었다. 비트코인이 제도권에 편입되고 ETF가 출시되면서, 이제 비트코인은 글로벌 무역 분쟁과 거시경제 정책에 민감하게 반응하는 '매크로 자산'이 된 것이다.

6

계단식 상승을 보여주는 4차 사이클

2025년 7월까지 나타난 이번 사이클의 가장 큰 특징은 '계단식 상승'이다. 가격이 한차례 급등한 뒤 수주에서 수개월간 박스권을 횡보하다가 다시 한 번 크게 상승한다. 이후 다시 오랜 기간 횡보하다 재상승한다. 이런 상승 패턴을 반복해 왔는데, 과거 사이클들에서 나타났던 '급등 후 급락' 패턴과는 분명히 다른 모습이다. 과거 사이클들에선 비트코인 가격이 단기간에 수십에서 수백 퍼센트 오른 뒤 30~40%의 조정을 겪는 급등 후 급락 패턴이 잦았기 때문이다.

그런데 이번 사이클에서는 그런 빠른 급등과 조정이라는 패턴이 나타나지 않았다. 한 번 가격이 오르면 그 가격을 소화하기 위해 가격이 빠르게 내리는 '가격 조정'이 아니라 오랜 기간 상대적으로 작은 변동성 안에서 가격을 소화해 나가는 '기간 조정'의 패턴이 반복되고 있는 것이

■ **4차 사이클의 특징인 계단식 상승**

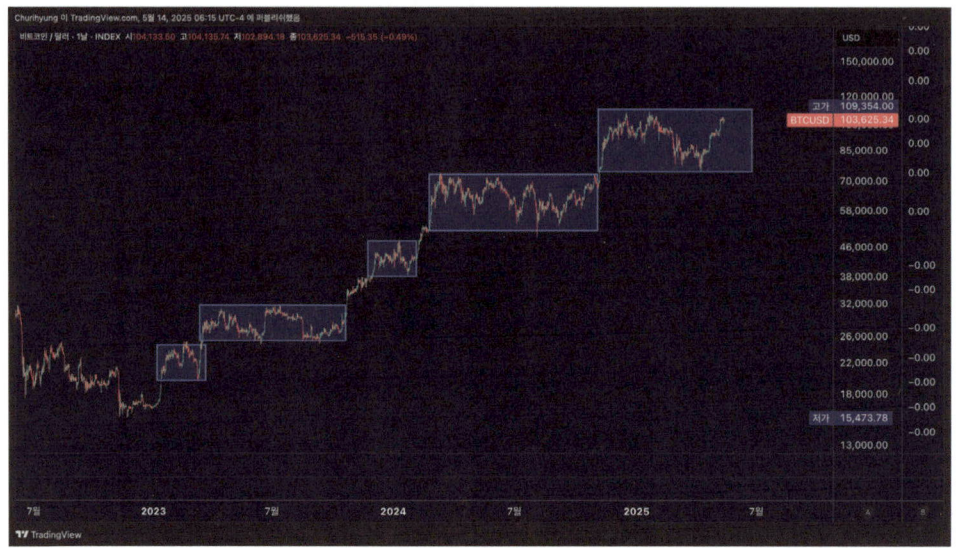

출처: TradingView

다. 이번 사이클에서 최대 조정폭은 -30% 초반대인데 과거 사이클들에선 이 정도는 큰 조정이 아니었다. 수시로 -40%나 그 이상의 조정도 나왔었다. 위로든 아래로든, 변동성이 분명히 줄어든 것이다.

그렇다면 이번 사이클에선 왜 과거처럼 급격하게 상승과 하락을 반복하며 가격이 오르는 패턴이 아니라, 한 번 오른 뒤 낮은 변동성 속에서 오랜 기간 횡보를 하는 '계단식 상승'이 나타나는 것일까? 나는 그 이유를 세 가지 정도로 보고 있다.

① 시가총액 거대화: 성숙한 자산이 된 비트코인

2025년 현재, 비트코인의 시가총액은 2조 달러를 넘어섰다. 이 숫자는 단순히 가격 이상의 의미를 갖는다. 비트코인이 '투기적 신생 자산'에서 '성숙한 글로벌 자산'으로 진화했음을 보여주는 중요한 지표다. 애플, 마이크로소프트와 같은 세계 최대 기업들의 시가총액이 2~3조 달러 선이라는 점을 고려하면, 비트코인이 이제 이러한 거대 기업들과 비슷한 규모의 자산이 되었다는 것이다. 즉, 글로벌 금융 시장에서 비트코인의 위상이 근본적으로 변화했다는 걸 의미한다.

초기 비트코인 시장은 극단적인 변동성이 특징이었다. 2013년과 2017년 당시 비트코인의 시가총액은 수백억에서 수천억 달러 수준에 불과했다. 이 시기 비트코인은 하루에 20~30% 오르기도 하고, 일주일 만에 40% 넘게 하락하기도 했다. 당시 시장은 얇았고, 유동성이 부족했으며, 상대적으로 적은 자금으로도 가격을 크게 움직일 수 있었다. 이로 인해 '급등-급락'의 롤러코스터 같은 패턴이 반복되었다.

그러나 시가총액 2조 달러 규모의 현재의 비트코인은 완전히 다르게 움직이고 있다. 이제 비트코인은 애플이나 마이크로소프트처럼 하루에 3% 이상만 움직여도 주요 뉴스거리가 되는 수준의 대형 자산이 되었다. 과거에 나타났던 광적인 일일 변동성은 찾아보기 어려워졌고, 대신 더 안정적이고 예측 가능한 장기 추세가 형성되고 있다.

시가총액의 거대화가 비트코인의 변동성을 감소시키게 된 세 가지 주요 이유가 있다.

첫째, 가격을 움직이는 데 더 많은 자금이 필요하다. 시총이 2조 달러에 달하는 자산을 10% 움직이기 위해서는 수백억 달러 규모의 자금이 필요하다. 이는 100억 달러짜리 자산을 같은 비율로 움직이는 것과는 완전히 다른 차원의 문제다. 아무리 유동성이 좋아도 하루에 그 정도 규모의 매수세나 매도세가 형성되기는 어렵다.

둘째, 시장 참여자의 구성이 다양해졌다. 초기에는 개인 투자자, 개발자, 기술 얼리어답터가 주류였던 비트코인 시장은 이제 연기금, 대형 자산운용사, 패밀리 오피스Family office(초고액 자산가 집안을 위한 자산 관리 서비스), 은행까지 참여하는 다층적 구조로 진화했다. 이들은 각자 다른 투자 목적, 타임라인, 리스크 성향을 가지고 있어 시장의 일방적인 쏠림 현상이 줄어들게 되었다.

셋째, 체계적인 매매 방식이 늘어났다. 기관 투자자들은 감정적 매매보다는 체계적인 자산 배분 전략에 따라 움직인다. 이들은 갑작스러운 매수나 매도보다는 장기적 관점에서 계획적으로 분할 매수하거나 목표 가격에 도달했을 때 점진적으로 이익을 실현한다. 이러한 접근 방식은 시장의 급격한 움직임을 완화하는 역할을 한다.

비트코인 시가총액의 증가는 또 다른 중요한 변화를 야기했다. 비트코인이 단순한 투자 상품이 아닌 '정책 자산'으로 진화하고 있는 것이다. 금이 단순한 귀금속에서 중앙은행의 외환 보유고 필수 자산으로 자리 잡은 것처럼 비트코인도 각국의 정책, 규제, 금리 사이클, 심지어 국가 간 경쟁과도 연관된 자산이 되었다.

이러한 변화는 비트코인이 개인 투자자의 감정이나 단기적 추세보다는 구조적인 거시경제 변화, ETF 자금 흐름, 규제 환경 변화와 같은 요소에 더 많은 영향을 받게 되었음을 의미한다. 따라서 비트코인은 이제 갑작스럽게 솟구치거나 무너지기보다는, 천천히 그러나 방향성을 가지고 움직이는 패턴을 보일 확률이 높다.

비트코인 시장의 성숙은 투자자들의 접근 방식도 변화시켰다. 과거의 단기적 매매 전략보다는 장기적 자산 배분 관점에서 비트코인을 바라보는 것이 중요해졌다. 극단적인 상승을 기대하며 투기적으로 접근하기보다는, 포트폴리오 다각화와 인플레이션 헤지 측면에서 비트코인의 역할을 고려하는 것이 더 현실적인 전략이다.

또한 변동성 감소로 인해 비트코인은 이제 더 넓은 투자자층에게 접근 가능한 자산이 되었다. 극단적인 가격 변동을 감당하기 어려웠던 보수적 투자자들에게도 비트코인은 이제 고려할 만한 자산 클래스가 되었다.

시가총액 2조 달러 시대의 비트코인은 더 이상 실험적 디지털 자산이 아니다. 글로벌 금융 시스템의 중요한 요소로 자리 잡았으며, 이러한 변화는 가격의 패턴뿐만 아니라 자산으로서의 본질적 특성까지 변화시키고 있다. 비트코인은 이제 더 무겁게, 더 천천히, 그러나 더 안정적으로 움직이는 글로벌 매크로 자산으로 진화했다.

② 기관 투자자의 진입: 시장 구조의 근본적 변화

2020년 이전까지 비트코인 시장은 개인 투자자 중심이었다. 암호화폐 얼리어답터, 온라인 커뮤니티, 개인 트레이더, 유튜버, 그리고 일부 투기적 자본이 시장을 주도했다. 그러나 2020년을 기점으로 점진적으로 변화하기 시작했고, 2021~2022년을 거쳐 2024년에 이르러서는 시장 참여자의 구조가 완전히 달라졌다. 이제 비트코인 시장은 명확히 '기관의 시장'으로 전환되고 있다.

이러한 변화는 단순히 블랙록이나 피델리티와 같은 대형 자산운용사가 ETF를 출시했다는 표면적 사실에 그치지 않는다. 보다 근본적인 변화는 자금이 시장에 유입되고, 유지되며, 빠져나가는 방식 자체가 완전히 달라졌다는 점이다. 이것이 바로 비트코인 가격이 과거의 급등락 패턴에서 벗어나 계단식으로 움직이게 된 핵심 원인 중 하나다.

새로운 자금 유입의 통로가 된 ETF

2024년 1월, 미국 증권거래위원회는 역사상 처음으로 11개의 현물 비트코인 ETF를 승인했다. 이는 단순히 신규 투자 상품의 출시가 아니라, 그동안 규제와 실무적 제약으로 인해 비트코인을 직접 매입할 수 없었던 수천 개 기관들의 자금이 합법적으로 시장에 진입할 수 있는 통로가 열렸다는 걸 의미한다.

ETF를 통해 이제 연기금, 보험사 자금, 패밀리 오피스, 대학 기금 등 전통적인 기관 투자자들은 간접적으로 비트코인에 투자할 수 있게 되었다. 기관의 투자 의사결정과 실행 방식은 개인 투자자와 근본적으로 다르다. 운용사는 내부 규정과 투자 원칙에 따라 단기 트레이딩보다는 전략적 자산 배분의 일환으로 장기 포지션을 선호한다. 기관의 비중 증가로 인해 시장에 유입된 자금이 단기간에 급격히 유출되는 현상이 줄어들었고, 이는 변동성 감소로 이어졌다.

이러한 변화는 온체인 데이터에서도 명확하게 확인할 수 있다. ETF 승인 기대감이 형성되던 2023년 말부터 거래소 유입량은 감소하고, 장기 보관을 위한 콜드월렛과 전문 수탁기관(커스터디언)의 보유량은 꾸준히 증가했다. 시장이 단기 투기보다 장기적 접근으로 전환되고 있음을 보여주는 증거다.

개인 트레이더와 다른 기관 투자자의 투자

아래 표에서 정리한 것처럼 기관 투자자와 개인 트레이더는 투자 접근 방식에서 근본적인 차이가 있다. 이처럼 기관 투자자들의 행동 패턴이 개인 투자자와 근본적으로 다르기 때문에, 가격 형성 방식도 달라질

■ **개인 트레이더와 기관 투자자의 차이**

구분	개인 트레이더	기관 투자자
진입 방식	거래소 직접 매수·매도	ETF, 커스터디, OTC 거래 등 간접적 경로
투자 기간	수일~수주 중심의 단기 거래	수개월~수년 단위의 장기 전략
의사결정 요인	기술적 지표, 뉴스, 시장 심리에 민감	거시경제 환경, 장기 자산 배분 관점
매도 방식	급변 시 패닉셀 가능성 높음	리밸런싱 중심의 점진적 포지션 조정

수밖에 없다. 개인 중심 시장에서는 소셜 미디어에 올라온 트윗이나 단일 뉴스만으로도 가격이 15~20%씩 급변하는 일이 흔했다. 반면 기관 중심 시장에서는 일시적 소음보다 포트폴리오 구성 원칙과 펀더멘털 지표가 더 중요한 가격 결정 요인으로 작용한다.

이번 사이클에서 비트코인이 보여주는 계단식 상승 패턴은 자산 가격이 감정적 반응이 아닌 체계적인 투자 규율에 의해 움직이고 있다는 증거다. 기관들은 포지션을 한꺼번에 매입하지 않는다. 그들은 분할 매수, 정액 분할 투자DCA, 리스크 한도 조절 등 다양한 내부 규칙에 따라 체계적으로 비트코인을 매입한다. 그리고 이렇게 매수한 자산은 단기적으로 시장이 변동한다고 해서 쉽게 매도하지 않는다.

이러한 투자 행태는 두 가지 중요한 결과를 가져왔다. 첫째, 가격 상승이 더 규칙적이고 질서 있게 이루어진다. 둘째, 가격 상승 이후 급격한 하락 대신 '소화 구간'이라 할 수 있는 장기간의 박스권 횡보가 나타난다. 과거 사이클에서는 가격이 급등한 후 차익 실현 매물이 즉시 쏟아져 나와 급락으로 이어지는 패턴이 일반적이었다. 그러나 이번 사이클에서는 상승 후 수주에서 수개월간 박스권 내에서 움직이며 그 가격대를 소화하는 양상을 보이고 있다.

이는 대량 집중 매도보다는 순차적인 매도와 분산된 수급 흐름이 주를 이루기 때문이며, 기관 투자자들의 체계적인 접근 방식이 만들어낸 결과다.

기관 투자자들의 진입은 가격 구조뿐만 아니라 비트코인의 정체성도 변화시키고 있다. 초기에 비트코인은 '기존 금융 시스템에 대한 대안' 또는 '저항'으로 인식되었다. 그러나 이제는 기존 금융 시스템 안으로 편입된 자산이 되어가고 있다. 실제로 메릴린치Merrill lynch, 골드만삭스Goldman sachs, 모건스탠리Morgan stanley 같은 월가의 대형 금융기관들은 정기 보고서에 비트코인 분석 섹션을 별도로 포함하기 시작했다. 전통적인 자산운용사들은 이제 포트폴리오 내 비트코인 비중 1~3%를 제안하기 시작했다. ETF 출시 이후, 비트코인은 블룸버그터미널 Bloomberg Terminal(온라인 증권 거래 소프트웨어)과 같은 전문 금융 정보 시스템에서도 표준 자산 클래스로 분류되고 있다.

이러한 변화는 단순한 '합법화' 이상의 의미를 갖는다. 비트코인이 글로벌 자본 흐름을 판단하기 위한 요소 중 일부가 되었음을 의미한다. 그리고 그 자본 흐름은 감정보다는 규율, 단기 투기보다는 장기 투자, 집중보다는 분산을 지향한다. 비트코인의 가격 움직임도 이러한 새로운 리듬을 따라가기 시작했다.

결론적으로 비트코인의 계단식 상승과 변동성 저하가 나타난 구조적 원인 중 핵심은 '누가 시장을 움직이느냐'라는 근본적인 요인이 바뀌었기 때문이다. 과거에는 개인 트레이더가, 지금은 기관 투자자가 가격 형성의 주체라는 것이다. 기관 투자자는 단기간에 시장을 급격히 끌어올리지 않지만, 일단 구축한 포지션은 쉽게 무너뜨리지도 않는다. 이로 인해 가격 움직임은 더 느려지고 완만해졌지만, 동시에 더 안정적이고 지속 가능한 상승 구조를 갖추게 되었다. 이번 사이클에서 관찰되는 비트코인의 움직임은 이러한 시장 참여자 구성 변화의 직접적인 증거다.

비트코인 시장은 이제 새로운 시대에 접어들었다. 개인 투자자들도 변화된 시장 동역학을 이해하고 투자 전략을 조정할 필요가 있다. 과거처럼 급등락을 기대하기보다는, 기관 자금의 흐름과 거시경제적 요인을 더 주목해야 할 시점이 된 것이다.

③ 유동성 확장 지연: 글로벌 자금 흐름에 민감한 비트코인

마지막으로 비트코인이 이번 사이클에서 과거와 같은 폭발적 상승과 급격한 조정이 반복되는 형태가 아닌 계단식 상승을 이어가고 있는 가장 중요한 이유를 설명하겠다. 바로 유동성 사이클의 지연이다.

비트코인은 모든 자산군 중에서 유동성 변화에 가장 즉각적으로 반응하는 자산이다. 주식은 기업 실적에, 부동산은 임대 수요와 공급에, 채권은 금리 차에 주로 반응하지만, 비트코인은 한 가지 핵심 요소에 가장 강하게 반응한다. '얼마나 많은 돈이 시장에 풀리고 있으며, 그 돈이 위험자산으로 얼마나 빠르게 흘러들고 있는가?'

비트코인이 유동성에 민감한 세 가지 이유

첫째, 비트코인은 본질적으로 수익을 창출하지 않는 자산이다. 주식처럼 배당금을 지급하지 않고, 부동산처럼 임대 수익을 발생시키지 않으며, 금처럼 산업적 수요가 뒷받침되지도 않는다. 비트코인의 가치는 전적으로 시장 참여자들이 부여하는 가치에 의해 결정된다. 따라서 시장에 자금이 풍부해질 때 가격이 가장 강하게 반응한다.

둘째, 비트코인은 디지털 희소성을 기반으로 한 자산이다. 발행량이 2,100만 개로 엄격하게 제한되어 있기 때문에, 수요가 조금만 증가해도 가격이 기하급수적으로 상승할 수 있다. 특히 중앙은행들이 통화를 확장하는 '유동성 완화기'에는 투자자들의 리스크 테이킹Risk taking 성향이 강해지고, 이 자금의 상당 부분이 비트코인으로 흘러들어 가격 상승을 가속화한다.

셋째, 비트코인은 상품적 속성과 위험자산 속성을 동시에 가진 독특한 자산이다. 금과 같은 인플레이션 헤지 수단으로 인식되면서도, 나스닥 기술주처럼 고수익을 기대할 수 있는 성장 자산으로도 여겨진다. 이러한 이중적 성격은 유동성이 확대되는 시기에 특히 부각되며, 투자자들에게 더욱 매력적인 자산으로 자리매김한다. 비트코인 투자자라면 비트코인의 이런한 자산적 특성을 반드시 이해해야 한다. 그래야만 비트코인이 왜 가끔은 주식과 동조되어 움직이고, 어떨 때는 금과 동조되어 움직이는지 이해할 수 있다. 자산 특성에 대해 완전히 이해해야 장기적으로 흔들리지 않는 투자를 할 수 있다.

지금까지 우리는 현재 진행 중인 4차 사이클이 과거와는 달리 계단식 상승이라는 패턴으로 움직인다는 사실을 확인하였다. 그렇다면 앞으로 비트코인의 가격은 어떻게 될까? 계속 계단식으로 상승할까? 상승한다면 언제까지, 또 얼마나 상승할까? 구체적인 가격의 향방을 예측하기 앞서 이어지는 2부를 통해 비트코인의 가격을 결정짓는 요인들이 무엇인지 먼저 알아보도록 하겠다.

BITCOIN SUPER CYCLE

2부

무엇이 비트코인 가격을 결정하는가

비트코인은 지금까지 없었던 독특한 성격의 자산이다. 주식이나 부동산처럼 수익을 창출하지도 않으며, 금처럼 실물이 있는 것도 아니다. 그렇다면 비트코인의 가치를 결정짓는 것은 무엇일까? 앞으로 비트코인 가격이 어떻게 흘러갈지 예측하기 위해서는 전통 자산들과는 다른 비트코인만의 독특성과 더불어 비트코인의 가격을 결정하는 메커니즘에 대해 반드시 알아야 한다.

1

전통 자산과 다른 비트코인의 가격 메커니즘

금융 시장에는 다양한 자산 클래스가 존재하지만, 비트코인은 그중에서도 가장 독특한 가격 형성 메커니즘을 가지고 있다. 핵심적인 차이는 비트코인이 본질적으로 수익을 창출하지 않는 자산이라는 점에서 발생한다. 이 특성은 단순한 분류상의 차이가 아니라 비트코인이 시장 환경, 특히 유동성 변화에 반응하는 방식을 근본적으로 결정짓는 요소다. 우선 다른 전통 자산들은 어떻게 가치를 평가하며, 이들의 가격은 어떻게 형성되는지 살펴보고 비트코인과 기존 자산과의 차이를 이해하는 시간을 가져보자.

주식: 기업 가치의 화폐적 표현

주식은 기업의 미래 수익 창출 능력을 화폐화한 자산이다. 주식 투

■ 주식 = 미래 현금흐름에 대한 청구권

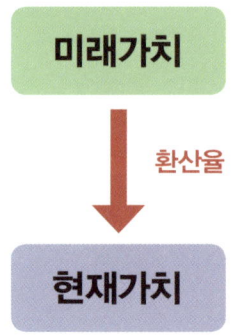

자자가 구매하는 것은 사실상 기업의 미래 현금흐름Cash flow에 대한 청구권이다. 이 때문에 주식 가격의 기본적인 토대는 항상 기업의 수익성에 있다.

금융 분석가들은 기업의 가치를 평가할 때 주로 현금흐름할인법DCF 모델을 사용한다. 이 방법은 기업이 향후 5~10년 동안 창출할 것으로 예상되는 모든 현금흐름을 추정한 후, 그것을 적절한 할인율WACC(보통 가중평균자본비용)로 현재가치화한다. 예를 들어 애플이 향후 10년간 매년 1,000억 달러의 잉여현금흐름FCF을 창출할 것으로 예상된다면, 이를 10% 할인율로 계산한 현재가치PV가 애플의 본질적 가치가 된다.

실무에서는 더 간단한 방법으로 주가수익비율PER(주가를 주당 순이익으로 나눈 값으로 시가총액을 당기순이익으로 나눈 값으로도 표현할 수 있다)을 많이 활용한다. S&P500의 역사상 평균 PER은 약 15~16배 수준이다. 이는 기업이 벌어들이는 1달러의 이익에 대해 투자자들이 15~16달러를 지불할 의향이 있다는 의미다. 특정 기업의 PER이 이보다 높다면 상대적으로 비싸다고 볼 수 있고, 낮다면 저평가되었다고 판단할 수 있다.

핵심은 주식 시장이 단기적으로는 다양한 감정과 유동성 요인에 영향을 받을 수 있지만, 장기적으로 주가는 기업의 실제 수익 창출 능력으로 회귀한다는 점이다. 아마존, 마이크로소프트, 애플과 같은 기업들의 주가가 지속적으로 상승한 이유는 그들의 수익이 꾸준히 증가했기 때문이다. 반면 수익성이 악화된 기업들의 주가는 아무리 시장 유동성이 풍부하더라도 결국 하락한다.

이러한 수익 기반 가치 체계는 주식 가격에 일종의 '중력'을 부여한다. 주가가 펀더멘털에서 크게 괴리되면, 배당 수익률 감소나 PER 상승으로 인해 투자할 만한 매력이 떨어지고, 자연스럽게 가격을 적정 수준으로 되돌리는 힘으로 작용한다.

부동산: 임대 수익의 현재가치

부동산은 주식보다 더 직접적이고 가시적인 현금흐름을 제공한다. 부동산 투자자는 매월 임대료라는 형태로 구체적인 수익을 얻을 수 있으며 부동산 가격 형성의 기초가 된다.

상업용 부동산 시장에서는 자본화율**Cap Rate**이 가장 핵심적인 가치 평가 지표다. 자본화율은 연간 순영업수익**NOI**을 부동산 가격으로 나눈 비율로, 투자 수익률을 직접적으로 보여준다. 예를 들어, 연간 10억 원의 순수익을 창출하는 건물이 200억 원에 거래된다면, 자본화율은 5%가 된다.

주거용 부동산 시장에서는 월세 대비 주택 가격 비율**Price to Rent Ratio**

이 중요한 지표로 활용된다. 역사적으로 이 비율의 건전한 범위는 15~20배로 여겨진다. 즉, 연간 1,000만 원의 임대료를 받을 수 있는 주택의 적정 가격은 1억 5,000만~2억 원 사이라는 뜻이다. 이 비율이 지나치게 높아지면 임대 수익률이 낮아져 투자 매력도가 떨어지고, 결국 가격 조정 압력으로 이어진다.

부동산 시장이 과열되면 자본화율이 하락하고 임대 수익률이 낮아진다. 예를 들어 서울의 일부 아파트들은 2020년 기준 전세 대비 매매가 비율이 역대 최고 수준으로 상승했으며, 이로 인해 임대 수익률은 1~2% 수준까지 하락했다. 이렇게 낮은 수익률은 투자자들이 다른 자산으로 눈을 돌리게 만들어 결국 가격 상승을 제한하는 자기조정 메커니즘으로 작용한다.

채권: 완벽히 정의된 현금흐름의 현재가치

채권은 금융 자산 중에서도 가장 명확한 가치 평가 체계를 가지고 있다. 채권 투자자는 구매 시점에 정확히 얼마의 이자(쿠폰)를 언제 받을지, 그리고 만기에 얼마의 원금을 돌려받을지 알 수 있다. 모든 현금흐름이 계약으로 정해져 있어 불확실성이 최소화된다.

시장 금리가 상승하면 새로 발행되는 채권의 수익률(이자)이 오르므로, 이미 발행된 채권의 가격은 하락한다. 새로 발행되는 채권보다 낮은 이자율을 가진 기존 채권이 매력이 없어지기 때문이다. 이러한 이유로 채권의 수익률은 가격과 역의 관계를 가진다. 채권 가격이 상승하면 수익률은 하락하고, 가격이 하락하면 수익률은 상승한다. 이러한 명확한 관계로 인해 채권 시장에서는 '가격 적정성'에 대한 논쟁이 상대적으로 적다. 채권 투자자는 단순히 "현재 수익률이 충분히 매력적인가?"라는 질문에 답하면 된다.

이러한 채권의 특성은 시장에 강력한 안정화 요인으로 작용한다. 채권 가격이 하락하면 수익률이 상승하고, 이는 더 많은 투자자를 끌어들여 가격을 다시 지지하는 역할을 한다. 반대로 가격이 너무 빠르게 상승하면 수익률이 하락해 투자 매력도가 떨어지면서 가격 상승이 제한된다.

금: 실물 수요와 대체 가치에 기반한 가격

금은 채권이나 주식과 달리 명확한 현금흐름을 생성하지 않지만, 그럼에도 불구하고 수천 년 동안 가치 저장 수단으로 기능했다. 금의 가격 형성 메커니즘은 실물 수요와 대체 비용에 기반한다.

디지털 시대 이전의 인류에게 물리적 형태는 가치를 저장하기 위한 가장 중요한 조건 중 하나였다. 물리적 실체가 있는 자산만이 소유권의 직접적인 증명과 통제가 가능했기 때문이다. 인류 역사 대부분의 시간 동안 가치를 저장하는 매체는 실제로 만질 수 있고, 보관할 수 있으며, 필요시 이전할 수 있어야 했다. 종이에 적힌 약속이나 제 3자의 보증에 의존하는 방식은 항상 신뢰 문제와 불이행 위험을 수반했다. 반면 물리적 실체를 지닌 금은 그 자체로 가치를 내재하고 있어 중개자나 제도적 보증이 필요하지 않았다. 그래서 금은 가장 확실하고 안전한 가치 저장 수단으로 오랫동안 인정받아 왔다.

금의 탁월한 물리적 특성 중 하나는 거의 완벽하다고 할 수 있는 '불변성'이다. 금은 화학적으로 극도로 안정적이어서 공기, 물, 대부분의 산과 염기에 반응하지 않는다. 금이 수천 년이 지나도 변질되거나 퇴색하지 않는 이유다. 고대 이집트 무덤에서 발굴된 4,000년 전 금 장신구가 오늘날에도 그 당시의 광채를 그대로 유지하고 있는 것은 이 때문이다. 이와 같은 물리적 영속성은 가치 저장 수단으로서 금이 지닌 결정적인 특성이다. 곡물은 부패하고, 철은 녹슬며, 종이는 분해되고, 심지어 다이아몬드도 극한의 조건에서는 파괴될 수 있다. 그러나 금은 실질적으로 파괴되지 않는다. 녹이거나 모양을 바꿀 수는 있지만, 그 과정에서 물질 자체가 손실되지는 않는다. 오늘날 유통되는 금의 상당수도 수 세기 전에 채굴된 것이며, 여러 형태로 재활용되었지만 그 본질적 가치는 유지되었다. 디지털 시대 이전의 인류는 아날로그 세상에 가치를 저장할 수밖에 없었으며, 가장 안전하게 가치를 저장하기 위해서는 그 대상이 강력한 내구성을 가지면서도 이동하기 편하고 분리하기 편해야 했다. 그리고 금이 그러한 조건에 가장 완벽하게 부합했던 것이다.

한편 금의 생산 비용(채굴, 정제 등)은 가격의 하한선 역할을 한다. 2023년 기준, 세계 주요 금광의 평균 생산 비용은 온스당 약 1,000~1,200달러 수준이다. 금 가격이 이 범위 이하로 내려가면 고비용 광산들은 생산을 중단하게 되고, 이로 인한 공급 감소는 자연스럽게 가격을 지지하는 역할을 한다. 또한 금은 화폐적 가치를 가지는데 중앙은행들은 외환 보유고의 일부를 금으로 보유함으로서 금에 제도적 가치를 부여한다. 2023년 말 기준, 전 세계 중앙은행들은 약 3만 5,000톤의 금을 보유하고 있으며, 이는 전체 채굴된 금의 약 17%에 해당한다.

이처럼 금의 물리적 특성과 실물 수요, 그리고 제도적 위상으로 인해 금은 단기적으로 투기적 움직임을 보일 수 있지만 장기적으로는 인플레이션율과 실질금리 같은 거시경제적 펀더멘털에 따라 움직이는 경향을 가진다. 특히 금 가격은 실질금리(명목금리-인플레이션)와 강한 역의 상관관계를 보인다.

비트코인: 수익 없는 순수한 '합의 가치'의 세계

비트코인은 위에서 설명한 모든 전통 자산들과 근본적으로 다른 특성을 가지고 있다. 비트코인은 주식처럼 기업의 수익을 분배받지 않고, 부동산처럼 임대료를 창출하지 않으며, 채권처럼 확정된 이자와 원금 상환을 약속하지도 않는다. 심지어 금과 달리 산업적 용도나 장신구로서의 가치도 없다.

비트코인의 가치는 전적으로 네트워크 참여자들의 '집단적 합의'에 기반한다. 이것은 비트코인이 가치가 없다는 의미가 아니라, 그 가치가 전통적인 수익 기반 모델로 평가될 수 없다는 의미다. 비트코인의 가치는 그것이 제공하는 기능(검열 저항성, 희소성, 글로벌 전송 능력 등)에 대한 시장의 평가에 따라 결정된다.

이러한 특성으로 인해 비트코인의 가격은 내재적인 '기준선'이 없다. 주식은 PER이 지나치게 높아지면 투자 매력도가 떨어지고, 부동산은 임대 수익률이 너무 낮아지면 투자자들이 외면하며, 채권은 수익률이 매력적인 수준에 도달하면 수요가 자연스럽게 증가한다. 그러나 비트코인에는 이러한 자기조정 메커니즘이 없다.

대신 비트코인의 가격은 거의 전적으로 수요와 공급의 역학에 의해 결정된다. 공급 측면은 알고리즘적으로 엄격히 제한되어 있다(발행량 최대 2,100만 개). 따라서 가격 변동은 주로 수요 측면의 변화, 즉 '얼마나 많은 새로운 자금이 비트코인 시장에 유입되는가'에 의해 좌우된다.

중앙은행들이 기준금리를 낮추고 자산 매입을 확대하는 환경과 같이 시장에 유동성이 풍부해지면, 투자자들은 더 높은 수익을 추구하게 되고 이 자금의 일부는 필연적으로 비트코인으로 흘러 들어간다. 비트코인은 내재적인 수익 메커니즘이 없기 때문에 이와 같은 자금 유입은 직접적으로 가격 상승으로 이어진다. 이는 비트코인을 유동성 변화에 가장 민감한 자산으로 만드는 특성이다. 비트코인은 마치 글로벌 유동성의 풍향계 같은 역할을 하는데 중앙은행들이 통화를 확장하기 시작하면 비트코인은 대개 가장 먼저, 그리고 가장 강하게 반응한다.

역사적 데이터는 이러한 이론을 뒷받침한다. 다음 페이지의 그래프를 보면 연준이 금리를 제로까지 낮추는 시기 비트코인 폭등하고 이후 연준이 금리를 급격하게 높이는 시점에 비트코인 폭락하는 모습을 볼 수 있다. 2020년 코로나19 팬데믹 이후 미 연준과 다른 중앙은행들이 대규모 양적완화^{QE}를 실시했을 때, 비트코인은 2020년 3월 약 5,000달러에서 2021년 11월 6만 9,000달러까지, 약 1,280% 상승했다. 반면 2022년 양적긴축^{QT}이 시작되자 비트코인은 급격히 하락하여 1만 5,000달러대까지 떨어졌다. 약 78%의 하락으로 같은 기간 S&P500의 하락폭인 약 25%를 크게 상회했다.

■ 연준의 정책에 따라 폭등(금리 인하)과 폭락(금리 인상)하는 비트코인

출처: TradingView

    비트코인의 이러한 특성은 장단점이 있다. 단점은 극단적인 변동성과 예측 불가능성이다. 내재적인 수익 창출 메커니즘이 없기 때문에, 비트코인의 '적정 가치'를 객관적으로 결정할 수 있는 방법이 없다. 그래서 시장 심리와 유동성 환경에 따라 가격이 크게 출렁일 수 있다.

    반면 장점도 있다. 비트코인은 기존 금융 시스템과의 상관관계가 상대적으로 낮은 독특한 특성을 가진 자산으로, 포트폴리오 다각화에 유용할 수 있다. 또한 비트코인은 글로벌 유동성 환경의 변화를 가장 먼저, 그리고 가장 강하게 반영하기 때문에 거시경제 흐름을 파악하는데

유용한 지표가 될 수 있다.

　결론적으로 현금흐름 창출이 없는 특성은 그것이 열등한 자산이라는 의미가 아니라, 단지 다른 방식으로 이해하고 접근해야 하는 자산이라는 의미다. 수익이 없다는 비트코인은 그 독특한 특성으로 인해 글로벌 금융 시스템 내에서 유니크한 역할을 수행할 수 있으며, 투자자들은 이를 이용해 투자에 효과적으로 활용할 수 있다.

2

디지털 희소성과 유동성이 상호작용하는 가격 역학

비트코인의 가격 형성 메커니즘의 첫 번째 특성은 '집단적 합의'로 가치가 매겨지고 제한된 공급량으로 인해 수요의 영향력이 비대하다는 것이었다.

비트코인의 가격 형성 메커니즘에 있어 중요한 두 번째 특성은 비트코인이 진정한 의미의 디지털 희소성을 구현한 최초의 자산이라는 점이다. 이 희소성은 단순한 마케팅 용어가 아니라, 비트코인 프로토콜의 핵심에 코드로 기록된 불변의 특성이다. 그리고 비트코인에 내재된 구조적인 희소성이 시장 유동성 변화와 만날 때 일어나는 가격 역학은 전통 자산 시장에서는 찾아보기 어려운 독특한 현상을 만들어낸다.

비트코인의 공급 메커니즘: 코드화된 희소성

비트코인의 총발행량은 정확히 2,100만 개로 제한되어 있다. 이 숫자는 사토시 나카모토가 비트코인 프로토콜을 설계할 때 의도적으로 정한 것으로, 비트코인 소프트웨어의 코드에 불변적으로 기록되어 있다. 이 공급 한도는 단순한 약속이나 정책이 아니라, 수학적으로 보장된 '제약'이다.

비트코인 발행은 복잡한 수리적 문제를 해결하는 채굴Mining이라 부르는 과정을 통해 이루어진다. 약 10분마다 새로운 블록이 생성될 때 일정량의 새로운 비트코인이 채굴자들에게 보상으로 지급된다. 중요한 점은 약 4년마다 이 보상이 절반으로 줄어드는 '반감기' 메커니즘이 내장되어 있다는 것이다. 비트코인은 2009년 출시 당시 블록당 50BTC의 보상으로 시작했으나, 여러 차례의 반감기를 거쳐 2024년에 이르러선 블록당 보상이 3.125BTC로 감소했다.

발행량 감소는 시간이 지날수록 비트코인의 희소성을 강화한다. 2025년 기준, 이미 전체 공급량의 약 94%(약 1,970만 개)가 채굴되었다. 남은 6%는 앞으로 115년에 걸쳐 점점 더 느린 속도로 발행될 예정이다. 2140년경에는 마지막 비트코인이 채굴되어 총공급량이 정확히 2,100만 BTC에 도달하게 된다.

이러한 엄격한 발행 일정은 전 세계 어떤 통화나 귀금속과도 비교할 수 없는 수준의 '공급 예측'을 제공한다. 금은 새로운 광산이 발견되거나 채굴 기술이 발전하면 예상보다 공급이 증가할 수 있고 법정화폐는 중앙은행의 정책 결정에 따라 언제든지 발행량이 대폭 증가할 수 있다. 그러나 비트코인의 발행 일정은 정치적 결정이나 경제 상황과 무관하게 수학적으로 보장되어 있다.

고정된 공급과 가변적 수요: 가격 탄력성 극대화

경제학의 기본 원리에 따르면 공급이 고정되어 있을 때 수요의 변화는 가격에 직접적이고 증폭된 영향을 미친다. 비트코인의 경우 이 원리가 극대화된 형태로 나타난다. 예를 들어 금의 경우 가격이 상승하면 자연적으로 채굴 활동이 증가해 공급이 늘어난다. 2000년대 초반 금

■ **수요와 공급의 변화와 가격**

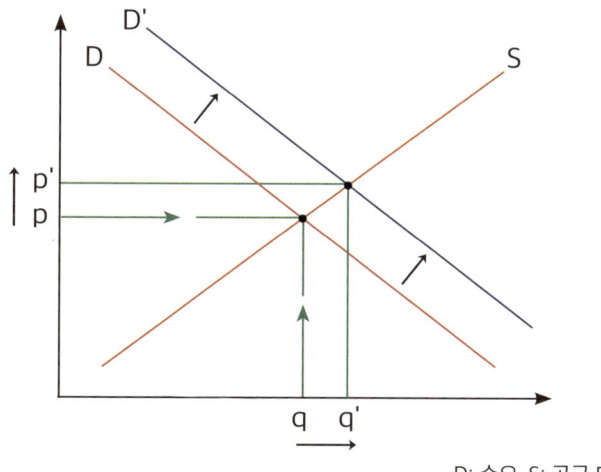

D: 수요 S: 공급 P: 가격

가격이 온스당 300달러에서 1,800달러 이상으로 상승했을 때, 전 세계 금 생산량은 약 2,500톤에서 3,300톤으로 증가했다. 이러한 공급 증가는 가격 상승을 일부 상쇄하는 효과를 낸다.

그러나 비트코인은 가격이 아무리 올라도 발행 일정이 변하지 않는다. 비트코인 가격이 1,000달러에서 5만 달러로 50배 상승해도 10분마다 생성되는 새로운 비트코인의 양은 정확히 동일하다. 공급의 완전한 비탄력성은 수요 변화가 가격에 미치는 영향을 극대화한다.

여기에 비트코인 보유자들의 행동 패턴이 더해진다. 온체인 분석 데이터에 따르면, 2024년 말 기준 전체 유통 비트코인의 약 65~70%가 1년 이상 움직이지 않고 있다. 이러한 장기 보유자들, 일명 '호들러HODLer'들은 가격이 상승해도 쉽게 매도하지 않는 경향이 있다. 이는 실질적으로 유통 공급량을 더욱 제한하는 효과를 가져온다.

결과적으로 비트코인 시장에 새로운 수요가 유입될 때, 수요가 영향을 미치는 유통 공급량은 전체의 30~35% 정도에 불과하다. 다시 말해 상대적으로 적은 금액의 신규 투자금(수요)만으로도 가격에 큰 영향을 미칠 수 있는 구조인 것이다.

통화 팽창과 희소 자산으로서의 비트코인

비트코인의 고정된 공급 구조는 전 세계 중앙은행들의 통화 정책과 극명한 대조를 이룬다. 2008년 금융위기 이후, 주요 중앙은행들은 전례 없는 규모의 통화 확장 정책(양적완화)을 시행해 왔다. 미 연준의 자산 규모는 2008년 약 9,000억 달러에서 2022년 최고점에는 9조 달러까

■ **미국 연방준비제도 자산 규모의 변화**

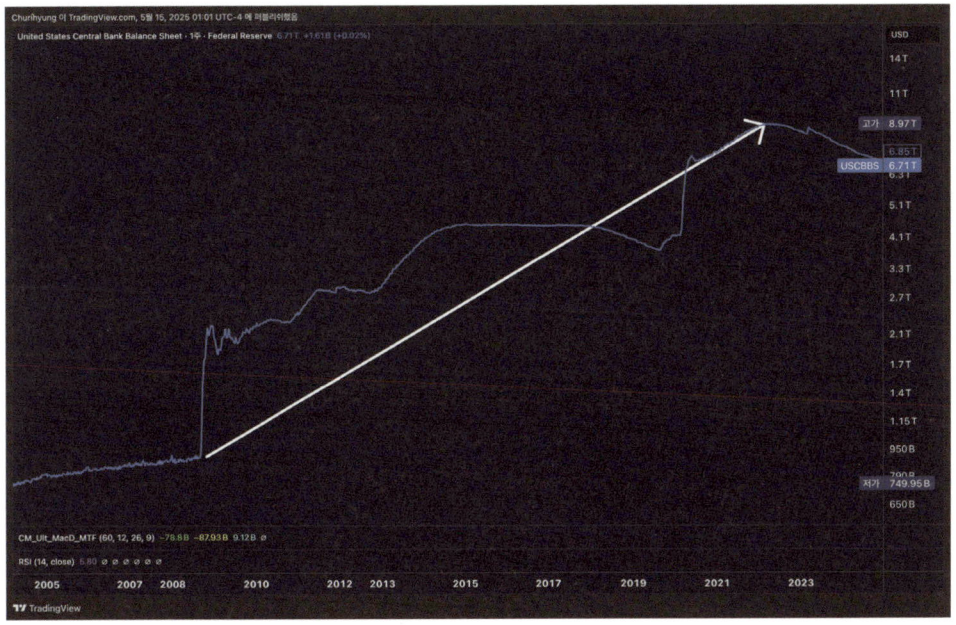

출처: TradingView

지 확대되며 약 10배 증가했다.

통화 확장은 두 가지 중요한 영향을 미친다. 첫째, 시장에 엄청난 양의 유동성을 공급한다. 둘째, 화폐 가치에 대한 장기적 불확실성을 증가시킨다. 통화 공급이 급격히 확대될 때, 투자자들은 자연스럽게 고정 공급을 가진 희소 자산에 관심을 가지게 된다. 역사적으로 이러한 역할은 주로 금이 담당해 왔다. 금은 수천 년 동안 화폐 가치 하락에 대한 헤지 수단으로 활용되었다. 그러나 디지털 경제가 확대되면서, 비트코인이 '디지털 금'으로서의 위치를 점차 확보하고 있다.

2020년 코로나19 팬데믹 대응으로 전 세계 중앙은행들이 전례 없는 규모의 통화 확장을 단행했을 때, 비트코인은 이러한 환경에 가장 강력하게 반응한 자산 중 하나였다. 미 연준의 자산 규모가 2020년 3월부터 1년간 약 3조 달러 증가하는 동안, 비트코인 가격은 5,000달러에서 6만 달러 이상으로 상승했다. 통화 확장과 비트코인의 희소성 사이의 상관관계를 극명하게 보여주는 사례다.

유동성 환경과 투자자 심리의 상호작용

유동성 확장 시기에는 여러 요인들로 인해 투자자들의 리스크 감수 성향이 강화되는 경향이 있다.

첫째, 금리 인하로 인해 안전자산의 수익률이 낮아진다. 예를 들어 미국 10년 국채 수익률이 2% 미만으로 떨어지면 투자자들은 더 높은 수익을 위해 위험한 자산으로 눈을 돌리게 된다.

둘째, 시중에 풍부한 유동성은 레버리지(차입 투자)의 비용을 낮추고 접근성을 높인다. 이는 투자자들이 더 큰 포지션을 취하게 만들어 가격 상승을 증폭시킨다.

셋째, 풍부한 유동성 환경은 심리적으로도 낙관론을 강화한다. 중앙은행들이 경기를 지원하고 있다는 인식은 투자자들의 위험 감수 의지를 높인다.

이러한 환경에서 비트코인은 이중 혜택을 받는다. 한편으로는 '인플레이션 헤지' 자산으로서 매력을 갖추게 되고, 다른 한편으로는 '고성장 위험자산'으로서의 매력도 가지게 된다. 이 독특한 이중성은 비트코인이 다양한 투자자층을 끌어들이는 요인이 된다.

특히 유동성 확장 초기 단계에서는 기관 투자자들이 먼저 움직이는 경향이 있다. 이들은 일반적으로 자산 배분의 일환으로 소량(포트폴리오의 1~5% 수준)을 비트코인에 할당한다. 그러나 비트코인의 시가총액이 상당히 커졌다곤 해도 다른 주요 자산 클래스에 비해 여전히 작기 때문에, 이러한 '소량' 배분도 가격에 상당한 영향을 미칠 수 있다.

예를 들어 2021년 초 테슬라가 15억 달러 규모의 비트코인을 매수했는데, 이는 당시 비트코인 시가총액의 약 0.2%에 불과했지만 이 발표 이후 비트코인 가격은 20% 이상 상승했다. 제한된 공급 구조에서 기관 자금의 유입이 가격에 미치는 영향력을 잘 보여주는 사례라고 할 수 있다.

비트코인의 자기강화적 사이클 형성

비트코인의 고정된 공급과 유동성 환경의 상호작용은 종종 자기강화적 사이클을 만들어낸다. 이 과정은 다음과 같이 전개된다.

1. 중앙은행의 통화 확장 → 시장 유동성 증가
2. 투자자들의 리스크 성향 강화 → 일부 자금이 비트코인으로 유입
3. 제한된 공급 구조로 인해 가격 상승
4. 가격 상승이 미디어 관심을 끌고 FOMO 심리 자극

5. 추가적인 투자자 유입 → 가격 추가 상승

6. 사이클 반복

비트코인 가격이 상대적으로 짧은 기간 내에 극적으로 상승하는 현상은 이처럼 자기강화적 사이클로 설명할 수 있다. 2020~2021년 사이클에서 비트코인은 약 15개월 만에 1,200% 이상 상승했으며, 2016~2017년 사이클에서는 약 12개월 만에 2,000% 이상 상승했다.

그러나 이 사이클은 영원히 지속될 수 없다. 유동성 환경이 변하면(예컨데 중앙은행들이 긴축으로 전환하면) 같은 메커니즘이 반대 방향으로 작용한다. 레버리지가 청산되고, 리스크 성향이 감소하며, 가격이 하락하면서 투자자들이 패닉 매도에 나서는 하락 사이클이 형성될 수 있는 것이다.

유동성 사이클과 비트코인 희소성의 상호작용

결론적으로 비트코인의 '디지털 희소성과 유동성 환경의 상호작용'은 투자자들에게 중요한 시사점을 제공한다.

첫째, 비트코인은 거시경제 환경, 특히 통화 정책 사이클에 매우 민감하게 반응한다. 따라서 비트코인 투자를 고려할 때는 중앙은행들의 정책 방향을 주시해야 한다. 양적완화가 시작되거나 기준금리가 인하되는 시기는 일반적으로 비트코인에 유리한 환경을 제공한다.

둘째, 비트코인의 공급 일정, 특히 반감기는 중요한 이벤트다. 역사적으로 비트코인 반감기 이후 12~18개월간은 가격이 크게 상승하는 구간이었다. 이는 새로운 공급이 감소하는 상황에서 수요가 유지되거나 증가할 경우 발생하는 자연스러운 결과다.

셋째, 비트코인의 가격은 단기적으로 변동성이 크다. 그러나 장기적으로 보면 희소성에 대한 가치가 점진적으로 인식되면서 가격이 상승해 왔다. 지난 13년간, 비트코인은 1년 이상 보유했을 때 수익이 마이너스였던 기간이 전체의 10% 미만이었다.

마지막으로 비트코인의 희소성은 단순히 수량적 제한을 넘어 질적인 측면도 가지고 있다. 비트코인은 검열 저항성, 국경에 제약 받지 않는 전송 능력, 프로그래밍 가능한 화폐로서의 특성 등 다른 자산들이 제공하지 못하는 기능을 제공한다. 이러한 '질적 희소성'은 유동성 환경이 변해도 비트코인에 대한 기본적인 수요가 유지되는 요인이다.

비트코인의 디지털 희소성은 이제 글로벌 금융 시스템 내에서 독특한 위치를 차지하고 있다. 전 세계 중앙은행들이 지속적으로 통화 공급을 확대하는 환경에서 엄격하게 공급을 제한하는 비트코인은 많은 투자자들에게 매력적인 대안 자산으로 자리 잡고 있다. 이러한 구조적 대비는 앞으로도 비트코인 가격 역학의 핵심 동인으로 작용할 것이다.

3

상품자산과 위험자산이 결합한 하이브리드 자산

비트코인의 가격 메커니즘을 이해하기 위해 마지막으로 이해해야 하는 비트코인의 특성은 '하이브리드Hybrid'이다. 비트코인은 상품의 속성과 위험자산으로서의 특성을 동시에 지닌 특이한 자산이다. 기존 금융 시장에서는 찾아보기 어려운 독특한 조합으로, 비트코인만의 차별화된 투자 특성을 만들어낸다. 한편으로는 금과 같은 희소성 기반 상품처럼 인플레이션 헤지 수단으로 기능하면서, 다른 한편으로는 테크 스타트업이나 성장주와 같은 위험자산의 특성을 동시에 보여준다.

상품으로서의 비트코인: 디지털 금

비트코인의 상품적 Commodity 속성은 여러 면에서 인류 역사상 가장 오래된 가치 저장 수단인 금과 놀랍도록 유사하다. 금과 마찬가지로 비트코인은 절대적 희소성을 기반으로 한다. 금은 지구상에서 채굴할 수 있는 양이 물리적으로 제한되어 있고, 비트코인은 알고리즘적으로 총 발행량이 2,100만 개로 고정되어 있다. 이러한 공급 제한은 인플레이션에 대한 자연적 방어막을 형성한다.

또한 금이 화폐 기능을 위한 이상적인 물리적 특성(분할 가능성, 내구성, 이동성, 희소성)을 갖추고 있듯이, 비트코인은 이를 디지털 영역에서 완벽하게 구현했다. 비트코인은 무한히 분할 가능하며(1사토시는 0.00000001BTC), 디지털 네트워크를 통해 세계 어디로든 즉시 전송될 수 있고, 비트코인 블록체인의 불변성은 금의 물리적 내구성에 필적하는 디지털 영속성을 제공한다.

역사적으로 금은 통화 정책과 정부 간섭으로부터 독립적인 가치 저장 수단으로 기능해 왔다. 비트코인 역시 중앙은행이나 정부 기관의 직접적인 통제를 받지 않는 탈중앙화된 자산으로, 법정화폐 시스템의 불확실성과 통화 팽창에 대한 헤지 역할을 할 수 있다. 실제로 비트코인은 인플레이션 우려가 높아지는 시기나 금융 불안정 시기에 종종 금과 유사하게 움직였다.

위험자산으로서의 비트코인: 기술주와의 유사성

동시에 비트코인은 나스닥에 상장된 성장주나 벤처캐피털 투자와 같은 고위험·고수익 자산의 특성도 강하게 나타난다. 비트코인은 본질적으로 혁신적인 기술 실험이자 새로운 금융 패러다임의 선구자로, 그 가치의 상당 부분이 미래 가능성과 기대에 기반하고 있다. 이는 아마존, 테슬라, 애플과 같은 혁신 기업들의 초기 주식이 보여준 특성과 유사하다.

비트코인은 또한 기술주처럼 강력한 '네트워크 효과'를 보인다. 사용자와 채택이 증가할수록 네트워크 가치가 기하급수적으로 증가하는 현상은 페이스북, 구글과 같은 테크 기업들의 성장 패턴과 닮아있다. 이러한 네트워크 효과가 만들어내는 잠재적 성장성은 투자자들에게 큰 기대 수익을 제시하지만 동시에 그만큼의 위험도 수반한다.

또한 비트코인은 기술주와 마찬가지로 높은 변동성을 보인다. 2020~2021년 사이클에서 1,000% 이상의 상승과 이후 70% 이상 하락했던 사례처럼, 비트코인의 가격은 종종 극단적으로 움직이곤 한다. 이와 같은 높은 변동성은 위험자산의 전형적인 특징으로, 상대적으로 안정적인 상품자산과는 대비된다.

두 세계의 결합: 독특한 하이브리드 자산의 탄생

비트코인의 독특함은 이 두 가지 상반된 자산 특성을 동시에 구현한다는 점에 있다. 전통적인 금융 시장에서 안전자산(상품)과 위험자산은 대개 음의 상관관계를 가지거나 적어도 서로 다른 방향으로 움직이는 경우가 많다. 불확실성이 증가하면 투자자들은 주식과 같은 위험자산을 팔고 금과 같은 안전자산으로 이동하는 '리스크 오프' 패턴을 보이기 때문이다.

그러나 비트코인은 이러한 전통적인 자산 분류를 뛰어넘는다. 때로는 금과 같은 인플레이션 헤지 자산으로 기능하면서, 때로는 고위험 기술주와 같은 모습을 보인다. 이러한 이중적 특성은 특히 유동성이 풍부한 시장 환경에서 강력한 시너지 효과를 만들어낸다.

예컨대 중앙은행들이 통화를 확장하고 금리를 낮추는 시기에, 투자자들은 한편으로는 인플레이션으로부터 자산을 보호하고, 다른 한편으로는 풍부한 유동성이 만들어내는 자산 가격 상승에 참여하고자 한다. 대부분의 전통 자산은 이 두 가지 목표 중 하나만을 충족시킬 수 있다. 금은 인플레이션 헤지를 제공하지만 성장 잠재력이 제한적이고, 주식은 성장 잠재력을 제공하지만 인플레이션 시기에 취약할 수 있다.

비트코인은 이 두 가지 니즈를 동시에 충족시키는 거의 유일한 자산으로, 인플레이션을 걱정하는 보수적 투자자와 높은 수익을 추구하는 공격적 투자자 모두에게 매력적인 선택지가 된다. 유동성 확장 시기에 비트코인이 다른 어떤 자산보다 강한 성과를 보이는 이유가 바로 여기에 있다.

비트코인의 하이브리드 특성은 포트폴리오 구성에도 새로운 가능성을 제시한다. 전통적인 '60/40 포트폴리오(주식과 채권을 60대 40으로 투자)'에 비트코인을 소량 추가했을 때, 리스크 조정 수익률이 개선된다는 연구 결과들이 나오고 있다. 비트코인과 전통 자산의 상관관계는 시기에 따라 변화하며, 이 같은 동적인 상관관계는 분산 투자 효과를 극대화할 수 있다.

상품자산과 위험자산의 특성을 동시에 지닌 비트코인의 이중성은 금융 역사상 전례 없는 새로운 자산 유형을 대표한다. 이는 단순한 분류상의 모호함이 아니라, 디지털 시대에 새롭게 등장한 혁신적 자산 클래스의 본질적 특성이다. 이러한 독특한 특성은 비트코인 가격을 결정하는 데에도 많은 영향을 끼친다. 이를 이해하고, 비트코인을 전통적인 상품자산이나 위험자산으로 양분하는 렌즈로만 바라보는 한계를 넘어선다면, 비트코인의 진정한 가치와 잠재력을 제대로 평가할 수 있을 것이다.

4

4차 사이클의 진행 속도가 변화한 결정적 이유

앞서 설명한 내용을 잘 숙지했다면 구조적으로 비트코인의 가격 형성은 유동성과 대단히 밀접한 관계라는 사실을 이해했을 것이다. 그리고 이 유동성 사이클에서 발생한 중대한 변화가 이번 비트코인 사이클에서 2025년 중반까지도 강력한 포물선 상승이 나오지 않고 조금은 지루한 계단식 상승 사이클이 나타난 결정적 이유이다.

핵심적 변화는 생각보다 천천히 완화되는 연준의 통화 정책에서 발단했다. 2023년 초부터 시장은 연준의 피봇(정책 전환)을 기다렸지만, 미국 경제는 예상을 뛰어넘는 강한 회복력을 보였다. 실업률은 3.5~4% 수준의 완전고용에 가까운 상태를 유지했고, 경제 성장률은 2% 이상을 기록했으며 소비자들의 지출 의욕도 견고했다.

특히 인플레이션이 예상보다 완만하게 하락했다는 점이 중요했다.

■ 지연되는 미국 기준금리 인하

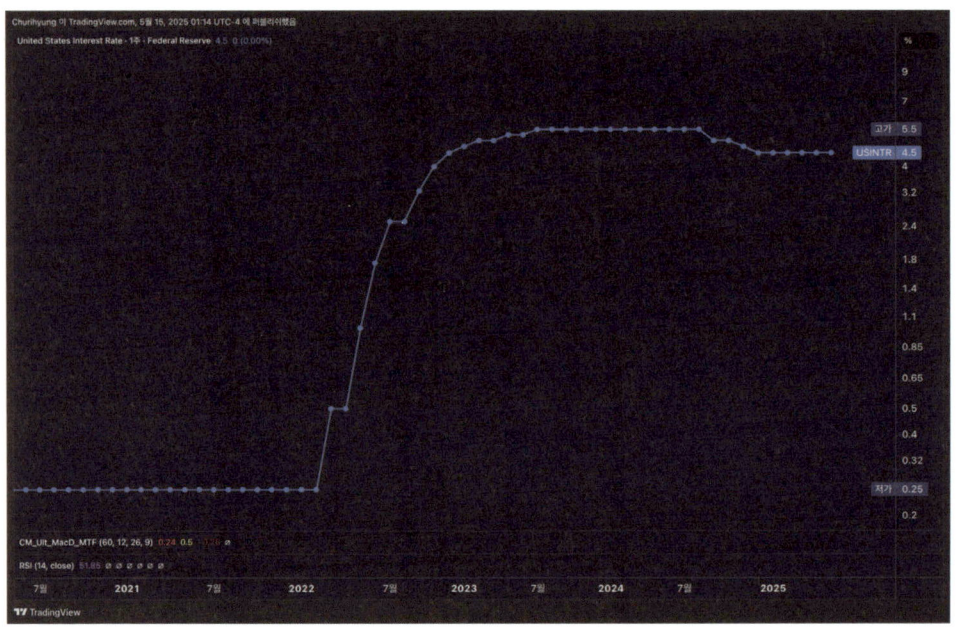

출처: TradingView

2022년 9% 수준에서 2023년 말 3% 대로 하락했지만, 연준의 목표치인 2%까지는 도달하지 못했다. 특히 주택 비용, 서비스 물가 등 '끈적이는 인플레이션Sticky inflation'은 쉽게 잡히지 않았다.

이런 상황에서 제롬 파월 연준 의장은 "인내심Patience"을 강조하며 섣부른 금리 인하를 경계했다. 2023년 말까지 시장은 2024년에 6~7회의 금리 인하를 기대했지만, 실제로 첫 금리 인하가 시작된 것은 2024년 9월에 이르러서였다. 이 기간 동안 금리는 5.5%의 높은 수준에서 유지되었고, 이는 비트코인을 포함한 위험자산에 지속적인 압박 요인

■ 연준의 기준금리 예상 및 확률

회의일	3.25-3.50%	3.50-3.75%	3.75-4.00%	4.00-4.25%	4.25-4.50%
2025-06-18	0.00%	0.00%	0.00%	8.33%	91.67%
2025-07-30	0.00%	0.00%	0.00%	39.33%	60.67%
2025-09-17	0.00%	0.00%	0.00%	90.30%	9.70%
2025-10-29	0.00%	0.00%	37.33%	62.67%	0.00%
2025-12-10	0.00%	0.00%	96.23%	3.77%	0.00%

출처: CME Group, CME FedWatch Tool

으로 작용했다.

그 이후도 마찬가지였다. 시장은 2025년에 적어도 4~5차례의 금리 인하가 이뤄질 것으로 예상했지만, 연준은 2025년 들어 5월까지 단 한 차례의 금리 인하도 실행하지 않았다. 하반기에 조금 공격적으로 금리 인하가 되면 연내 총 4차례의 금리 인하가 이뤄질 것이라 기대하는 분위기였지만, 최근에 들어선 2차례의 금리 인하 정도만 기대하는 수준으로 예상치가 대폭 하향 조정되었다.

예상보다 훨씬 느린 유동성 완화 환경은 비트코인 가격에 결정적 영향을 미쳤다. 과거 2013년, 2017년, 심지어 2021년 사이클에서 비트코인이 보여준 폭발적인 포물선 상승이 이번에는 나타나지 않았다. 대신 우리는 지난 2년간 '계단식 상승'이라는 새로운 패턴을 목격했다.

계단식 상승의 본질은 급격한 상승 후 급격한 하락이 아니라, 상승 후 길고 긴 횡보 구간을 통해 가격을 '소화'하는 과정에 있다. 비트코인은 2023년 1월 1만 6,000달러에서 3월 2만 5,000달러까지 올랐다가 6

■ 비트코인 2021년 사이클과 2023년 사이클의 차이

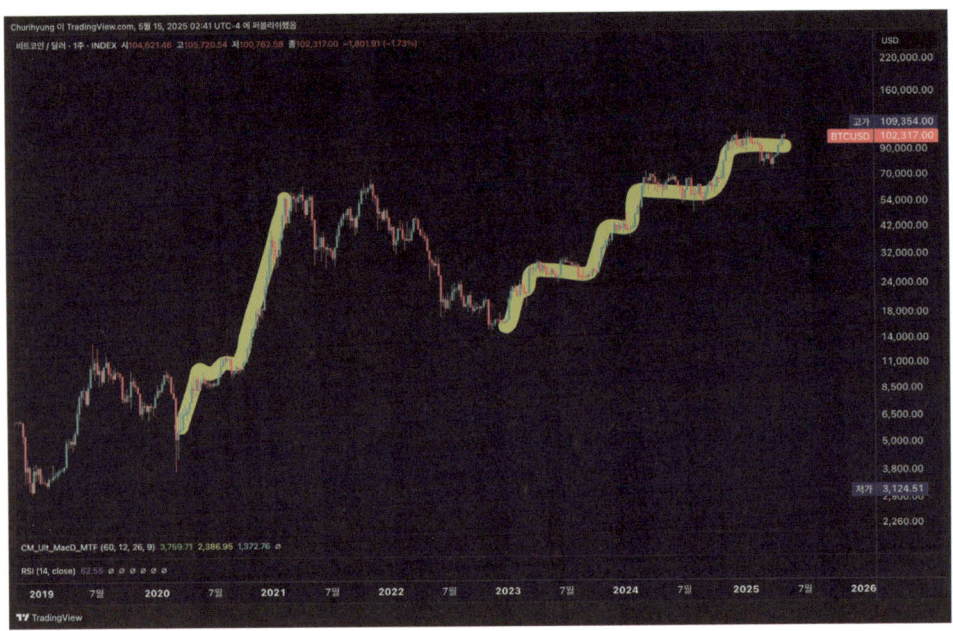

출처: TradingView

월까지 횡보했고, 다시 7월에 3만 달러를 찍고 또 횡보했다. 2024년에도 1월 ETF 승인으로 4만 9,000달러까지 올랐다가 다시 횡보했고, 4월 반감기 전후로 7만 3,000달러까지 올랐다가 다시 횡보했다.

이러한 패턴은 과거와 확연히 다르다. 2017년 사이클에서는 1만 달러에서 2만 달러까지 불과 3주 만에 상승했고, 2021년에도 2만 달러에서 6만 달러까지 약 3개월 만에 치솟았다. 반면 2023~2025년 사이클에서는 2만 달러에서 6만 달러로 가는 데 약 12개월이 소요되었고, 그 과정도 훨씬 더 점진적이었다.

즉, 지금까지 설명한대로 ① 비트코인 시가총액의 증가, ② 개인에서 기관으로 거래 주체의 변화 등이 모두 비트코인 가격이 이전보다 변동성 적게 움직이는 계단식 상승의 원인이 되었지만 그보다도 ③ 유동성 증가 타이밍의 지연이야말로 이번 사이클을 느리고 더디게 만든 가장 결정적인 원인이라고 볼 수 있다.

유동성 환경의 구조적 전환: 새로운 확장 국면

그러나 2025년 들어 글로벌 유동성 환경에는 중대한 변화의 조짐이 나타나고 있다. 비록 연준의 금리 인하는 여전히 더디게 진행되고 있지만, 다른 경로를 통한 유동성 확장이 감지되기 시작했다.

첫째, 미국을 제외한 주요국 중앙은행들이 적극적인 유동성 공급으로 전환했다. 중국인민은행은 2024년 말부터 부동산 시장 안정화와 경기 부양을 위해 대규모 유동성 공급을 시작했다. 2025년 1분기까지 지준율을 5차례 인하했고, 중기유동성지원창구MLF 금리도 대폭 인하했다. 유럽중앙은행ECB도 2024년 6월부터 금리 인하 사이클을 시작했으며, 일본은행BOJ조차 양적완화 정책을 재개했다.

둘째, 미국 내에서도 재정 정책을 통한 유동성 공급이 확대되고 있다. 트럼프 행정부는 취임 직후부터 대규모 감세 정책을 실행했으며, 이는 정부 적자를 확대시키는 결과를 가져왔다. 미 재무부의 채권 발행이 증가하면서 시중에 유통되는 달러 유동성도 함께 늘어나게 되었다.

셋째, 글로벌 경기 불확실성 확대로 인한 안전자산 수요 증가도 간접적인 유동성 공급 효과를 가져왔다. 지정학적 갈등, 기후 위기, 기술 변혁 등 다양한 불확실성 요인들로 인해 투자자들은 포트폴리오 보호에 더 많은 관심을 기울이고 있으며, 이는 금과 비트코인과 같은 안전자산에 대한 수요를 증가시켰다.

결과적으로 미국뿐 아니라 전 세계 글로벌 유동성 환경 자체가 긴축에서 확장으로 전환되고 있다는 뜻이다. 그리고 글로벌 유동성 증가 환경하에서 가장 눈에 띄는 변화는 달러의 약세이다. 보통 전 세계 중앙은행들이 긴축을 실시하는 환경에서 달러는 강세를 띠고(2022년) 전 세계 중앙은행들이 완화를 실시하는 환경에서 약세를 띤다.

그런 정황을 가장 직접적으로 확인할 수 있는 지표가 바로 달러 인덱스**DXY**이다. 달러 인덱스란 유로화, 엔화 등 주요 통화 대비 달러의 가치를 나타내는 지표인데 이 지표가 높을수록 달러 강세, 낮을수록 달러 약세로 이해할 수 있다. 그리고 비트코인은 유동성과 직접적으로 상관있는 자산이며 유동성에 가장 큰 영향을 주는 통화는 달러일 것이고, 가격 역시 대부분 달러로 표시되니 달러화가 약할수록 상승에 유리하다.

그런 달러 인덱스가 최근 들어 급격하게 하락하고 있다. 한때 110을 넘어서며 역대 최고치를 향해가던 달러 인덱스는 트럼프 취임과 동시에 하락으로 방향 전환하여 한 때는 100 이하까지 하락했다. 이렇게 달러가 약해지게 되면 비트코인 가격에 직접적이고 강력한 상승 동력을 제공한다.

역사적으로 달러 인덱스와 비트코인 가격은 뚜렷한 역의 상관관계

■ 2022~2025년 달러 인덱스

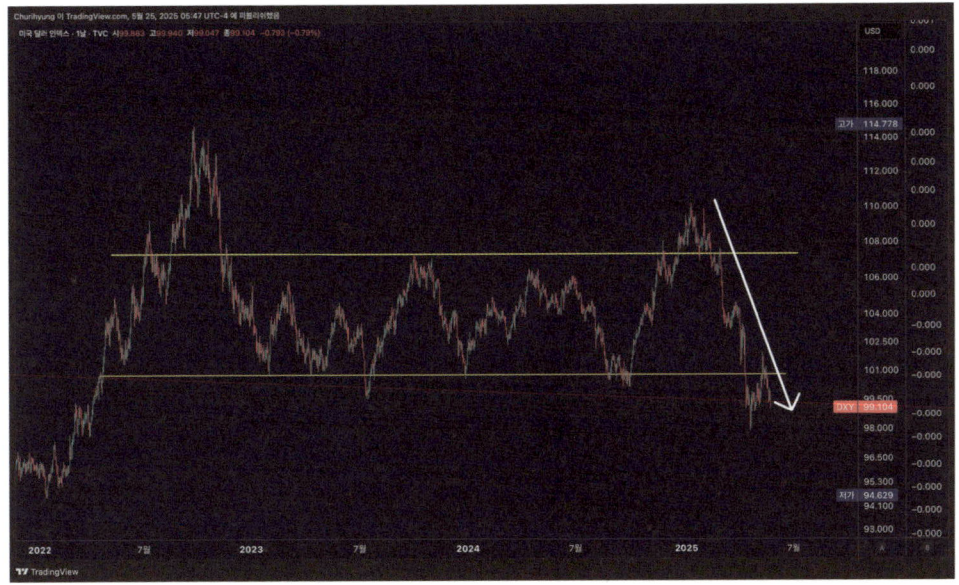

출처: TradingView

를 보여왔다. 2017년 비트코인이 800달러에서 2만 달러까지 폭발적으로 상승했을 때, 달러 인덱스는 동 기간 103에서 91로 약 12% 하락했다. 마찬가지로 2020~2021년 비트코인 불마켓 기간 동안 달러 인덱스는 102에서 89로 13% 가까이 떨어졌다. 반대로 2022년 비트코인이 6만 9,000달러에서 1만 5,500달러까지 77% 폭락했을 때, 달러 인덱스는 89에서 114까지 28% 급등했다.

    이러한 강한 역상관관계는 우연이 아니라 구조적인 이유에서 비롯된다. 비트코인 가격은 달러로 표시되기 때문에 달러 가치 자체의 변동에 직접적인 영향을 받는다. 달러가 약해지면 동일한 가치의 비트코인

■ **2015~2018년 달러 인덱스와 비트코인 가격**

출처: Bloomberg Finance L.P., Bravos Research

을 구매하는 데 더 많은 달러가 필요하게 되고, 이는 달러로 표시된 비트코인 가격의 상승으로 이어진다.

더 중요한 점은 달러 약세가 글로벌 유동성 확장의 직접적인 증거라는 사실이다. 비트코인은 유동성 변화에 가장 민감하게 반응하는 자산이기에 시장에 풀리는 자금이 많아질수록 상승 가능성이 높아진다. 달러 인덱스가 110에서 100 아래로 떨어진 것은 글로벌 유동성이 긴축에서 확장 국면으로 전환되고 있음을 명확히 보여주는 신호다.

달러 약세는 또한 비트코인으로의 자금 유입을 여러 경로로 촉진한다. 글로벌 투자자들은 약해지는 달러를 대체할 자산을 찾게 되고, 비트코인은 이 수요의 상당 부분을 흡수한다. 특히 신흥국 투자자들에게 비트코인은 달러 대체 수단으로서의 매력이 있는데, 달러가 약해질수록 이 수요는 더욱 증가한다.

이렇게 전 세계 유동성이 증가하고 있고, 달러가 약해지면서 비트코인에게 최상의 환경이 서서히 갖춰지고 있는 상황에서 유동성 확장 속도를 폭발적으로 증가시킬 가능성이 있는 사건이 발생하였다.

유동성 확장의 촉매제: 트럼프의 관세 전쟁

2025년 글로벌 유동성 환경 변화의 가장 중요한 변수는 트럼프 행정부가 시작한 관세 전쟁이다. 2024년 11월 재선에 성공한 트럼프 대통령은 취임 직후 "미국 제조업 부흥"을 목표로 공격적인 관세 정책을 실행에 옮겼다.

2025년 4월 2일, 트럼프 행정부는 "해방의 날Liberation Day"이라는 이름으로 전 세계 수입품에 대해 최소 10%의 기본 관세를 부과하는 정책을 발표했다. 특히 중국산 제품에 대해서는 최대 145%의 관세를 부과했으며 유럽, 일본, 한국 등 주요 교역국에도 15~30%의 높은 관세를 매겼다.

관세 정책은 글로벌 무역 흐름과 경제 성장에 상당한 충격을 주었다. 미국 증시는 발표 직후 S&P500이 하루 만에 4.88% 하락하는 등 큰 폭의 조정을 받았다. 그러나 흥미롭게도 비트코인은 초기에 약 8.5% 하락했지만, 이후 빠르게 회복하며 상대적으로 안정적인 모습을 보였는데 그 이유는 뒤에서 더 자세히 설명하도록 하겠다.

아무튼 관세 전쟁은 단기적으로 불확실성을 증가시켜 위험 자산들의 가격을 빠르게 하락시켰지만 장기적으로는 오히려 유동성 확장 속도를 증가시키는 촉매제가 되면 시장 상승의 기폭제가 될 가능성이 있다. 관세로 인한 경기 둔화 우려는 각국 중앙은행이 더 완화적인 통화 정책을 채택하도록 압박한다. 왜냐하면 관세로 인해 무역이 위축되면 수입과 수출이 줄어들고 기업들의 실적이 감소하기 때문이다.

기업의 수입이 줄어들면 해고가 늘어나고 해고가 늘어나면 소비가 줄어들면서 기업의 수입이 줄어드는 악순환의 고리가 형성될 수 있다. 전반적으로 경기를 약하게 만들고 경기 침체의 가능성이 높아지기 때문에 당연히 각국 정부와 중앙은행들은 경기 침체를 막기 위해 부양책을 확대하고 금리를 낮추면서 유동성을 공급할 수밖에 없는 것이다. 중국은 이미 적극적인 금리 인하와 유동성 공급에 나섰으며, 유럽과 일본도 비슷하게 움직이고 있다. 심지어 연준마저 2025년 하반기에는 더 공격적인 금리 인하에 나설 것이라는 기대가 형성되고 있다.

또한 관세 전쟁은 달러 강세를 제한하는 환경을 만든다. 글로벌 무역의 기축 통화는 달러이다. 하지만 관세로 인해 무역이 줄어들게 되면 달러에 대한 수요가 줄어든다. 무역을 하지 않으니 더 이상 달러를 가지고 있을 필요가 없기 때문이다. 거기에 앞서 설명한 대로 전 세계 중앙은행들이 완화 기조에 있을 때는 달러가 약세를 보이기 마련이고, 관세 전쟁으로 경기가 약화되면서 유동성 공급이 증가하면 달러는 약해지게 된다. 그 증거가 앞에 보여준 달러 인덱스의 하락이다.

이러한 요인들이 복합적으로 작용하면서, 트럼프의 관세 전쟁은 역설적으로 글로벌 유동성 확장을 가속화하는 촉매제가 되고 있다. 특히 연준이 예상보다 천천히 금리를 인하하는 상황에서, 관세 전쟁은 다른 경로를 통한 유동성 확장을 촉진함으로써 비트코인 가격에 긍정적인 환경을 조성하고 있다.

앞으로 관세 전쟁이 심화되고 글로벌 경기 둔화 우려가 커질수록, 중앙은행들은 더 공격적인 통화 완화 정책을 채택할 가능성이 높다. 이는 계단식 상승을 보이던 비트코인 가격이 마침내 더 가파른 상승세로 전환되는 계기가 될 수 있다는 걸 시사한다. 물론 단기적인 변동성과 불확실성은 여전히 존재하지만, 중기적인 유동성 환경은 점차 비트코인에 더 우호적인 방향으로 발전하고 있다.

관세가 결국 비트코인에게 유리한 이유

트럼프 체제하에서 미국은 지속적으로 고관세를 유지할 가능성이 높다. 비록 '관세 적용 90일 유예' 등 협상의 여지를 보여주곤 있지만, 영국과의 협상 결과에서 나타났듯 10% 보편 관세는 계속 유지할 가능성이 높다. 그렇다면 아무리 관세가 낮아지더라도 트럼프 취임 이전보다는 훨씬 높은 관세율이 지속되는 것이고, 이는 미국은 물론 전 세계 경제에 타격을 가할 것이다.

그런데 이런 고관세 환경은 사실 그 어떤 자산보다 비트코인에게 유리하다. 단기적으로는 위험자산으로 분류되는 비트코인 가격에 악영향을 끼치지만 장기적으로는 비트코인이 가장 큰 수혜를 받을 수 있는데 그 이유를 이해하기 위해선 앞서 설명한 자산들의 특성으로 다시 한번 돌아가야 한다.

주식: 현금흐름에 직접적 타격을 받는 위험자산

앞서 우리는 주식이 기업의 미래 현금흐름에 기반한 자산이라는 것을 알아봤다. 이는 주당순이익EPS와 주가수익비율PER이라는 두 가지 핵심 요소에 의해 결정된다. 관세 전쟁은 이 두 요소 모두에 부정적인 영향을 미친다.

관세가 부과되면 기업들의 비용 구조가 악화된다. 수입 원자재와 부품 가격이 상승하고, 글로벌 공급망이 교란되며, 수출 시장에서의 경쟁력이 저하된다. 이는 직접적으로 기업의 이익률과 EPS를 압박한다. 동시에 무역 갈등으로 인한 경제 불확실성은 투자자들의 리스크 프리미엄을 높이고, 이는 PER의 하락으로 이어진다.

트럼프의 "해방의 날" 관세 발표 직후 S&P500이 하루 만에 4.88% 급락한 것은 이러한 메커니즘이 작동한 결과다. 특히 글로벌 공급망에 크게 의존하는 애플, 테슬라 같은 기업들은 더 큰 타격을 받았다.

금: 순수 상품자산 + 안전자산의 한계

금은 순수한 상품자산이자 전통적인 안전자산이다. 상품자산으로서 금은 유동성 확장에 민감하게 반응한다. 관세 전쟁이 경기를 위축시키면 중앙은행들은 통화 완화 정책을 실시하게 되고, 이는 금 가격에 긍정적으로 작용한다. 또한 금은 불확실성이 높을수록 수요가 증가하는 자산이기에 지정학적 불확실성을 고조시키는 무역 갈등은 투자자들을 금과 같은 안전자산으로 이동시키는 요인이 된다.

관세 전쟁 발표 이후 금 가격이 상승한 것은 바로 이러한 '유동성 확장 전망 + 불확실성 증가'라는 두 가지 요인의 결합 때문이었다. 그러나 최근 미중 무역 협상이 진전되면서 금 가격이 크게 하락한 것은, 불확실성 감소와 함께 유동성 확장 속도 약화 전망이 동시에 작용했기 때문이다.

관세 전쟁의 불확실성은 결코 영원히 지속되지 않는다. 투자자들은 어느 순간 관세 관련된 악재를 모두 소화해 낼 것이고 그렇게 불확실성이 소화되고 나면 안전자산의 인기는 식는다. 그 순간부터 투자자들은 더 높은 수익률을 기대하는 위험자산으로 이동하게 된다. 그리고 비트코인은 대표적인 위험자산이다.

결론적으로 비트코인 가격 메커니즘상, 미국의 전방위적인 관세 정책이 유동성 확장에 대한 기대를 일으키고 불확실성 감소와 맞물려 비트코인에게 유리하게 작용할 것이라고 정리할 수 있다. 다음 장에서는 관세 정책과 유동성 확장 국면이 앞으로 비트코인 가격에 왜 긍정적으로 작용할 것인지, 비트코인이라는 자산의 특징과 연관하여 좀 더 자세하게 살펴보겠다.

5

시차를 두고 비트코인 가격에 반영되는 유동성

앞서 우리는 비트코인은 상품자산과 위험자산의 특성을 동시에 갖고 있다는 사실을 살펴본 바 있다. 비트코인의 하이브리드적 특성, 즉 이중성은 관세 전쟁 환경에서 복합적인 방식으로 작용한다.

먼저 상품자산으로서 비트코인은 금과 마찬가지로 유동성 확장에 크게 수혜를 입는다. 관세 전쟁으로 경기가 위축되면 각국 중앙은행들은 금리를 인하하고 유동성을 공급한다. 자연히 비트코인 가격에 강력한 상승 동력을 제공한다. 특히 비트코인은 금과 같은 다른 상품자산보다 유동성 확장에 더 강하게 반응하는 경향이 있는데 비트코인의 시장 규모가 상대적으로 작기 때문이다. 금의 시가총액이 약 22조 달러인 반면, 비트코인의 시가총액은 약 2조 달러 수준이다. 따라서 동일한 규모의 자금이 유입될 경우, 비트코인의 상승 폭이 훨씬 더 클 확률이 높다.

비트코인이 상품자산으로서 가지는 또 다른 대단한 이점은 바로 '탈지정학 자산Geopolitically neutral asset'이라는 점이다. 관세는 본질적으로 국경을 넘나드는 물리적 상품에 부과된다. 애플의 아이폰, 테슬라의 전기차, 마이크로소프트의 서피스 태블릿과 같은 제품들은 모두 글로벌 공급망을 통해 생산되고 국경을 넘어 운송된다. 따라서 관세가 부과되면 기업들의 비용 구조와 수익성이 직접적인 타격을 받는다.

반면 비트코인은 물리적 형태가 없는 순수 디지털 자산으로, 관세 부과의 직접적인 대상이 아니다. 비트코인의 생산(채굴)과 거래는 물리적 국경에 구애받지 않으며 인터넷이 연결된 세계 어디서나 이루어질 수 있다. 따라서 관세로 인한 직접적인 비용 증가나 공급망 교란에 영향을 받지 않는다. 특정 국가나 정부에 종속되지 않으며 국경을 초월하여 존재하는 순수한 디지털 자산이라는 점은 관세 전쟁이라는 환경에서 비트코인에게 결정적인 우위를 제공한다.

더욱이 비트코인은 특정 국가의 신뢰도와 연결되지 않는다. 달러는 미국 정부와 연준의 신뢰에, 유로는 유럽중앙은행의 신뢰에 의존한다. 관세 전쟁과 같은 지정학적 갈등이 심화되면 이러한 신뢰가 손상될 수 있으며, 해당 통화의 가치에 부정적 영향을 미친다. 특히 미국이 자국 이익을 위해 관세라는 경제적 무기를 사용한다면, 달러의 기축통화 지위에 대한 국제적 신뢰가 감소할 수 있다. 실제로 2018~2020년 첫 번째 관세 전쟁 이후, 중국, 러시아, 브라질 등 여러 국가가 달러 의존도를 줄이기 위한 노력을 가속화했다. 이러한 '탈달러화De-dollarization' 움직임은 비트코인과 같은 중립적인 대안 자산에 대한 수요를 증가시킨다.

비트코인의 신뢰는 특정 국가나 기관이 아닌, 수학적 알고리즘과 글로벌 분산 네트워크에 기반한다. 이처럼 탈중앙화된 구조는 지정학적 갈등이 심화되는 환경에서 그 가치가 더욱 빛난다. 국가 간의 경제적 긴장이 고조될수록, 어느 한 국가에 종속되지 않는 비트코인의 중립적 특성은 더욱 매력적이기 때문이다.

그렇다면 관세 전쟁 환경에서 비트코인이 가지는 위험자산으로서의 특징은 어떻게 작용할까? 위험자산으로서 비트코인은 주식처럼 불확실성 증가에 부정적인 영향을 받는다. 관세 전쟁 발표 직후 비트코인이 다른 위험자산들처럼 하락했던 이유다. 해방의 날 관세 발표 직후 비트코인은 약 8.5% 하락했는데, 투자자들의 즉각적인 리스크 오프 반응이 반영된 것이다.

그러나 금과 같은 순수 안전자산과 달리, 비트코인은 불확실성이 해소된 후 강하게 반등하는 경향이 있다. 초기 패닉 매도가 완료되고 시장이 새로운 현실에 적응하기 시작하면, 비트코인은 주식보다 훨씬 빠르게 회복하곤 한다. 이는 앞서 설명한 대로 관세에 직접적인 영향을 받지 않으며, 유동성 확장에 수혜를 받는 두 가지 특징이 결합된 결과다.

실제로 해방의 날 관세 발표 이후 데이터를 분석하면 비트코인은 일주일 만에 하락분의 약 70%를 회복한 반면, S&P500은 2주가 지나도 초기 하락분의 30% 정도만 회복했다. 이는 비트코인이 위험자산임에도 불구하고 관세 환경에서 상대적으로 더 빠른 회복력을 갖추고 있음을 보여준다.

더욱 중요한 것은 불확실성이 완전히 해소되고 시장이 새로운 관세

■ 트럼프 '해방의 날' 선언 이후 S&P500과 비트코인의 움직임

출처: TradingView

현실에 적응한 후, 비트코인이 보여줄 수 있는 폭발적 성장 잠재력이다. 시장이 초기 충격에서 벗어나고 중앙은행들의 유동성 공급이 본격화되면, 비트코인은 금과 같은 안전자산보다 훨씬 더 강한 상승세를 보일 수 있다.

이러한 패턴은 과거 사례에서도 확인된다. 2018년 관세 전쟁 직후 비트코인은 하락했으나, 2019년 연준이 금리 인하를 시작하자 금보다 훨씬 강한 상승세를 보였다. 2020년 코로나19 충격으로 모든 자산이 급락했을 때도, 이후 연준의 유동성 공급이 본격화되자 비트코인은 금보다 5배 이상 높은 수익률을 기록했다.

유동성 흐름의 시차적 특성: 금에서 비트코인으로

유동성이 시장으로 유입될 때는 일정한 순서가 존재한다. 전통적으로 자금 흐름은 다음과 같은 패턴으로 일어난다.

- **초기 단계**: 시장 불확실성 확대 → 금(안전자산) 매수 증가
- **중기 단계**: 금 가격 상승 → 불확실성 완화 + 금리 인하 기대 → 비트코인(위험·상품자산) 매수 확대
- **후기 단계**: 비트코인 급등 → 나스닥, 기술주로 확산 → 전반적인 '리스크 온' 모드 전환

글로벌 금융 시장에 유동성이 공급된다고 해서 무작위로 모든 자산에 동시에 돈이 유입되지는 않는다. 특정한 패턴과 순서에 따라 움직인다. 이 같은 자금 흐름은 과거의 여러 경제 위기 및 중앙은행 개입 시기에서 일관되게 나타났다. 2008년 글로벌 금융위기, 2018~2019년 첫 번째 관세 전쟁, 2020년 코로나19 위기 등 다양한 사례에서 유동성은 안전자산에서 시작해 점차 위험자산으로 확산(유입)되는 예측 가능한 경로로 움직였다.

초기 단계에서는 시장 불확실성이 극대화되면서 투자자들이 안전자산으로 몰린다. 2008년 금융위기 당시 리먼브라더스 파산 직후 금 가격은 2008년 10월부터 2009년 2월까지 약 25% 상승했다. 마찬가지로 2020년 코로나19 충격 이후, 초기 패닉이 가라앉자 금 가격은 2020년

3월부터 8월까지 약 40% 급등했다. 가장 최근의 사례로 2025년 해방의 날 관세 발표 직후에도 금 가격은 첫 2주간 약 5% 상승했다.

이렇게 불확실성이 급증하는 단계에서 금과 같은 전통적 안전자산으로 자금이 먼저 유입되는 이유는 기관 투자자들의 포트폴리오 매뉴얼과 관련 있다. 대형 연기금, 보험사, 국부펀드 등은 위기 상황에서 리스크 관리 지침에 따라 안전자산 비중을 우선적으로 확대한다. 금은 수천 년간 입증된 안전자산으로 제도권 기관들이 가장 먼저 배분을 늘리는 자산이다.

■ 2020년 코로나19 시기 금과 비트코인의 가격

출처: TradingView

중기 단계에서는 초기 불확실성이 다소 완화되고 중앙은행들의 정책 대응이 가시화되면서, 유동성이 금에서 비트코인과 같은 '위험·상품 자산'으로 확장된다. 2020년 사례를 보면 금이 먼저 상승한 후 비트코인이 뒤따랐다. 금은 2020년 3~8월에 강세를 보였고, 비트코인은 약 2~3개월의 시차를 두고 2020년 10월부터 2021년 4월까지 폭발적으로 상승했다.

이 단계에서 두 가지 요인이 비트코인으로의 자금 이동을 촉진한다. 첫째, 중앙은행들이 유동성을 공급하고 금리를 인하하면서 무위험 자산의 수익률이 감소하고, 투자자들은 더 높은 수익을 추구하게 된다. 둘째, 금 가격의 선행 상승이 인플레이션과 통화 가치 하락에 대한 우려를 반영하면서, 비트코인과 같은 희소성 기반 자산에 대한 관심이 증가한다.

마지막 단계에서는 비트코인의 강한 상승이 더 넓은 위험자산 시장, 특히 나스닥과 기술주로 확산된다. 이 단계에서는 '리스크 온' 심리가 시장 전반에 퍼지면서, 투자자들이 더 높은 위험을 감수하려 한다. 2020~2021년 사이클에서 비트코인은 2020년 10월부터 급등하기 시작했고, 이후 약 2~3개월 뒤인 2021년 1월부터 나스닥과 기술주들이 강한 상승세를 보였다.

이렇게 비트코인을 포함한 모든 위험자산이 강세를 보이게 되면, 초기 상승을 주도한 금은 오히려 약세로 전환되는 경우가 많다. 실제로 2020~2021년 사이클에서 금은 2020년 8월 정점을 찍은 후 2021년 3월까지 약 15% 하락했다. 같은 기간 비트코인은 400% 이상 상승했고,

■ 시차를 두고 유동성이 공급되는 금과 비트코인

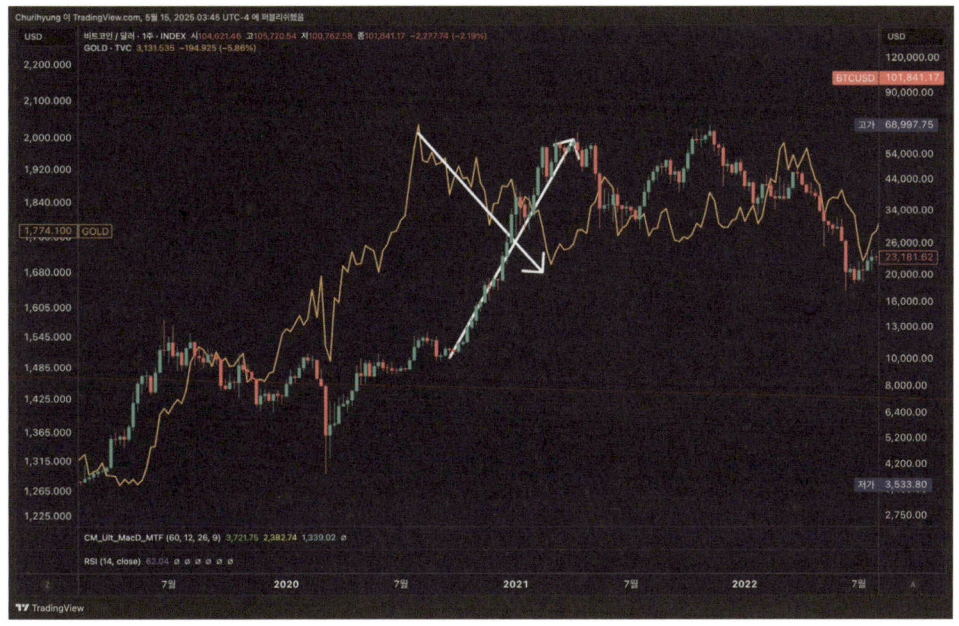

출처: TradingView

나스닥도 약 30% 상승했다. 안전자산에서 위험자산으로의 자금 이동이 완료되는 유동성 흐름의 마지막 단계를 잘 보여주는 사례다.

현재 2025년 중반의 시장은 유동성 흐름이 초기에서 중기 단계로 전환되는 시점으로 볼 수 있다. 금 가격은 이미 2024년 말부터 상승세를 보이며 역사적 최고치를 경신했다. 특히 해방의 날 관세 발표 이후 안전자산 수요가 증가하면서 금은 추가적으로 상승했다. 이는 이제 자금이 비트코인으로 이동하기 시작할 시기가 가까워지고 있다는 걸 시사한다.

■ 유동성 단계에 따른 금과 비트코인 가격의 변화

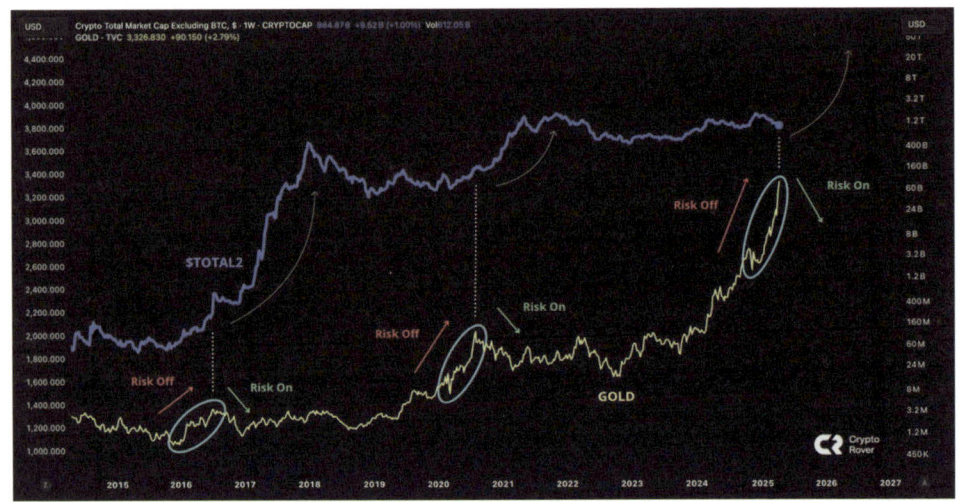

출처: Cryptorover

    과거 사례들을 종합해 볼 때, 금의 강세 이후 약 2~4개월의 시차를 두고 비트코인이 본격적으로 상승하는 경향이 있었다. 만약 이 패턴이 현재 사이클에서도 반복된다면, 2025년 중반은 비트코인이 강력한 상승 모멘텀을 형성하기 시작하는 시기가 될 것이다.

    시차를 두고 발생하는 자금 흐름 패턴은 투자자들에게 중요한 통찰을 제공한다. 유동성 확장 초기에 금 가격의 움직임을 주시함으로써 비트코인에 투자하는 최적의 타이밍을 포착할 수 있는 것이다. 그리고 비트코인의 상승세가 강해지면, 곧 나스닥과 기술주로 자금 이동이 시작될 것이라고 판단할 수도 있다.

BITCOIN SUPER CYCLE

BITCOIN SUPER CYCLE

3부
폭발적 상승장을 맞이할 비트코인

이번 슈퍼 사이클에서 비트코인은 얼마까지 올라갈까? 3부에서는 비트코인의 폭발적 상승을 예고하는 대내외적인 상황을 살펴보고, 현 시점 비트코인 가격이 사이클상 어느 지점에 위치해 있는지 확인함으로써 장기적으로 이번 사이클의 정점에 비트코인 가격이 어디까지 올라갈지 예측해 보고자 한다.

1

비트코인 슈퍼 사이클에 대한 예측

　지금까지 우리는 1~2부를 통해 과거 비트코인 사이클을 알아보고 2025년 시점 우리가 통과하고 있는 네 번째 사이클의 특징과 비트코인 가격을 결정할 요인들을 살펴보았다. 《비트코인 슈퍼 사이클》 집필을 시작했던 2023년 초, 나는 다가올 네 번째 사이클이 단순한 역사의 반복이 아닌, 질적으로 새로운 '슈퍼 사이클'이 될 수 있다는 가능성을 제시했다. 당시로서는 과감한 가설이었다. 시장은 FTX 파산과 금리 인상으로 얼어붙어 있었고, 비트코인은 1만 5,000달러 근처에서 바닥을 기고 있었다. 낙관론은 사라졌고 주류 언론은 "암호화폐는 끝났다"고 단언했다.

　그러나 나는 다르게 생각했다. 오히려 그 바닥이 '다음 사이클의 출발점'이라고 판단했다. 그리고 반등은 단순한 회복 수준이 아닐 것이라고 확신했다. 근거는 세 가지 구조적 요인이었다. 첫째는 반감기에 의한 공급 충격, 둘째는 유동성 확대로 인한 수요 충격, 그리고 셋째는 현물 ETF 승인에 따른 제도권 자금의 유입이었다. 나는 이 요소들이 동시에 작동하는 드문 순간이 다가온다는 사실을 감지했고, 전작인 《비트코인 슈퍼 사이클》에서 이 세 가지 요인을 제시했다. 이 요소들이 긴밀하게 연결되어 핵심 상승 동력이 될 것이며, 다가올 사이클이 과거의 반복이 아닌 '질적으로 다른 사이클'로 진화할 수 있다는 근거로 본 것이다. 그리고 그 결과로 '슈퍼 사이클'이 나타날 것이라 예상했다.

2025년 7월, 이제 우리는 그 예측이 어느 정도 적중했는지 평가할 수 있는 시점에 와 있다.

1. 공급을 구조적으로 제한하는 반감기

비트코인은 4년마다 채굴 보상이 절반으로 줄어드는 반감기가 있다. 사토시 나카모토가 비트코인을 설계할 때부터 의도한 핵심 메커니즘으로, 점진적으로 공급을 줄여 비트코인의 희소성을 강화하는 시스템이다. 일반적인 화폐와 자산은 필요에 따라 무한히 발행할 수 있지만, 비트코인은 다른 화폐들과 설계부터 근본적으로 다르다. 발행량은 2,100만 개로 제한되어 있으며 시간이 갈수록 새 코인의 생산 속도는 점점 느려진다. 이미 비트코인 총량의 94% 이상이 발행되었고, 남은 6%는 향후 100년 이상에 걸쳐 천천히 시장에 공급될 예정이다.

2024년 4월, 비트코인은 네 번째 반감기를 맞이했다. 채굴 보상은 6.25BTC에서 3.125BTC로 줄었고, 하루 공급량은 약 900BTC에서 450BTC로 감소했다. '예정된 희소성 강화'였다. 매일 900개씩 발행되던 비트코인이 450개로 줄어든다는 것은, 수요가 똑같이 유지될 경우 가격 상승 압력이 두 배로 커진다는 의미다.

그러나 현실은 더 복잡하게 돌아간다. 반감기는 시장 심리에도 강력한 영향을 미친다. 이전 세 번의 반감기 후 비트코인 가격은 항상 상승했으며, 이러한 역사적 패턴은 기대감을 형성하고 투자자들이 선제적으로 매수하도록 유도한다. 채굴자 관점에서도 반감기는 중요한 변수다. 채굴 보상이 줄어들면 수익성이 낮아지므로 비효율적인 채굴자들은 시장에서 퇴출당하고 효율적인 채굴자만 살아남는다. 채굴 산업의 구조조정은 궁극적으로 비트코인 네트워크의 보안과 효율성을 높이는 결과로 이어진다. 즉, 단순히 공급의 저하를 넘어 시장의 수급 역학에 직접적인 영향을 주는 구조적 변화인 것이다.

예측대로 작동한 설계된 희소성

반감기의 효과를 이해하기 위해서는 수치로 그 영향력을 확인할 필요가 있다. 비트코인 반감기로 인해 연간 신규 공급량은 약 328,500BTC에서 164,250BTC로 감소했다. 현재 시가로 환산하면 약 100억 달러 규모의 신규 공급이 시장에서 사라진 셈이다.

공급 감소의 영향력은 수요의 변화와 함께 고려할 때 더욱 분명해진다. 2024~2025년 사이 가장 큰 비트코인 ETF인 블랙록의 IBIT는 약

600,000BTC 이상을 매입했고, 마이크로스트래티지(스트래티지)는 약 400,000BTC를 추가로 매입했다. 여기에 기타 기업들과 기관 투자자들의 매입까지 고려하면, 주요 기관 투자자들의 연간 누적 매수량은 약 1,000,000BTC를 훨씬 초과한다. 연간 공급량(164,250BTC)을 5배 이상 상회하는 수준이다. 즉, 주요 기관들의 매수 수요만으로도 신규 공급량의 몇 배에 달하는 비트코인이 필요한 상황이 될 것이다. 이러한 수급 불균형은 기존 보유자들로부터 비트코인을 끌어와야만 해소될 수 있는 구조적 불균형 상태를 만들었다.

수급 불균형은 거래소 보유량의 변화로도 명확히 확인할 수 있다. 온체인 데이터에 따르면 반감기를 전후로 중앙화 거래소의 비트코인 보유량은 지속적으로 감소했다. 2024년 초 약 3,200,000BTC였던 거래소 보유량은 2025년 5월 기준 약 2,400,000BTC로, 약 800,000BTC(25%)가 감소했다.

주목할 점은 반감기 이후 감소 추세가 가속되었다는 것이다. 2024년 4월 반감기 이후 3개월 동안 거래소에서 빠져나간 비트코인은 약 300,000BTC로 같은 기간 신규 발행량인 약 40,000BTC의 7.5배에 달하는 수준이다.

거래소 비트코인 보유량의 감소는 두 가지 중요한 의미가 있다. 첫째, 즉시 매도 가능한 유동성이 감소했다. 둘째, 장기 보유자(Long-term holder)의 비중이 증가했다. 모두 향후 가격 상승을 강화하는 방향으로 작용한다. 그렇다면 이번 사이클에서도 반감기 효과는 작용했을까?

이번 반감기의 가장 특별한 점은 '비트코인 가격이 반감기 이전에 이

■ 4차 사이클 시기 거래소 보유량에 따른 비트코인 가격 변화

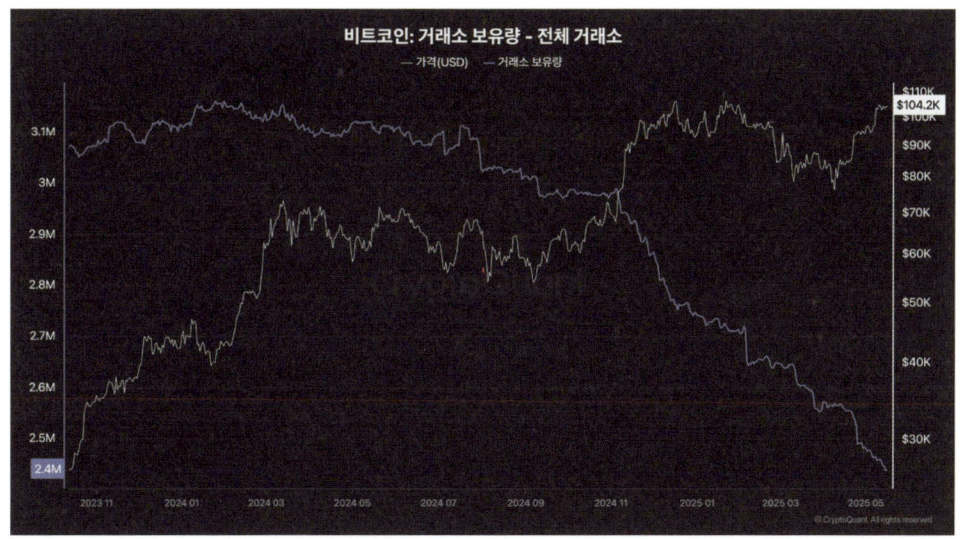

출처: CryptoQuant

미 이전 사이클의 최고점을 돌파'했다는 것이다. 과거 세 차례의 사이클에서는 반감기 후 6~12개월이 지나서야 이전 사이클 최고점을 돌파하는 것이 일반적이었다. 그러나 이번에는 반감기 약 1개월 전인 2024년 3월, 비트코인 가격이 이전 사이클 최고점인 6만 9,000달러를 돌파하는 전례 없는 현상이 발생했다

비트코인 시장이 반감기에 의한 공급 충격을 '선반영'하기 시작했다는 신호이며, 동시에 ETF 승인으로 인한 제도권 자금 유입이 만들어낸 수요 증가의 결과다. 2024년 4월 반감기 이후, 결국 비트코인 가격은 6만 9,000달러에서 더 상승해 2024년 12월에는 10만 달러를 돌파하게 되었다.

2. 비트코인의 핵심 성장 동력, 글로벌 유동성 확대

슈퍼 사이클이 될 것이라는 두 번째 근거는 글로벌 유동성이 다시 팽창 국면으로 전환되고 있다는 것이었다. 비트코인은 전통적인 자산과 달리 실적이나 배당으로 평가되지 않는다. 대신 시장에 얼마나 많은 돈이 풀리고, 그 돈이 어디로 흘러가는지에 가장 민감하게 반응하는 '유동성 지표 자산'이다.

미국의 금리 정책은 글로벌 유동성을 결정하는 핵심적인 요소이며

■ 비트코인 반감기와 미국 기준금리의 상관관계

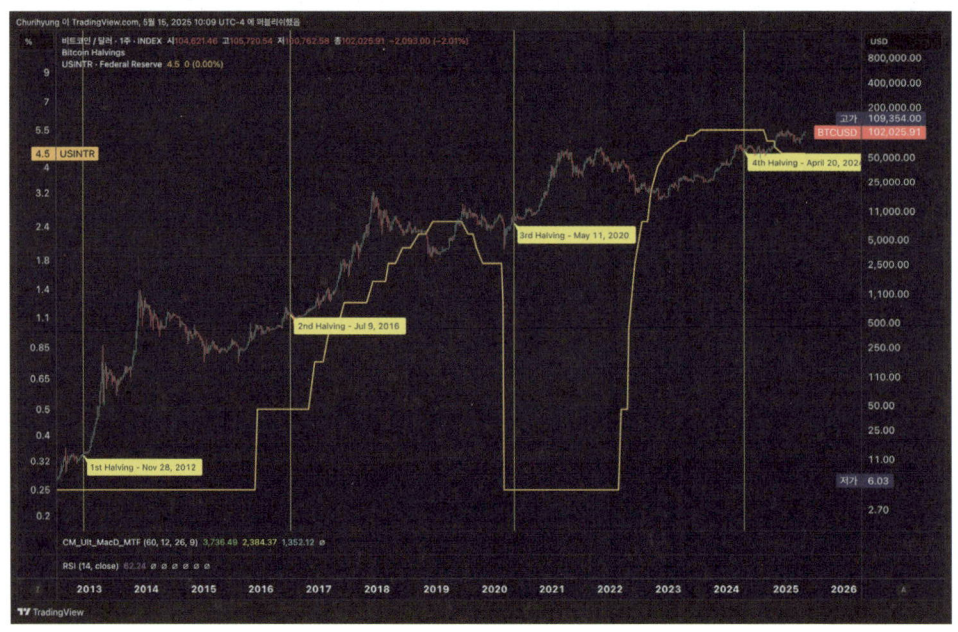

출처: TradingView

비트코인 가격과 밀접하게 연관되어 있다. 2012년 첫 번째 사이클의 경우, 비트코인 반감기 전에 미국은 이미 제로 금리 정책을 시행 중이었다. 글로벌 금융위기 이후 연준은 금리를 0~0.25%로 낮춘 상태였고, 통화 완화 환경에서 비트코인 가격은 상승했다. 2016년 두 번째 사이클은 흥미롭게도 연준이 금리를 인상하기 시작하던 시기와 맞물렸다. 2015년 12월부터 시작된 금리 인상 사이클 속에서도 비트코인은 상승했지만, 이는 전체 금융 시장이 여전히 풍부한 유동성을 유지하고 있었기 때문이었다. 2020년 세 번째 사이클에서도 반감기 직전에 코로나19 팬데믹으로 인해 연준의 방향이 다시 제로 금리로 급변했고, 대규모 양적완화 정책이 시행되면서 비트코인은 강력한 상승세를 보여주었다.

그러나 2024년 사이클은 이전과 완전히 다른 금리 환경에서 시작되었다. 반감기 이전에 연준은 인플레이션 대응을 위해 금리를 5.5%까지 급격히 인상한 상태였다. 이러한 고금리 긴축 정책으로 인해 2022~2023년에는 비트코인을 포함한 위험자산들이 큰 조정을 받은 상태였다. 그러나 나는 이러한 긴축 정책이 무한정 지속될 수 없다고 판단했다. 고금리가 장기화되면 결국 실물 경제가 무너질 수밖에 없다. 어느 시점에 이르러선 중앙은행은 다시 완화 정책으로 선회할 수밖에 없기 때문이다. 《비트코인 슈퍼 사이클》을 집필하던 2023년 말, 나는 이러한 전환점이 2024년 안에 도래할 것으로 예상했고, 이것이 비트코인 가격에 강력한 상승 동력을 제공할 것으로 보았다. 실제 2023년 중반 이후 연준은 인플레이션 압력 완화와 경기 둔화 우려로 금리 인상 사이클을 종료했고 2024년 들어서는 금리 인하를 준비하기 시작했다. 이전 사이클들과의 달리 '긴축에서 완화로의 전환'이 반감기와 맞물리는 독특한 상황이었던 것이다.

긴축에서 완화로 기조가 바뀌면 금융 시장에서는 '디레버리징De-leveraging'에서 '레버리징leveraging'으로의 전환이 일어난다. 디레버리징이란 투자자들이 대출을 갚고 리스크를 줄이는 과정이며, 이 시기에는 안전자산에 대한 선호가 높아진다. 반면 레버리징은 투자자들이 다시 대출을 활용해 투자를 확대하고, 수익을 극대화하기 위해 위험을 감수하는 '리스크 온' 모드로 전환하는 것을 의미한다.

금리 인하 사이클은 리스크 온을 촉발한다. 낮아진 금리는 자금 조달 비용을 줄여주고 시장에 추가적인 유동성을 공급하며, 투자자들의 위험 선호도를 높인다. 과거 데이터를 보면 금리 인하 사이클이 시작될 때 비트코인은 주식, 부동산, 금보다 더 크고 빠르게 반응했다. 비트코인이 가장 유동성에 민감한 자산이기 때문이다.

결과적으로 이 예측은 전체적인 방향성은 맞았지만, 타이밍 측면에서는 지연이 있었다.

예상보다 느렸던 유동성 확대

2023년 말부터 미국 경제에는 점진적인 둔화 신호가 나타나기 시작했다. 몇몇 중소형 은행의 유동성 불안이 감지되었고 부동산 시장 역시 위축되었다. 그로 인해 연준이 빠르게 금리를 인하할 것이란 예상과 달리, 미국의 고용과 소비 지표는 지속적으로 강하게 나타났다. 실업률은 역사적 저점 근처에서 움직였고 금리 인하 체제로의 전환은 지연되었다.

2024년 후반, 트럼프 대통령의 재선과 함께 관세 전쟁이 재개되면서 글로벌 경기가 둔화될 것이란 우려가 다시 고조되었다. 이 시점부터 각국 중앙은행은 점진적으로 경기 완화를 하려는 신호를 보내기 시작했고, 연준 역시 금리 동결을 넘어 연내 금리 인하 가능성을 언급하기 시작했다. 실제로 연준은 2024년 세 차례의 금리 인하를 단행하긴 했다. 하지만 여전히 경기 지표와 고용 시장은 강세를 보여줬고 이후 2025년 상반기까지는 추가적인 금리 인하가 이뤄지지 않고 있다.

결과적으로 예측대로 유동성은 확대되었지만, 유동성 확대의 영향력이 시장에 강하게 퍼지기까지는 예상보다 시간이 더 소요되었다. 때문에 비트코인은 반감기 이후에도 기대만큼 빠르게 상승하지 못했고 급격한 랠리 대신 '계단식 상승'이라는 형태로 가격이 움직였다. 유동성 환경이 빠르게 전환되지 못한 데에 따른 결과였다.

2024년 4월 반감기 이후 시장은 기술적, 온체적으로 상승 여건이 충분했지만 매크로 환경에서는 '불확실한 유동성 완화'라는 애매한 조건 속에 놓여 있었다. 금리는 고점 근처에서 정체되어 있었고, 통화량 증가 속도는 매우 느렸으며, 달러 인덱스는 여전히 강한 흐름을 유지했었다.

이러한 환경은 시장 전반에 '급등보다는 관망, 일단 횡보'라는 심리를 유도했고 비트코인 가격의 기술적 패턴에도 그대로 반영되었다. 상승은 분명히 나타났지만 빠르게 과열되기보다는 한 번 오르면 수주에서 수개월간 박스권을 그리며 가격을 소화하는 패턴, 즉 계단식 상승이

■ 글로벌 유동성(M2) 사이클 전고점 돌파까지 소요일

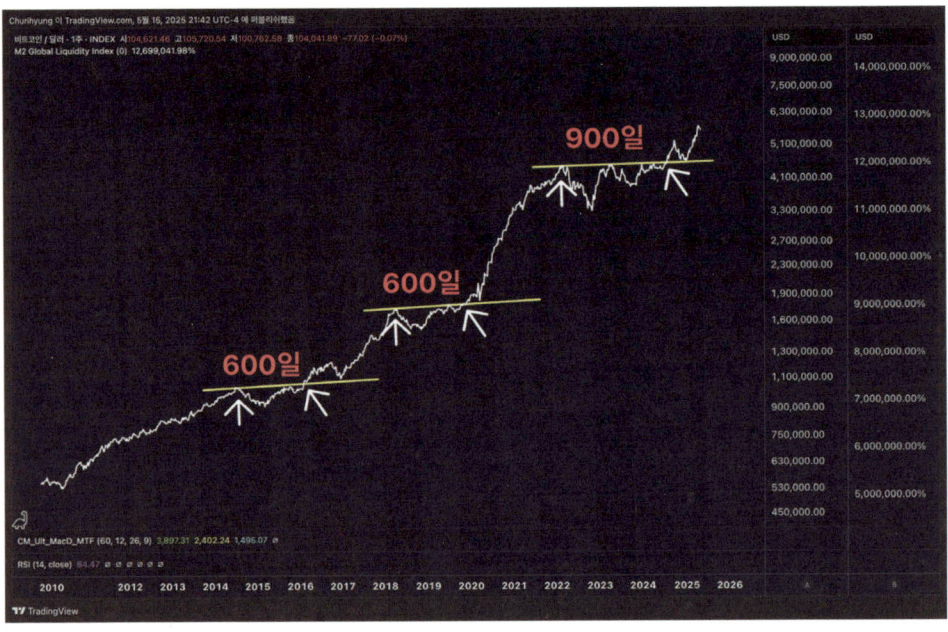

출처: TradingView

반복되었다.

과거의 글로벌 유동성(M2, 광의통화로 중앙은행이 직접 공급한 본원통화에 예금과 같은 협의통화(M1)에 단기 자금까지 포함된 통화) 사이클을 살펴보면, 전고점을 돌파해 새로운 확장 사이클로 진입하기까지 대략 600일 정도가 걸렸다. 하지만 이번 사이클에선 앞선 원인들로 인해 그 기간이 더 길어져 900일이 걸렸다. 《비트코인 슈퍼 사이클》을 집필할 당시만 해도 예상치 못했던 결과다. 유동성 확장 사이클의 시작이 늦어졌다는 점이 이번 비트코인 사이클에서 폭발적 상승이 아닌 계단식 상승이 나타

난 가장 큰 원인이라 생각한다.

하지만 2025년 2분기로 접어들면서 상황은 확연히 달라졌다. 글로벌 M2는 마침내 2022년 고점을 돌파했고 미 연준은 연내 최소 2차례 이상의 금리 인하를 공식화했다. 실질금리는 하락세로 전환됐고 미국의 소매 판매와 산업 생산 지표 역시 둔화세를 보이며 '정책 피벗'의 명분을 강화해 주고 있다.

이제 유동성은 본격적으로 시장을 밀어 올릴 준비를 마쳤다. 다만 시작점이 예상보다 늦어진 만큼, 비트코인 상승장의 파동도 기존 예측보다 시간적으로 후행된 형태를 갖게 되었다. 다시 말해 2025년 하반기가 진정한 '슈퍼 사이클 본게임'이 될 가능성이 크다는 의미다(여기에 대해서는 뒤에서 더 자세히 설명하도록 하겠다).

긴축에서 완화로의 전환이 완료되면서 디레버리징에서 레버리징으로의 전환도 본격화되고 있다. 투자자들은 리스크 온 모드로 급속히 전환하고 있으며 이러한 자금 흐름의 최전선에 비트코인이 있다.

3. 현물 ETF 승인으로 제도권 자산이 된 비트코인

세 번째 근거는 비트코인 현물 ETF 승인과 그에 따른 제도권 자본의 유입이었다. 2024년 1월 10일, 미국 증권거래위원회가 비트코인 현물 ETF를 최초로 승인했다. 이 결정은 새로운 금융 상품의 탄생이라는 객관적 사실을 넘어 비트코인이 공식적으로 제도권 금융 시장으로 편입되었다는 걸 의미했다. 그동안 전통 금융과 분리되어 있던 비트코인 생태계와 주류 금융 사이를 직접 연결하는 대교가 놓이는 순간이었다.

제도권의 자금이 비트코인으로 유입되는 관문이라는 점에서 ETF의 무게감은 결코 가볍지 않다. 과거에는 비트코인 투자를 위해 별도의 거래소 계정과 복잡한 지갑 관리, 보안 리스크 관리가 필요했다. 이제는 주식처럼 클릭 몇 번으로 비트코인에 투자할 수 있었고 접근성 향상은 일반 투자자들이 비트코인 시장에 진입하기 위해 거쳐야 할 장벽을 크게 낮춰줄 수 있었다.

더 중요한 점은 ETF가 기관 투자자들이 비트코인을 정식 자산으로 평가하고 포트폴리오에 편입할 수 있는 길을 열어주었다는 것이다. 이전까지는 많은 기관 투자자들이 내부 규정상 직접 비트코인을 구매할 수 없었다. 그러나 규제 당국의 승인을 받은 ETF라면 투자가 가능하다. 401k 퇴직연금, 대형 연기금, 대학 기금, 패밀리 오피스, 보험회사 등 거대 자금이 ETF를 통해 비트코인에 접근하면서 과거 사이클과 달리 질적으로 다른 수요가 발생할 수 있었다. 이런 근거로 나는 《비트코인 슈퍼 사이클》에서 비트코인 현물 ETF의 승인과 제도권 자본의 유입이 단순한 이벤트가 아닌 수조 달러 규모의 전통 금융 자본을 비트코인 시장에 흘러들게 만드는 '게임 체인저'가 될 것이라고 주장했다.

기대 이상의 성과를 보여준 제도권 자본의 유입

2024년 1월 11일, SEC의 역사적인 11개의 비트코인 현물 ETF 거래가 시작되었다. 블랙록, 피델리티, ARK, 반에크 VanEck, 위즈덤트리

WisdomTree 등 월스트리트의 거함들이 경쟁적으로 비트코인 ETF를 출시했다. 시장은 즉각적으로 반응했다. ETF 출시 첫날, 거래량은 50억 달러를 기록했으며 특히 블랙록의 IBIT는 단일 ETF 출시 첫날 거래량으로는 역대 두 번째로 높은 수치를 기록했다. 시장의 잠재적 수요가 얼마나 컸는지 보여주는 사례다. 첫 주 동안 순 유입액은 약 10억 달러를 넘어섰고, 첫 달에는 40억 달러 이상이 유입되었다.

이후 꾸준히 자금이 유입되었고 출시 100일 만에 누적 순 유입액은 120억 달러를 돌파했다. 이는 당초 월스트리트의 애널리스트들이 예상했던 첫해 유입액인 50~100억 달러를 3개월 만에 초과 달성한 놀라운 성과였다. 2025년 5월 기준, 비트코인 현물 ETF의 총 자산 규모AUM는 1,200억 달러를 넘어섰으며, 여전히 꾸준하게 성장하고 있다.

주목할 점은 이 흐름이 '단방향'으로 흘러갔다는 것이다. 일각에서는

■ 비트코인 현물 ETF로의 유입량

출처: SoSoValue.com

ETF 승인이 '뉴스 거래buy the rumor, sell the news' 이벤트로 끝나리라 예측했지만 현실은 달랐다. 비트코인 가격이 조정을 받는 시기에도 자금은 지속적으로 ETF로 유입되었는데 이는 비트코인으로 배분되는 자금이 단기 투기가 아닌 장기 자산배분 전략의 일환임을 증명한다. 2024년 상반기 몇 차례 시장 변동성이 커지는 상황에서도 ETF로의 자금 유입은 계속되었고, 이는 시장의 회복력을 강화하는 중요한 요인으로 작용했다.

ETF 승인 이후 제도권 금융의 비트코인 편입은 놀라운 속도로 진행되었다.

첫째, ETF 승인 직후 다수의 대형 자산관리사들이 자사 포트폴리오에 비트코인 ETF를 추가했다. 모건스탠리, JP모건, 웰스파고 등 월스트리트 대형 금융기관들은 일부 고객 포트폴리오에 비트코인 ETF를 편입하기 시작했으며, 자산관리사들도 비트코인을 5% 내외로 배분하는 전략을 적극 도입했다.

둘째, 기업 연금과 공적 연기금의 참여하기 시작했다. 2024년 중반부터 몇몇 기업 연금들이 시험적으로 0.5~1% 수준의 비트코인 ETF 배분을 시작했으며, 2025년 초에는 미국 일부 주의 연금도 소규모 배분을 시작했다고 보도되었다. 비록 아직 초기 단계지만 비트코인이 기관의 자산으로 인정받기 시작한 것이다.

셋째, 대학 기금과 재단의 참여도 확대되었다. 하버드대, 예일대, 스탠포드대 등 주요 대학 기금들이 비트코인에 작은 비중이나마 투자하기 시작했으며 일부 사립 재단들도 인플레이션 헤지 목적으로 비트코인 ETF를 매입하기 시작했다. 2025년 5월 기준, 20개 이상의 주요 기관들이 공식적으로 비트코인 투자를 발표했다.

제도권 자본의 유입은 비트코인의 가격을 끌어올렸을 뿐 아니라 시장의 구조 자체를 변화시켰다. 과거에는 개인 투자자와 트레이더 중심이었으나 이제는 장기 투자를 목적으로 하는 기관 투자자들이 상당한 지분을 차지하게 되었다. 시장의 성숙도와 안정성을 높이는 결정적 변화다. 더불어 비트코인 시장의 작동 방식도 변화했다.

첫째, 시장의 변동성 패턴이 달라졌다. 과거 사이클에서 보였던 극단적인 폭등과 폭락 대신, 보다 점진적이고 계단식 상승 구조가 뚜렷해졌다. 2024년 5월부터 2025년 5월까지의 가격 차트를 보면, 각 상승 단계 후에는 충분한 소화 구간이 있었으며, 급격한 하락보다는 완만한 조정이 주를 이뤘다.

둘째, 유동성과 거래량이 크게 증가했다. ETF를 통한 거래가 기존 암호화폐 거래소의 거래량에 더해지며 전체 비트코인 시장의 일일 거래량이 거의 두 배로 증가했다. 이로 인해 시장이 효율적으로 작동하고 가격 발견 메커니즘이 개선되었다.

셋째, 시장의 신뢰도와 투명성이 크게 향상되었다. ETF 상품들은 SEC의 엄격한 규제하에 운영되며, 보유 자산과 거래 내역이 정기적으로 공시된다. 과거 일부 중앙화 거래소들의 불투명한 운영으로 인한 불신을 해소하는 데 큰 도움이 되었다.

마지막으로 ETF 출시는 비트코인에 대한 기관 연구와 분석을 활성화하는 효과를 낳았다. 골드만삭스, 모건스탠리, 피델리티 등 주요 투자은행과 자산운용사들이 정기적인 비트코인 분석 리포트를 발행하기 시작했고, 블룸버그와 같은 금융 정보 제공업체들도 비트코인과 관련된 데이터 분석을 강화했다. 이는 기관 투자자들이 정보에 기반한 결정을 내릴 수 있도록 돕는 중요한 인프라가 되었다.

ETF 승인은 《비트코인 슈퍼 사이클》에서 예측한 대로, 단순한 상품 출시가 아닌 비트코인 생태계의 구조적 변화를 가져왔다. 비트코인은 이제 더 이상 금융 시스템의 외곽에 존재하는 실험적 자산이 아니라 글로벌 자산의 한 축으로 자리 잡기 시작했다. 신규 자산 클래스로서 입지를 완전히 다지게 된 것이다. 이러한 변화는 단기간에 끝나지 않고 장기적으로 이어질 것이며, 슈퍼 사이클의 핵심 동력 중 하나라 할 수 있다.

슈퍼 사이클 예측의 실현과 사이클의 현 위치

이 세 가지 구조적 요인(공급 축소, 유동성 확대, 제도권 자본 유입)은 《비트코인 슈퍼 사이클》에서 '슈퍼 사이클'의 도래를 예측한 핵심 근거였다. 나는 이 요소들이 동시에 작동할 때 비트코인이 질적으로 차원이 다른 새로운 사이클에 진입할 수 있다고 주장했다.

슈퍼 사이클이란 개별 산업의 상승 사이클과 거시적 상승 사이클이 맞물려 나오는 폭발적인 상승 사이클을 뜻한다. 그리고 비트코인은 반감기 이후 본격화된 공급 충격으로 인한 개별적 상승 사이클과, ETF 승인으로 인해 제도권에 편입되며 발생하는 강력한 외부 수요 유입효과에 이어 드디어 고대하던 유동성 확장 사이클의 본격적인 상승 구간을 눈앞에 두고 있다. 말 그대로 개별 상승 사이클과 외부 상승 사이클을 모두 받아들이는 시점에 있는 것이다.

정리하면 2025년 5월 기준, 비트코인 슈퍼 사이클의 구조적 조건은 대체로 실현되었다고 판단된다. 비록 유동성 확장 속도가 예상처럼 빠르지 않았다는 차이는 있지만 현재는 이마저도 본격적인 확장 사이클로 진입하고 있다.

그렇다면 현재 우리는 슈퍼 사이클의 어디쯤 와 있는 것일까?

역사적 패턴을 보면, 반감기 이후 12~18개월 지점에서 사이클의 정점이 형성되는 경향이 있다. 2025년 5월은 반감기 이후 약 1년이 조금 넘은 시점이다. 이는 아직 사이클이 정점에 도달하지 않았을 가능성이 있다는 걸 시사한다.

더불어 이번 사이클은 과거와 달리 더 많은 구조적 지지대를 가지고 있다. ETF를 통한 지속적인 자금 유입, 대형 기관들의 비트코인 채택 확대, 그리고 글로벌 통화 완화 정책의 심화는 이 상승세가 더 오래, 더 안정적으로 지속될 수 있는 토대를 제공한다. 즉, 사이클의 구조가 약간 달라질 수 있다는 뜻이다.

더불어 이번 사이클에는 과거에 없었던 새로운 동력이 추가되었다. 각국 정부의 디지털 자산에 대한 규제 프레임이 점차 명확해지면서 제도적 불확실성이 줄어들고 있으며, 대형 금융기관과 테크 기업들의 비트코인 채택도 확대되고 있다. 이는 비트코인의 수용성 Adoption이 단순한 투기를 넘어 실제 금융 시스템 내에서 자리 잡기 시작했음을 의미한다.

이것이 바로 이번 사이클을 '슈퍼 사이클'이라 부르는 이유다. 슈퍼 사이클이란 단순히 가격이 크게 오른다는 의미에 국한되지 않는다. 비트코인의 지위와 역할이 질적으로 변화하는 국면을 의미한다. 마치 인터넷이 처음에는 기술 애호가들의 장난감이었다가 점차 주류 비즈니스 인프라로 발전한 과정과 유사하다.

2

폭발적으로 상승할 준비를 마친 비트코인

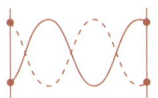

유동성 환경의 변화가 비트코인 상승을 이끈다면, 그리고 비트코인 상승 모멘텀이 나타나기 시작했다면, 단순히 가격이 오르는 것이 아니라 어떤 모양의 차트를 그릴 것인지 궁금한 사람이 많을 것이다. '어떤 속도로 얼마큼 오르는지'가 투자 전략을 수립하는 데 매우 중요하기 때문이다.

2023년 말부터 2025년 7월까지 비트코인은 놀라울 정도로 구조적이고 질서 있는 '계단식 상승'을 보여주었다. 급등 뒤 급락이라는 과거 패턴 대신, 상승 이후 박스권 횡보를 통해 가격을 소화하며 단단하게 올라왔다. 하지만 이제, 이 계단이 바뀌고 있다. 우리는 지금 '포물선형 상승'의 입구에 서 있을지도 모른다. 눈치 빠른 독자라면 앞서 살펴본 내용들을 바탕으로 이 같은 결론의 근거를 추론할 수 있을지 모른다. 이제 포물선형 상승의 가능성을 말해주는 네 가지 이유를 살펴보겠다.

① 본격적인 유동성 확장 사이클 시작

2025년 2분기부터 글로벌 유동성은 뚜렷한 상승 구간으로 전환됐다. 미국을 포함한 주요 선진국 중앙은행들이 긴축의 끝을 선언했고, 신흥국들은 이미 앞서 유동성 확대를 시작했다. 글로벌 M2 총량은 팬데믹 이후 처음으로 전고점을 돌파했고, 시장 금리는 하락세로 전환됐다. 유동성의 방향이 말하는 바는 명확하다. 지금은 수축이 아니라 팽창의 시기다.

앞서도 살펴봤듯 중국인민은행은 2024년 말부터 부동산 시장 안정화와 경기 부양을 위해 대규모 유동성 공급을 시작했고 유럽중앙은행

■ **글로벌 M2(유동성)의 확장**

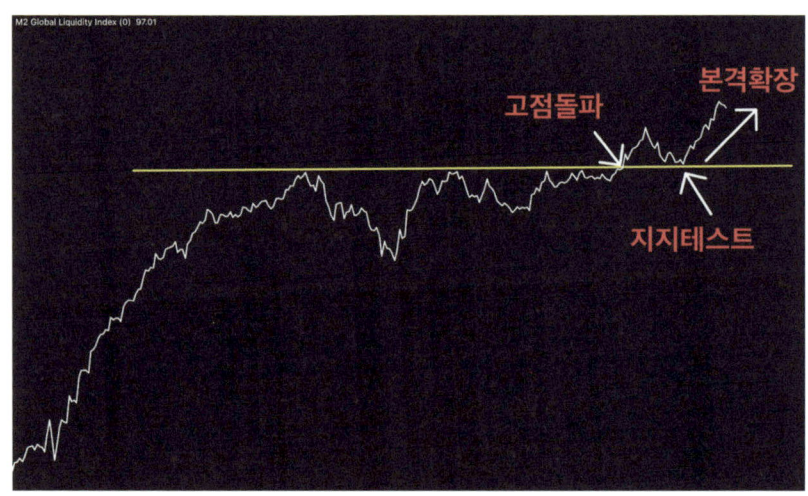

출처: TradingView

도 2024년 6월부터 금리 인하 사이클을 시작했다. 일본은행 역시 양적 완화 정책을 재개했다. 트럼프 행정부가 취임 직후부터 실시한 대규모 감세 정책은 정부 적자의 확대와 채권 발행 증가를 야기하였고, 시중에 유통되는 달러 유동성도 함께 늘어나게 되었다.

② 위험자산 셀오프 끝, 움직이는 자금들

2025년 3~4월, 관세 전쟁에 불이 붙자 시장은 잠시 "일단 팔고 보자"는 공포에 휩싸였다. 주식, 비트코인, 금까지 모두 하락했다. 이른바 '해방의 날 셀오프'다. 하지만 그 이후, 가격 흐름은 갈라졌다. 금은 하락세를 이어갔고, 비트코인은 빠르게 회복해 다시 10만 달러를 회복했다. 이유는 앞에서 설명한 바와 같이 자금 흐름의 방향에 있다. ① 유동성 유입 초기 불확실성으로 금과 같은 안전자산(현금, 채권, 금)에 집중된 자금은, ② 불확실성이 완화되고 중앙은행들의 대응이 가시화되면 자연스레 비트코인과 같은 위험자산으로 이동하며, ③ 나아가 나스닥과 기술주로 확산되며 시장 전체에 리스크 온 심리가 퍼지기 때문이다.

2025년 7월 기준, 우리는 정확히 첫 번째 단계에서 두 번째 단계로 전환되는 시점에 있다. 시장은 이미 '리스크 오프'에서 '리스크 온'으로 전환되고 있으며, 이 흐름은 아직 초기 단계일 뿐이다. 본격적인 자금 유입은 2025년 2분기 후부터 시작될 가능성이 크다. 금은 이미 강한 상승을 보인 이후 소강에 접어들었고, 반면 비트코인은 그 자금을 흡수하며 상승하기 시작했다. 이는 비트코인이 본격적인 상승 국면에 진입할 준비가 되었다는 걸 의미한다.

③ 유동성 확장을 가속화시킬 관세 전쟁

사실 관세가 유동성을 확장시킨다는 말은 모순처럼 들릴 수 있다. 관세는 시장에 악재 아닌가? 하지만 중장기적으로는 정반대의 효과를 낳는다.

가장 중요한 것은 관세 전쟁으로 인해 유동성 확장이 지연될 가능성이 완전히 사라졌다는 점이다. 2025년 초까지만 해도 미 연준은 "인플레이션이 충분히 하락할 때까지 금리를 높게 유지하겠다"는 입장을 강경하게 고수했다. 물가가 높고 경기와 고용 지표가 완강했기 때문에 금리 인하를 서두를 이유가 없었다. 투자자들은 '더 높게, 더 오래Higher for longer' 기조가 예상보다 길게 이어질 것을 우려했다.

그러나 트럼프의 관세 정책은 이 방정식을 완전히 바꿔놓았다. 관세는 기업의 수익성을 훼손하고, 실질 경제 성장을 둔화시키며, 고용 시장에 압박을 가한다. 2025년 4월 2일 '해방의 날' 관세 발표 이후 불과 한 달 만에 ISM 제조업 지수는 47.2로 급락했으며, 비농업 고용 지표도 예상을 크게 하회했다. 이제 연준은 인플레이션보다 경기 침체 위험에 더 무게를 두어야 하는 상황이 되었다.

더 놀라운 점은 관세가 오히려 유동성 확장을 가속화할 가능성까지 높아졌다는 것이다. 현재 미국의 노동 시장은 이미 약화되고 있고 소비 지표도 둔화되고 있다. 관세로 인한 충격이 본격적으로 작용하면 이러한 추세는 더욱 가속화될 것이다. 이런 상황에서 연준은 금리를 계속 높게 유지할 여유가 없다. 시장은 한때 2025년 하반기에 3~4회의 금리 인하를 기대하고 있었는데, 이는 관세 발표 전보다 2배 정도 증가한 수치다. 즉 관세가 분명하게 금리 인하에 대한 기대를 높인다는 뜻이다.

때문에 장기적으로 관세 전쟁은 비트코인에게 오히려 호재가 될 가능성이 높다. 관세로 인한 경기 둔화에 대응하기 위해 각국 정부는 재정 확대에 나서고, 중앙은행들은 통화 완화 정책을 적극 시행할 것이다. 또한 관세 체제는 글로벌 무역 패턴과 결제 시스템의 변화를 가속화하기에 비트코인과 같은 국경을 초월한 디지털 자산의 효용성을 증가시킨다. 달러 중심의 무역 체제가 약화되면서 대안적 결제 및 가치 저장 수단에 대한 수요가 증가할 것이며 이는 곧 비트코인에게 긍정적으로 작용할 확률이 높다.

결국 관세 전쟁은 글로벌 유동성 확장의 강력한 촉매제가 될 것이며, 유동성이 확장될 때 가장 먼저, 가장 강하게 반응하는 자산인 비트코인은 엄청난 수혜를 입을 것이란 예측이다. 단기적인 불확실성은 금과 같은 안전자산에 유리하게 작용했지만, 시간이 지남에 따라 유동성 확장의 최대 수혜자는 바로 비트코인이 될 가능성이 크다.

④ 계단식 상승으로 압축된 에너지가 폭발할 시기

2023~2025년 사이 비트코인은 크게 5개의 박스권 구간을 거치며 올라왔다. 이 계단은 단순히 쉬어가는 시기가 아니라 에너지를 응축시키는 구간이었다. 가격은 일정 구간을 반복하며 매물 소화, 저점 지지, 신규 매수세 유입을 반복했고, 그 결과 강력하게 다져진 기반 위에서 상승을 준비할 수 있었다.

이제는 다음 단계다. 이전 상승이 '구축'이었다면, 이제는 '분출'이 시

■ 2023~2025년 비트코인의 박스권 시기

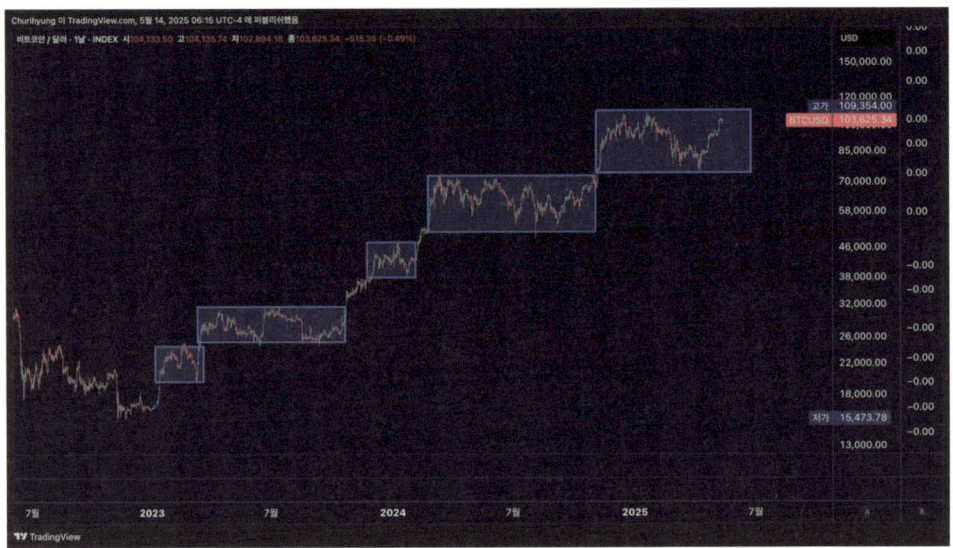

출처: TradingView

작될 시점이다. 과거 포물선 상승은 언제나 유동성, 심리, 기술적 돌파가 겹친 시점에 나타났다. 지금이 딱 그 시점이다.

　글로벌 유동성은 상승 전환했고, 시장 심리는 '회복에서 낙관'으로 전환 중이며, 기술적으로는 10만 9,000달러 돌파로 인한 '사상 최고가 갱신 + 심리적 저항 붕괴'가 맞물리게 된다.

　과거 사이클에서도 비트코인은 가격이 폭발적으로 상승하는 '바나나 존Banana Zone'이 있었다. 점진적인 상승과 조정을 반복하다가, 특정 시점에서 갑자기 포물선형 상승으로 전환됐다. 2017년 사이클에서 비트코인은 마지막 두 달간 400% 이상 상승했으며, 2021년 사이클에서도 마지막 세 달간 200% 이상 상승했다. 그리고 그 시점은 항상 글로벌

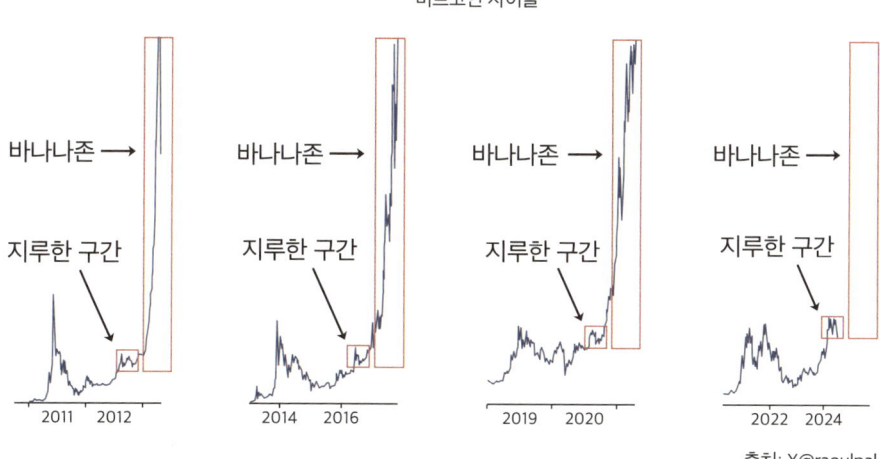

유동성이 확장되고, 안전자산에서 위험자산으로의 자금이 본격적으로 이동하며, 기술적 저항선이 돌파될 때였다.

이번 사이클에서도 비트코인은 포물선으로 상승하는 전환기에 접어들 가능성이 높다. 유동성 환경, 시장 심리, 구조적 매수세, 기술적 조건까지 모든 것이 맞물리고 있다. 이제 가격은 단순히 시간에 비례하여 움직이지 않는다. 더 이상 계단식이 아니라 포물선으로 움직일 준비를 마치고 있다. 2025년 5월 기준, 글로벌 M2 통화량은 팬데믹 이후 처음으로 전고점을 돌파했고, 관세 전쟁의 초기 충격은 해소되고 있으며, 비트코인은 새로운 역사적 고점을 향해 나아가고 있다. 이제 중요한 질문은 하나다.

이 포물선이 상승하기 시작될 때, 당신은 그 곡선 안에 타고 있을 것인가?

3
비트코인이 폭등할 시기는 언제일까

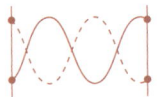

비트코인 사이클이 어떻게 흘러가고 있는지 좀 더 정확히 파악해 보도록 하자. 2025년 7월을 기준으로 이번 4차 사이클 어디쯤을 통과하고 있는지 알기 위해 먼저 나의 전작 《비트코인 슈퍼 사이클》에서 얘기한 반감기 이후 시기별 페이즈 이론에 대해 살펴보겠다.

■ **반감기를 전후한 페이즈**

반감기 전반전		반감기 후반전	
페이즈 1	반감기 2년 전~1년 6개월 전	페이즈 1	반감기~반감기 6개월
페이즈 2	반감기 1년 6개월~1년 전	페이즈 2	반감기 6개월 후~1년
페이즈 3	반감기 1년~6개월 전	페이즈 3	반감기 1년 후~1년 6개월
페이즈 4	반감기 6개월~반감기	페이즈 4	반감기 1년 6개월 후~2년

출처: 《비트코인 슈퍼 사이클》, 신민철, 거인의정원, 2024

반감기 후반전 페이즈 1: 서서히 달아오르는 기간

반감기 직후부터 약 6개월까지 이어지는 이 단계는 시장이 서서히 달아오르기 시작하는 시기다. 반감기로 인한 공급 감소가 시장에 점진적으로 영향을 미치기 시작하며, 투자자들의 심리도 조금씩 개선된다.

이 구간의 핵심 특징은 '점진적 상승'이다. 가격은 급격한 폭등보다는 완만한 상승 곡선을 그리며, 주기적인 조정을 거치면서도 전반적인 상승 추세를 유지한다. 거래량은 서서히 증가하기 시작하지만 아직 폭

■ 2차 반감기 후반전 페이즈 1 비트코인 가격 흐름

출처: TradingView

■ 4차 반감기 직전 이전 사이클 고점 돌파

출처: TradingView

발적인 수준에는 미치지 못한다. 반감기 후반전 페이즈 1에서는 주로 기존 투자자들의 포지션 추가와 일부 선도적인 기관 투자자들의 진입이 눈에 띈다. 언론의 관심도 서서히 높아지기 시작하지만, 아직은 본격적인 광기 단계에는 이르지 않는다. 비트코인 검색량이나 소셜 미디어 언급량이 서서히 증가하는 시기이기도 하다.

특이한 점은 과거 이 단계까지 비트코인은 이전 사이클의 고점에 다가서거나 돌파하지 못했었는데 이번 사이클에서는 반감기 직전 이전 사이클의 고점인 6만 9,000달러를 돌파했다는 점이다. 아마도 ETF 승인 효과였을 것인데, 그 반대급부로 이번 사이클의 반감기 후반전 페이즈 1의 상승량은 기대 이하였다. 반감기 이전 전고점을 돌파할 정도로 강력했던 상승세를 소화하는 조정의 기간이 된 것이다.

ETF 유입 효과로 반감기 전부터 가격이 너무 앞서갔고, 그만큼 시장에 과열이 발생한 것이다. 과열을 식히는 동안 비트코인 가격은 5만 달러에서 7만 달러 사이에서 반년 넘게 횡보했고 결과적으로 이번 사이클의 반감기 후반전 페이즈 1은 상승하는 모습을 보여주지 못했다.

반감기 후반전 페이즈 2: 본격적 상승 시작

과거 사이클을 돌이켜 봤을 때 반감기 후 7개월에서 12개월까지 이어지는 페이즈 2는 본격적으로 가격이 상승하는 단계다. 이 시기에는 공급 축소로 인한 효과가 시장에 완전히 반영되기 시작하고, 기관 투자자들의 유입이 가속화된다. 거래량이 크게 증가하고, 주류 언론에서 비트코인을 주요 뉴스로 다루기 시작한다. '고래(큰손)' 계정들이 활발하게 활동하며 일부는 이익도 실현한다. 그러나 새로운 투자자들의 유입이 더 빠르게 증가하면서, 수요가 더 큰 상황은 유지된다.

주목할 만한 점은 이 구간에서 전체 암호화폐 시장 대비 비트코인 점유율 Bitcoin Dominance(비트코인 도미넌스)이 상승하는 경향을 보인다는 것이다. 알트코인들이 아직 본격적으로 상승하지 않은 상태에서 비트코인이 시장을 선도한다. 기관이 리스크를 관리하기 위해 가장 안전하

■ 2차 반감기 후반전 페이즈 2 비트코인 가격 흐름

출처: TradingView

다고 판단되는 비트코인을 우선적으로 매입하기 때문이다.

온체인 지표 측면에서 보면 MVRV**Market Value to Realized Value**(시가총액을 실현 시가총액으로 나눈 값으로 수치가 높을수록 고평가 구간) 비율이 점차 상승하고, 미실현 이익**Unrealized Profit**이 증가한다. 그러나 과열 수준에는 미치지 않은 상태다.

이번 사이클에서도 반감기 후반전 페이즈 2에서 의미 있는 상승이 나타났다. 유례없이 강력했던 반감기 이전 상승기에 더해 예상보다 강건했던 미국 경제로 인해 미국의 유동성 확장 속도가 느려지면서 반감기 후반전 페이즈 1은 상승 없는 조정 기간으로 끝났지만 후반전 페이즈 2가 시작되자마자 상황은 달라졌다.

2024년 11월, 시장은 다시 한 번 큰 전환점을 맞이했다. 바로 도널드 트럼프의 미국 대통령 재선이었다. 트럼프는 선거 기간 내내 비트코인과 암호화폐 산업에 우호적인 발언을 이어갔으며 "비트코인을 전략적 자산으로 인정해야 한다"는 메시지를 반복했다. 바이든 행정부의 강경한 규제 기조와 대비되며, 시장은 트럼프 당선을 '정책적 해방'으로 해석했고 가격에 즉각적으로 반영됐다. 트럼프 당선 직후 비트코인은 불과 2주 만에 약 20% 이상 급등했고, 7만 4,000달러선을 돌파해 사이클 최고점인 10만 5,000달러 부근까지 빠르게 치고 올라갔다. ETF를 통해 유입된 기관 자금은 이미 축적돼 있던 상태였고 트럼프 당선으로 정책 리스크가 완화된 것이다.

페이즈 2에서의 상승은 단기 이벤트에 따른 급등이라기보다는 장기 사이클이 다시 궤도로 진입하는 결정적 전환점이었다. 이전까지 '기대는 있지만 불확실성도 컸던' 시장이, 확신을 갖고 움직이기 시작한 것이다. 그러나 이런 상승이 계속 이어지진 않았다. 2025년 1월부터 4월까지 비트코인 시장은 다시 정체와 조정의 국면으로 접어들었다. 이유는 두 가지였다.

첫째는 트럼프 행정부가 본격적으로 추진한 전면적 관세 부과 정책이었다. 미국은 중국, 유럽, 한국 등 주요 교역국에 대해 평균 10~25%에 달하는 고율 관세를 부과했고 글로벌 무역에 긴장을 불러일으켰다. 경제 둔화에 대한 우려가 다시 부상하면서 투자 심리는 보수적으로 전환되었고, 주식 시장도 조정되었다.

둘째는 시장이 기대하던 연준의 금리 인하 시점이 계속해서 뒤로 밀렸다는 점이다. 고용 시장은 여전히 강했고, 물가 상승률도 기대보다 천천히 하락했다. 이에 연준은 금리 인하 시점을 연말로 미뤘고 속도나 강도에 있어 시장의 기대를 충족시키지는 못했다.

이러한 이유로 트럼프 당선 직후 큰 상승 이후 비트코인 가격은 다시 9만 달러 초반까지 내려왔고, 관세 전쟁이 정점을 달리던 시점에는 7만 4,000달러까지 하락하기도 하는 등 2025년 1월부터 4월까지는 전반적으로 박스권을 형성했다. 페이즈 1에서 본 것처럼 계단식 상승의 횡보장이 다시 나타난 것이다.

반감기 후반전 페이즈 3: 막판 포물선 상승

사이클의 정점을 형성하는 페이즈 3는 반감기 후 13개월에서 18개월 사이에 나타난다. 이 시기는 가장 극적으로 가격이 상승하는 시기로, 비트코인 사이클의 꽃이자 폭발적 수익률을 가능하게 만들어주는 소위 '포물선형 상승'이 나타나는 시기다.

이 단계에서 시장은 완전히 과열되고 FOMO**Fear Of Missing Out**(뒤처질까 두려워 매수에 광적으로 참여하는 행위)가 시장을 지배한다. 가격은 이전 단계들보다 훨씬 가파르게 상승하며 일일 변동성도 크게 증가한다. 과거 사이클들을 살펴보면 최종 고점은 모두 이 마지막 페이즈 3에서 형

■ 2차 반감기 후반전 페이즈 3 비트코인 가격 흐름

출처: TradingView

성되었다.

페이즈 3의 가장 큰 특징은 '일반 대중의 대거 유입'이다. 이전까지 비트코인에 관심이 없던 사람들까지 투자에 뛰어들기 시작하며 소셜 미디어와 검색어 트렌드를 휩쓸게 된다. 택시 기사, 미용사, 레스토랑 종업원 등 일상에서 만나는 모든 사람들이 암호화폐 투자에 대해 이야기하면 이 단계에 들어섰다는 신호다. 온체인 데이터를 보면 장기 투자자들이 이 시기에 신규 투자자들에게 물량을 떠넘기면서 대거 빠져나가는 모습을 볼 수 있다. 반면 신규 투자자들은 이 물량을 받아먹으면

■ 반감기 후반전 페이즈 4 비트코인 가격과 장기 보유자 물량 변화

출처: Glassnode

서 가격을 최고치까지 끌어올린다.

이 시기에는 알트코인 시장도 본격적으로 폭발한다. 비트코인의 급등에 힘입어 알트코인들은 더 극적인 상승을 보여주고 시장에 '모든 것이 오른다'는 착각을 불러일으킨다. 신규 프로젝트들이 우후죽순 생겨나고, ICO나 에어드롭 같은 투자 기회가 넘쳐난다. 마찬가지로 초기 보유자들의 대규모 이익 실현이 시작되지만, 신규 참여자들의 매수세가 이를 압도한다.

하이먼 민스키Hyman Minsky의 금융 불안정성 가설Financial Instability Hypothesis에 따르면, 사이클의 마지막 국면에서는 투자자들이 탐욕과 환상의 단계를 지나 스스로 새로운 논리를 만들어내는 시기가 도래한다. 이 시점에서는 자산 가격 상승을 정당화하기 위해 기존의 논리를 뛰어넘는 '신화적 사고'가 등장한다.

과거 비트코인 사이클에서도 예외 없이 이런 일이 벌어졌다. 사이클

■ 하이먼 민스키의 금융 불안정성 모델

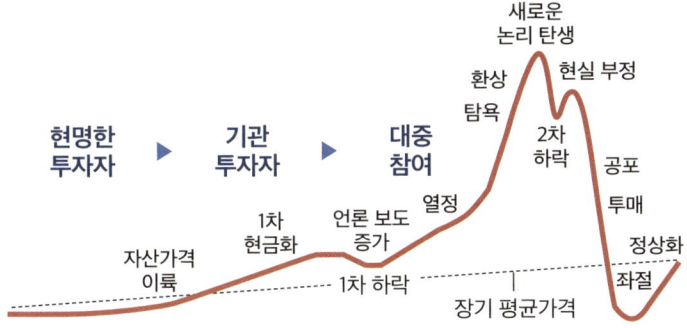

이 정점에 가까워질수록 시장에는 낙관론이 넘쳐났고 투자자들은 환희에 젖어 비이성적 확신에 빠졌다.

"이제 비트코인은 완전히 제도권에 편입됐다."

"이번에는 다르다."

"비트코인은 앞으로 영원히 상승할 것이다."

"과거와 같은 대규모 하락은 다시 오지 않는다."

이처럼 현실보다 기대가 앞서고, 냉정한 판단보다 확신이 우세해지는 시기. 그때가 바로 정점의 문턱이었다. 감정이 논리를 압도하고 논리가 마침내 환상으로 바뀌는 순간, 가격의 꼭대기는 여지없이 찾아왔다. 환상에 빠져 시장에 진입했던 신규 투자자들이 지옥을 보게 되는 순간이기도 하다.

그리고 2025년 7월을 기준으로, 우리는 페이즈 2에서 페이즈 3으로 전환되는 시점에 있다고 볼 수 있다. 이번 사이클에서 반감기가 2024년 4월에 있었으니 2025년 5월이 정확히 반감기 후반전 페이즈 3이 시작되는 시점이었다. 과거 사이클을 고려하면 2025년 하반기에 페이즈 3이 본격적으로 전개될 것으로 보이며 최종 정점은 2025년 10월 정도에 형성될 가능성이 높다고 본 것이 전작《비트코인 슈퍼 사이클》에서의 전망이었다.

그런데 상황이 바뀌면서 이 예측에도 약간의 변화가 생기게 되었다. 사이클 연장의 가능성이 생겼기 때문이다.

4

길어지고 있는
비트코인 슈퍼 사이클

    전작에서 이번 비트코인 사이클의 정점을 2025년 10월경으로 예상한 것은 반감기 이후 대략 18개월 후에 고점을 형성했던 역사적 패턴에 기반한 전망이었다. 그러나 2025년 5월까지 시장의 움직임을 자세히 관찰한 결과, 이번 사이클은 과거보다 분명히 '느리게' 진행되고 있다는 걸 확인할 수 있었다.

    비트코인 가격은 상승 추세에 있지만 그 속도와 변동성, 그리고 시장 참여자들의 심리 상태는 아직 '최종 국면'이라고 판단하기에는 부족한 면이 있다. 이러한 변화를 설명하기 위해서는 과거 사이클과 현재 사이클 간의 구조적 차이점을 분석할 필요가 있다.

슈퍼 사이클 연장의 세 가지 구조적 원인

현재 비트코인 시장이 과거보다 느리게 진행되는 데는 세 가지 핵심적인 구조적 요인이 작용하고 있다. 바로 앞에서 설명한 이번 사이클을 계단식 상승으로 만들었던 세 가지 요인인 시가총액 거대화, 기관 자금 진입, 유동성 확장 지연이 그것이다. 이 요인들이 이번 사이클을 '길어지는 슈퍼 사이클'로 변화시키고 있다.

① 시가총액 거대화: 몸집이 커지면 속도는 느려진다

첫 번째로 고려해야 할 요소는 비트코인의 시가총액 증가다. 2013년, 2017년, 그리고 2021년 사이클과 비교했을 때, 2025년 비트코인의 시장 규모는 진정한 의미의 '거대 자산군'에 도달했다. 시가총액은 2조 달러를 돌파했으며 애플, 마이크로소프트, 사우디아람코 등 세계 최대 기업들과 어깨를 나란히 하는 수준이다.

시장 규모가 커질수록 가격을 움직이기 위해 필요한 자금의 양은 기하급수적으로 증가한다. 과거에는 수십억 달러 만으로도 시장을 크게 요동치게 할 수 있었지만, 현재는 하루에 수백억 달러가 움직여도 가격의 등락은 상대적으로 제한적이다. 시장이 성숙해지고 깊어졌다는 신호이며, 동시에 단기적인 급등보다는 더 길고 넓은 상승 구조, 즉 '확장된 포물선'을 형성하는 원인이 된다.

미국 주식 시장의 역사를 보더라도 S&P500이나 나스닥과 같은 대형 지수들은 시가총액이 커질수록 대세 상승의 기울기가 완만해지는 경향을 보였다. 비트코인 역시 이제는 이러한 대형 자산군의 특성을 보여주기 시작했다. 결과적으로 반감기 후 18개월 정도 시점에 정점에 도달했던 과거 사이클과는 달리 이번에는 18~24개월, 혹은 그 이상이 소요될 수 있는 구조적 조건이 형성된 것이다. 비트코인이 '작은 투기 자산'에서 '글로벌 매크로 자산'으로 성장한 결과다.

② 기관 자금 유입: 시장을 더 성숙하고 안정적으로 변화시키다

두 번째 요인은 기관 자금의 대규모 유입이다. 2024년 1월 비트코인 현물 ETF 승인 이후 블랙록, 피델리티, 아크인베스트 등 전통 금융기관을 통해 유입된 자금은 과거의 개인 투자자 중심 시장과는 근본적으로 다르다. 기관 자금은 일반적으로 단기적인 투기나 트레이딩이 아닌 장기 포트폴리오 전략의 일환으로 배분된다. 한꺼번에 유입되거나 유출되지 않고, 일정한 기준과 주기에 따라 리밸런싱되면서 시장은 보다 완만하고 안정적인 수급 곡선을 형성하게 된다.

ETF 자금 흐름 데이터를 분석해 보면, 대형 기관들은 특정 가격대에서 정기적으로 매수하는 경향이 있다. 과거에 나타났던 불규칙하고 감정적인 매매 패턴과는 확연히 다르다. 또한 기관들은 대개 리스크 관리 차원에서 가격이 급등할 때 일부 포지션을 정리하는 경향이 있는데 이는 과도한 버블 형성을 억제하는 안전장치 역할을 한다.

이러한 구조는 결국 시장의 변동성을 줄이고, 상승 곡선을 완만하게 만들며, 사이클의 길이를 자연스럽게 '연장하는' 결과를 불러온다. 과거 사이클이 군중심리에 의해 단기간의 급등락으로 마무리되었다면, 이번 사이클은 전문적인 기관의 유입으로 천천히, 그러나 깊이 있게 형성되는 사이클이 될 가능성이 높다.

실제로 2024년 9월과 2025년 1월의 조정장에서 ETF를 통한 기관 자금은 오히려 꾸준히 비트코인으로 유입되며 하방 지지대 역할을 했다. 과거 사이클에서는 볼 수 없었던 새로운 형태의 시장 역학이었다.

③ 유동성 확장 타이밍의 지연: 사이클의 전개 속도를 늦추다

마지막이자 가장 중요한 요인은 글로벌 유동성 사이클의 전개 시점이다. 당초 2024년부터 본격적으로 유동성이 확장될 것으로 기대했지만 미국의 강력한 고용 지표와 생각보다 완고했던 인플레이션으로 인해 연준의 금리 인하가 지연되었다. 결과적으로 본격적인 글로벌 유동성 확장은 2025년부터 시작되었다.

즉, 비트코인 사이클을 굴리는 핵심 연료가 늦게 주입되었으며, 상승 엔진의 점화 시점 역시 뒤로 밀리게 되었다. 실제로 2024년 하반기에는 어느 정도 상승장은 있었지만 이를 과열이라고 보기 무리였고, 2025년 1~4월에는 관세 전쟁과 매파적 통화 정책 지속에 대한 우려로 가격이 다시 한동안 정체되기도 했다.

그러나 2025년 5월을 기점으로 상황이 변화하고 있다. 미 연준은 연내 최소 2차례 금리 인하 가능성을 시사했고, 유럽중앙은행과 일본은 이미 통화 완화 국면에 진입했다. 글로벌 M2 지표가 상승하고 채권 시장에서는 수익률 곡선이 확실히 방향을 틀기 시작했다. 이제야 비로소 비트코인에 본격적인 연료가 공급되기 시작한 셈이다.

유동성 사이클의 지연은 비트코인 가격 상승의 시기와 기울기에 직접적인 영향을 미친다. 과거 데이터를 분석해 보면, 비트코인 가격은 통상적으로 글로벌 유동성 확장 시작 후 6~9개월 시점에 가장 가파르게 상승했다. 이러한 패턴을 현재에 적용하면 2025년 하반기부터 2026년 초반까지가 가장 강력한 상승 구간이 될 가능성이 높다.

연장된 슈퍼 사이클에서의 투자 전략

지금까지 상황을 종합해 볼 때 이번 4차 사이클의 정점은 당초 예상했던 2025년 10월보다 6~10개월 정도 지연될 가능성이 높다. 늦으면 2026년 1~3분기까지 사이클이 확장될 수 있으며, 그만큼 상승 폭도 과거보단 더 길고 완만한 곡선을 그릴 것으로 예상된다.

연장될 것으로 보이는 사이클은 중요한 시사점을 제공한다.

1. 매도 타이밍 재고려

기존 계획대로 2025년 10월을 정점으로 보고 이익 실현을 계획했다면, 그 시점을 6~10개월 정도 늦출 필요가 있다. 단, 무조건 타이밍에 의존하기보다는 가격 수준과 시장 과열 지표를 함께 모니터링하는 것이 중요하다.

2. 더 넓은 분산 매도 전략

사이클이 길어질수록 정점을 정확히 예측하기는 더 어려워진다. 따라서 특정 시점에 집중해도 매도하기보다는 더 긴 기간에 걸쳐 점진적으로 이익을 실현하는 전략이 유효할 수 있다.

3. 조정 국면을 활용한 추가 매수

사이클이 연장되면서 조정 구간이 더 자주, 더 길게 나타날 수 있다. 장기 투자자들에게 추가 매수 기회가 될 수 있다.

4. 구조적 변화에 대한 이해

비트코인 시장이 과거의 소규모 투기 시장에서 글로벌 매크로 자산으로 진화하고 있다는 사실을 '인식'하는 것이 중요하다. 가격의 움직임뿐만 아니라 자산 간의 상관관계, 변동성, 시장 역학 등 다양한 측면에서 변화가 생긴다는 사실을 자각해야 한다.

현재 우리는 단지 '페이즈 3이 시작되는 시점'에 있을 뿐이다. 과거 사이클에 따르면 이 시점에서 이미 정점이 가시권에 들어왔어야 하지만, 시장 구조 자체가 변화했기 때문에 지금의 지표와 시장 심리만으로 정점을 판단하기는 어렵다.

사이클이 연장된다는 것을 더 이상 사이클의 패턴이 작용하지 않는다는 걸로 오해해선 결코 안 된다. 오히려 질적으로 다른 형태의 정점이 형성될 가능성이 높다. 상승의 '속도'는 줄어들었지만, 그 '깊이'와 '지속성'은 오히려 강화될 수 있다.

또한 나는 사이클 자체가 길어지더라도 4년 주기 전체적인 사이클은 유지될 가능성이 크다고 생각한다. 사이클이 길어지면 아마도 다음 사이클 이전에 하락장의 길이도 조정되는 등 전체 사이클의 길이는 유지될 가능성이 크다(여기에 대해서는 뒤에서 더 자세히 다루겠다).

이느 누구도 미래에 발생할 패턴을 완전히 예측할 수 없다. 따라서 투자자에게 진정으로 중요한 것은 정점의 정확한 시점을 맞히는 것이 아니다. 더 중요한 것은 정점으로 가기까지 올바르게 포지션을 유지하고 변화에 유연하게 대응하는 자세다.

　우리는 여전히 슈퍼 사이클의 한복판에 있다. 그저 사이클을 통과하는 여정이 이전보다 조금 더 길어졌을 뿐이다. 이 길어진 여정을 위험이 아닌 기회의 연장으로 충분히 만들 수 있다. 물론 시장의 변화를 이해하고 전략을 조정할 수 있는 준비된 투자자에게만 해당되는 이야기다.

　만약 스스로 사이클의 진행 정도를 파악하거나 사이클 고점을 예측하는 데 있어 어려움을 느낀다면 내가 운영하고 있는 멤버십 서비스인 '멘탈클럽'에 찾아와 볼 것을 추천한다. 매일 시황 정리를 통해 실시간으로 사이클을 추적하며 성공적으로 고점에서 투자를 마무리할 수 있는 방법을 알려주고 있다. 관심이 있다면 아래 QR 코드를 이용해 살펴보길 바란다.

■ '멘탈이 전부다' 멘탈 클럽 프로그램

5

사이클의 정점 비트코인 가격은 얼마일까

지금까지의 분석에 따르면 비트코인은 2025년 7월 기준으로 아직 하이먼 민스키 모델에 있어 '탐욕 단계'를 지나가지 않았다. 탐욕 단계는 고점에 다다랐다는 걸 추론할 수 있는 좋은 지표다. 그러나 현재의 추세가 지속된다면, 향후 수개월 내에 탐욕 단계로 진입할 가능성이 높다. 이 탐욕 단계는 어떤 특징을 보일 것이며, 언제 시작될 것인가?

20만~30만 달러 구간에서 형성될 정점

현재 시장 흐름과 역사적 패턴을 고려할 때, 본격적인 탐욕 단계는 비트코인이 20만 달러를 넘어서는 시점부터 시작될 가능성이 높다. 개인적으로는 2025년 안에 20만 달러를 넘어설 가능성도 충분히 있다고 본다(물론 예측일 뿐이다).

20만 달러는 단순한 숫자가 아니라 심리적으로 중요한 분기점이 될 수 있다. 비트코인 역사상 최초로 20만 달러 시대를 여는 순간이며, 이전 사이클 고점인 6만 9,000달러의 약 3배에 해당하는 수준이다. 이러한 심리적 임계점은 대중 매체의 관심을 끌기에 충분하며, 새로운 투자자들의 대규모 유입을 촉발할 수 있다.

특히 20만~30만 달러 구간에서는 FOMO 심리가 극대화될 것으로 예상된다. 암호화폐에 관심이 없던 일반인들도 비트코인 투자에 관심을 가지기 시작하고 모든 일상에서 대화 주제로 등장할 것이다. 이렇게 탐욕 단계가 진행될수록 시장은 점점 더 비합리적인 상태에 빠져들게 된다.

탐욕 단계에서 벌어질 사회적 현상

탐욕 단계에서는 집단적 심리 현상이 두드러지게 나타나며, 이러한 요소들이 가격 형성에 직접적인 영향을 미친다. 우선 확증 편향 **Confirmation Bias**이라는 현상이 나타나는데 투자자들은 자신의 낙관적 전망을 지지하는 정보만 선택적으로 수용하고 부정적 신호는 무시하는 경향을 보인다. 그래서 위험 신호가 분명히 나타났는데도 시장은 계속해서 상승하는 모멘텀을 유지할 수 있다. 탐욕과 환상이 극대화되면 '영원한 상승'에 대한 환상이 투자자들 사이에 퍼지게 되는데 "이제 비트코인은 영원히 하락하지 않을 것"이라는 비합리적 신념이 확산되기도 한다. 과거 사이클에서 나타났던 급격한 하락장은 "이번에는 다르다"는 논리로 무시되며, 역사적 패턴을 간과하는 경향이 강해진다. 또한 극단적 낙관론이 시장을 지배하게 되면서 당장이라도 50만 달러, 100만 달러를 달성할 수 있다는 전망이 마치 합리적인 전망인 것처럼 받아들여진다. 이러한 목표치는 대개 과거의 상승세를 단순히 미래에 대입했을 뿐, 리스크나 시장 역학의 변화를 고려해서 만들어지지 않는다.

또한 집단적 강박이 강화되면서 투자 커뮤니티 내에서도 비관적 견해는 억압되고 낙관적 전망만이 공유된다. 비트코인 관련 온라인 포럼, 소셜 미디어, 전문 채널 등에서 뚜렷하게 관찰되며 반대 의견을 제시하는 사람들은 비난받는다. 아울러 초기에 얻은 수익으로 인해 투자자들의 도박적 성향이 강화되어, 점점 더 큰 위험을 감수하려는 경향을 보인다. 이 시기에는 레버리지 비율이 높아지고 위험 관리가 소홀해지면서, 작은 시장 충격에도 대규모 청산이 발생할 수 있는 취약한 구조가 형성된다.

더불어 영웅 숭배 현상이 나타나는데 성공한 비트코인 투자자나 유명 인플루언서들이 '예언자' 취급을 받기 시작한다. 이들의 극단적 가격 예측이 시장에 큰 영향을 미치며, 심지어 객관적 근거가 부족한 주장조차 많은 추종자들에 의해 맹목적으로 수용되는 현상이 발생한다.

심리적 진입 장벽도 낮아지는데 비트코인이 매우 비싸져도 "1BTC의 일부, 사토시 단위라도 사야 한다"는 생각이 널리 퍼진다. 굉장히 작은 단위로 분할 가능한 비트코인의 특성이 가져오는 독특한 심리적 현상으로, 높은 단위 가격에도 불구하고 진입 장벽이 낮게 느껴지게 만든다.

마지막으로 비트코인에 투자하지 않은 사람들은 사회적으로 고립된 느낌을 받으며 "중요한 기회를 놓쳤다"는 소외감을 느끼게 된다. 이러한 압박감은 합리적으로 판단하기보다는 감정적으로 투자하는 계기가 되며, 냉정한 리스크 평가 없이 시장에 뛰어드는 투자자들이 급증하게 된다.

사이클의 이해와 심리적 준비

하이먼 민스키의 금융 불안정성 모델은 비트코인 시장의 현재 위치와 향후 전개 방향을 이해하는 데 매우 유용한 프레임을 제공한다. 현재 우리는 열정 단계의 후반부에 위치해 있으며, 향후 6~12개월 내에 탐욕과 환상의 단계를 지나갈 가능성이 높다. 이 단계는 가장 큰 수익을 얻을 수 있는 시기이지만, 동시에 가장 큰 위험도 도사리고 있다. 이 시기에 성공적인 투자자가 되기 위해서는 객관적 지표에 기반한 냉철한 판단력과 함께, 시장 심리에 휩쓸리지 않는 정신적 강인함이 필요하다.

시장이 "이번엔 다르다"고 외치고 극단적인 낙관론이 시장을 지배할 때, 그리고 비트코인이 영원히 상승할 것이라는 환상이 퍼질 때. 그때가 바로 이익 실현을 심각하게 고려해야 할 시점이다. 민스키 모델이 우리에게 가르쳐주는 가장 중요한 교훈은 '모든 붐은 결국 끝난다'는 사실이다. 현명한 투자자는 사이클을 이해하고 각 단계에 맞는 전략을 구사해야 한다. 무엇보다 이번엔 다르다는 환상에 빠지지 않아야 한다. 역사적인 슈퍼 사이클의 한복판, 올바르게 사이클을 이해하고 활용한다면 반드시 투자에 성공할 것이다.

BITCOIN SUPER CYCLE

4부

2025~2026 알트코인 사이클 전망

알트코인은 비트코인을 능가하는 폭발적인 수익률로 주목 받곤 한다. 알트코인의 가격은 시장의 심리에 많은 영향을 받고, 폭등만큼 폭락의 깊이도 깊기에 타이밍이 중요하다. 불장이 시작되는 시점에 진입해 하락장이 오기 전에 반드시 매도하는 것이 핵심이다. 4부에서는 알트코인 사이클의 시기와 사이클에 따른 적절한 자금 배분 전략 및 매도 전략에 대해 알아보도록 하겠다.

1

사이클이 예견하는 알트코인 불장

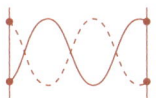

비트코인이 강세를 보이면 투자자들의 관심은 자연스럽게 알트코인 시장으로 확장된다. 과거 사이클에서 비트코인의 상승이 비트코인 불장을 훨씬 초월하는 알트코인 불장을 불러왔기 때문이다. 알트코인 시장은 비트코인과 밀접한 관계를 유지하면서도 고유한 사이클과 역학을 갖고 있다. 나는 《비트코인 슈퍼 사이클》의 후속작이었던 《알트코인 하이퍼 사이클》을 통해 알트코인 사이클의 특성을 분석한 내용을 공유한 바 있다. 이번 4부에서는 2025년 중반 이후부터 시작될 것으로 예상되는 알트코인 시즌의 특징, 타이밍, 그리고 주요 투자 전략을 심층적으로 분석하려 한다.

비트코인 전고점 돌파 후 '이때'부터 알트코인 불장

알트코인 시장은 역사적으로 뚜렷한 패턴으로 움직였다. 비트코인 상승 이후 일정한 시차를 두고 강세를 보였다. 투자자들이 먼저 상대적으로 안전한 비트코인의 상승을 확인한 후, 더 높은 수익을 추구하며 알트코인으로 자금을 이동시키기 때문이다.

때문에 비트코인 도미넌스 **Bitcoin dominance**(전체 암호화폐 시가총액 중 비트코인이 차지하는 비중)는 알트코인 시즌의 시작과 끝을 파악할 수 있는 중요한 지표다. 역사적으로 비트코인 도미넌스가 정점을 찍고 하락하기 시작할 때 본격적으로 알트코인 시즌이 시작됐다.

■ 알트 시즌을 예고하는 비트코인 도미넌스의 하락

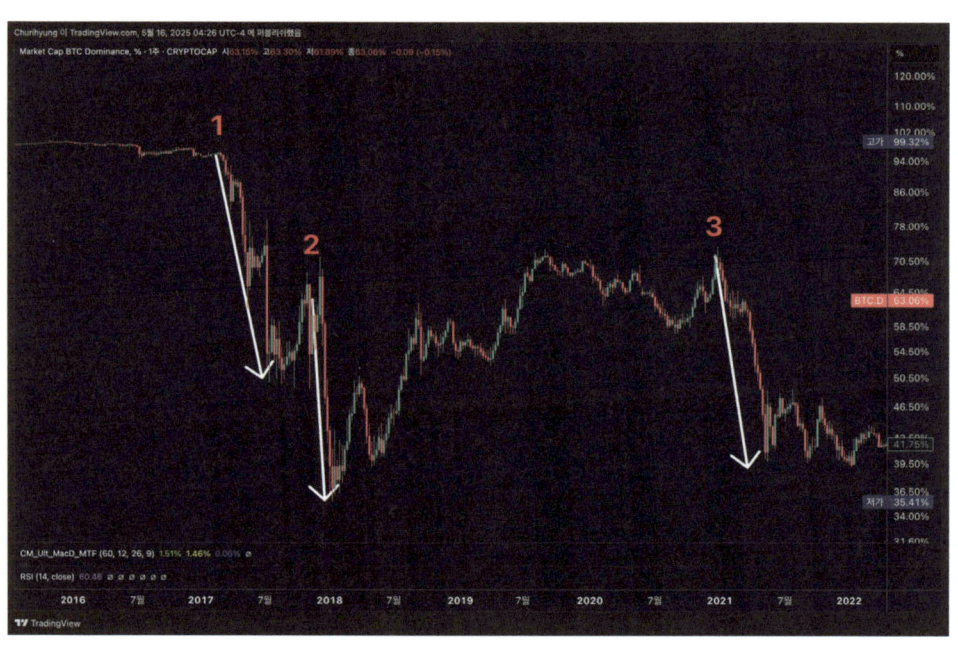

출처: TradingView

우선 2017년 사이클을 보자. 앞의 그래프에 1번으로 표시된 2017년 초, 비트코인 도미넌스가 급격히 떨어지기 시작한다. 비트코인이 '전고점을 돌파하고 맞이한 첫 번째 큰 조정 구간을 마무리하는 시기'인데, 이때부터 비트코인 도미넌스가 급격히 하락하면서 알트코인 시즌이 시작된 것을 알 수 있다. 비트코인보다 한발 늦게 상승장이 시작된 것이다. 이런 흐름은 사이클의 후반부에서도 그대로 관찰된다.

2번처럼 비트코인 도미넌스는 2017년 12월 초 약 63%까지 상승했다가 비트코인이 고점을 형성한 직후부터 급격히 하락하기 시작했다. 2018년 1월 중순에는 33%까지 떨어졌는데 이 시기가 바로 알트코인들이 폭발적으로 상승하던 때다. 비트코인은 2017년 12월 중순 약 1만 9,600달러의 고점을 기록했는데 이더리움은 그로부터 약 한 달 후인 2018년 1월 중순 1,400달러대에서 최고점을 형성했다. 비트코인이 이미 조정 국면에 들어섰음에도 이더리움은 계속해서 상승한 것이다. 더욱 극적인 예로 리플(XRP)은 비트코인 정점 이후 약 3주 동안 무려 1,500% 이상 급등하며 2018년 1월 초 3.84달러의 고점을 찍었다.

2021년 사이클에서도 유사한 패턴을 관찰할 수 있다. 3번처럼 비트코인 도미넌스는 2021년 1월 약 73%를 기록한 후 점진적으로 하락하기 시작했다. 지난 사이클과 마찬가지로 이때가 비트코인이 전고점을 돌파한 이후 첫 번째 큰 조정을 마무리한 순간이다. 한발 늦는 알트코인의 특성은 고점에서도 다시 나타났다. 비트코인은 2021년 11월 10일 약 6만 9,000달러의 고점을 기록했고, 이 시점에서 비트코인 도미넌스는 약 43%였다. 이후 알트코인들이 본격적으로 상승하면서 도미넌스는 2022년 1월 약 39%까지 추가로 하락했다. 이더리움은 비트코인이 고점을 기록하고 약 한 달이 지난 12월 초에 4,878달러로 최고가를 기록했다. 솔라나 **SOL**, 카르다노 **ADA**와 같은 일부 대형 알트코인들은 비트코인보다 약간 앞서 2021년 9월에 고점을 형성하기도 했지만, 대부분의 중소형 알트코인들은 여전히 비트코인이 고점을 기록한 이후 4~8주 사이에 최고가를 기록했다.

이처럼 알트코인 사이클은 기본적으로 비트코인보다 한발 늦다는 특징이 있다. 상대적으로 안전한 자산인 비트코인으로 자금이 유입된 후 본격적으로 장이 달아오르면 그제야 '리스크 온 모드'로 전환한 시장

■ **2025년 상반기 비트코인 도미넌스**

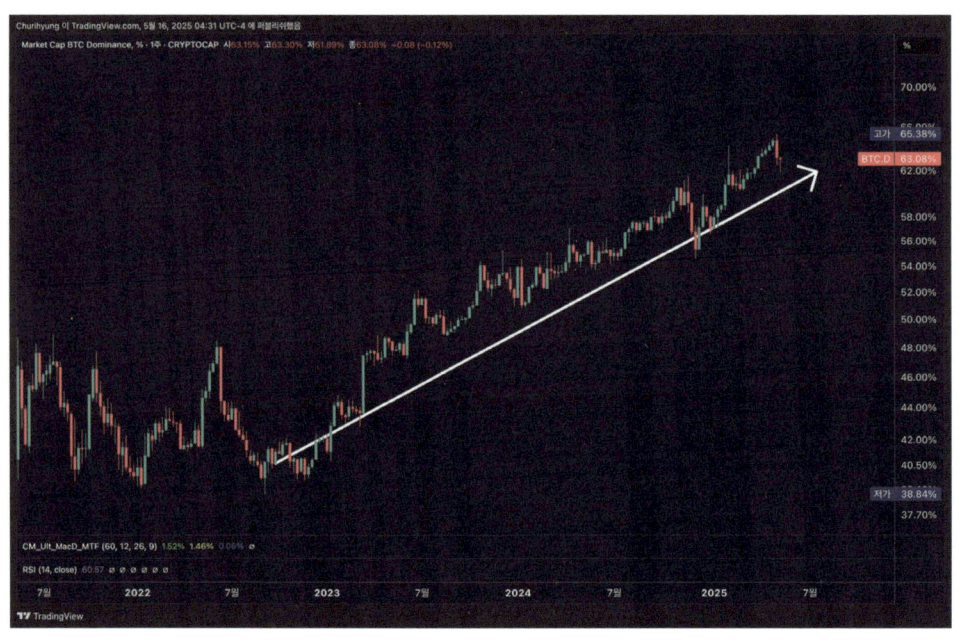

출처: TradingView

이 급격하게 알트코인 쪽으로 자금을 이동시키는 것이다.

2025년 5월 기준 암호화폐 시장의 가장 눈에 띄는 특징은 비트코인의 강세에도 불구하고 알트코인 시즌이 아직 본격적으로 시작되지 않았다는 점이다. 비트코인 도미넌스 차트는 이를 명확히 보여준다. 도미넌스는 최대 65%까지 상승하며 여전히 상승 추세를 유지하고 있는데 자금이 알트코인보다 비트코인에 집중되고 있음을 시사한다.

시장 사이클의 관점에서 볼 때, 알트코인 시즌이 본격화되기에 적절한 시기는 아니다. 《알트코인 하이퍼 사이클》에서 주장했듯이, 알트코인 시즌은 일반적으로 비트코인이 전고점을 완전히 돌파한 이후 '첫 번째 주요 조정'을 성공적으로 마무리했을 때 시작된다.

2024년 3월로 돌아가 보자. 비트코인 가격은 상승하며 전고점을 잠시 돌파하는 듯했으나, 이후 다시 5만 달러 아래로 하락했기 때문에 기술적으로는 전고점 저항 영역을 완전히 돌파했다고 보기 어려웠다. 진정한 전고점 돌파는 트럼프의 대통령 당선이 확실시된 2024년 11월에 이루어졌다. 이때 비트코인은 이전 고점을 확실하게 넘어서며 기술적으로 완전히 돌파했다.

이후 비트코인은 2024년 12월 중순부터 첫 번째 주요 조정을 겪기 시작했다. 그러나 이번 조정은 과거 사이클과는 양상이 달랐다. 일반적으로 전고점 돌파 후 첫 조정은 1~1.5개월 내에 급등과 급락으로 비교적 빠르게 마무리되었다. 하지만 이번 사이클에서는 가격이 급격히 하락했다가 반등하는 V자형 조정이 아니라, 오랜 기간에 걸쳐 횡보하며 서서히 과열을 식히는 '기간 조정'의 형태였다. 이것이 바로 앞서 설명했던 '계단식 상승 패턴'의 특징이다.

앞서 계단식 상승 패턴이 나온 이유에 대해서 살펴보았지만, 이 외에도 이처럼 조정 기간이 연장된 주요 원인은 두 가지다. 첫째, 2025년 초까지 미국의 금리 인하가 한 번도 이루어지지 않았을 정도로 유동성 확대 시작이 예상보다 크게 지연되었다. 둘째, 2025년 초 발생한 트럼프 행정부의 관세 전쟁 우려가 시장의 불확실성을 증가시켰다. 이러한 악재들이 겹치면서 비트코인은 예상보다 긴 조정 기간을 거치게 되었고, 그 결과 기대했던 알트코인 시즌의 시작도 계속 늦어졌다.

알트코인 시즌의 임박을 알려주는 긍정적 신호들

그러나 조만간 알트코인 시즌이 시작될 가능성을 시사하는 여러 신호가 관찰되고 있다. 무엇보다 비트코인이 마침내 전고점 돌파 이후 첫 번째 주요 조정을 완전히 끝낼 조짐이다. 최근 비트코인은 하락세를 멈추고 다시 상승 모멘텀을 회복하기 시작했으며, 이는 조정 국면이 종료되고 있음을 시사한다.

특히 주목할 점은 매크로 환경, 특히 유동성이 급격히 개선되고 있다는 것이다. 미국 연준은 2025년 하반기 최소 두 차례 이상 기준금리를 인하할 계획이며, 글로벌 경제 둔화 우려가 커지면서 전 세계적인 금리 인하 기조가 예상된다. 특히 트럼프 행정부의 관세 정책이 실제로 시행되면서 예상되는 경기 둔화는 연준의 더 공격적인 금리 인하를 유도할 가능성이 높다. 미국 외에도 유럽중앙은행과 일본은행은 이미 통화완화 기조로 전환했거나 전환 중이다.

■ 전고점 돌파 이후 첫 번째 조정이 끝날 것으로 보이는 비트코인

출처: TradingView

　글로벌 M2 통화량이 다시 증가세로 돌아서고 실질금리가 하락하기 시작하면서, 유동성 환경은 이미 크게 개선되고 있다. 역사적으로 알트코인은 비트코인보다 유동성 변화에 더 민감하게 반응하는 경향이 있기에 유동성 확대는 알트코인 시장에 특히 강력한 촉매제가 될 것이다.

　2025년 7월 기준 주요 알트코인들이 비트코인을 상회하는 수익률을 보이기 시작한 것도 주목할 만한 현상이다. 이더리움, 솔라나, 카르다노 등이 비트코인보다 높은 주간 수익률을 기록하기 시작했으며, 비트코인 도미넌스도 소폭이지만 하락세로 전환될 조짐을 보이고 있다.

이는 자금이 서서히 비트코인에서 알트코인으로 이동하기 시작했다는 걸 시사한다.

본격적인 알트코인 시즌이 기대되는 2025년 하반기

이러한 신호들을 종합할 때, 2025년 하반기에 본격적인 알트코인 시즌이 시작될 가능성이 높아 보인다. 비트코인 가격이 다음 단계로 상승한다면, 알트코인 시장은 더욱 활력을 띨 것이다. 특히 9~10월은 여러 요인들이 복합적으로 작용하는 중요한 시기가 될 것으로 예상된다. 첫째, 이 시기는 비트코인이 사이클 후반으로 들어서면서 계단식 상승에서 포물선 상승으로 이행할 것으로 예상되는 시기다. 둘째, 금리 인하의 효과가 시장에 완전히 반영되기 시작하는 시기다. 셋째, 기관 투자자들이 비트코인 포지션을 확보한 후 포트폴리오 다각화 차원에서 알트코인으로 관심을 확대하기 시작할 시점이다.

이더리움 현물 ETF의 스테이킹 승인 가능성도 알트코인 시장에 중요한 촉매제가 될 수 있다. 이더리움의 가장 큰 매력 중 하나인 스테이킹Staking(네트워크의 운영에 참여하고 보상을 받기 위해 자신의 암호화폐를 예치하는 행위)을 통한 연 4% 정도의 패시브 인컴Income(이자 수익)은 기관들이 이더리움 ETF에 투자해야 할 중요한 이유 중 하나이다. 하지만 현재는 현물 ETF에서 스테이킹이 불가능한데, 친암호화폐 기조의 SEC가 들어서면서 승인 가능성이 높아지고 있다. 따라서 향후 유동성 환경의 급격한 개선과 함께 비트코인 도미넌스가 하락세로 전환될 경우, 본격적인 알트코인 시즌의 시작을 알리는 명확한 신호로 볼 수 있을 것이다.

추가적으로 2025년 7월 미국에서 스테이블코인 법안인 지니어스 법안Genius Act이 통과되면서 알트코인들에게 더욱 힘이 실릴 수 있는 구조적 환경이 마련되었다. 이 법안의 통과로 기관급 투자자들이 안심하고 스테이블코인으로 자금을 이동시키기 시작한다면 막대한 자본이 스테이블코인을 통해 디지털 자산 시장으로 흘러들어오게 될 것이다. 이것이 어떤 의미일까? 일반적으로 스테이블코인은 이더리움, 리플, 솔라나, 트론과 같은 알트코인 블록체인 상에서 발행되기 때문에 대규모 자금이 스테이블 코인을 매개체로 하여 알트코인 생태계로 흘러들어올 수 있는 입구가 완성되는 것이다.

정리하자면, 2025년 상반기까지는 본격적인 알트코인 강세 사이클이 시작되지 않았다. 그러나 조만간 비트코인이 전고점 돌파 이후 첫 번째 조정을 완전히 마무리하고 재상승을 시작할 것으로 보인다. 여기에 유동성 환경이 급격히 개선되면서 2025년 하반기에는 기다려왔던 알트코인 시즌이 본격적으로 시작될 가능성이 매우 높다. 투자자들은 비트코인 도미넌스 차트와 함께 주요 알트코인들의 상대적 성과를 주시하며, 자금 이동의 명확한 신호를 포착할 준비를 해야 할 시점이다.

2

암호화폐 시장의
패러다임을 바꾸는 AI 토큰

《알트코인 하이퍼 사이클》에서 나는 총 7개의 섹터로 알트코인을 구별하였다. 그 구분은 여전히 유효하며 이번 사이클에서 트렌드를 형성하는 섹터들이 될 것이라 생각한다. 추가적으로 2025년 중반을 지나가는 현시점에 가장 강력한 트렌드를 지닌 섹터를 세 가지로 압축하고자 한다. 과거에는 사이클이 비트코인과 이더리움의 움직임에 의해 단순하게 정의되었다면, 이번 사이클에서는 각각의 서브 내러티브가 자체적인 강세 흐름과 투자 기회를 만들어내고 있다는 점이 특징이기에 강력한 추세를 보이는 섹터를 눈여겨본다면 좋은 기회를 잡을 수 있을 것이다.

우선 하나는 인공지능AI이라는 장기적 기술 대전환에 올라탄 실질 응용 프로젝트들이고, 또 하나는 토큰화된 실물자산RWA처럼 블록체인이 전통 금융의 시스템 안으로 진입하고 있다는 구조적 흐름이다. 그리고 마지막으로는 그 모든 것과 반대편에 있는 듯하지만, 실은 시장 심리의 정수를 보여주는 밈코인Meme Coin 섹터다.

이 세 가지는 서로 다른 철학과 투자 논리를 가지고 있지만, 공통적으로 이번 사이클에서 가장 강한 온체인 모멘텀과 시장 주목도를 끌어낸 섹터들이기도 하다.

- AI는 기술과 경제 구조가 만나는 **미래형 혁신 내러티브**
- RWA는 제도권 자본이 들어오는 **현실 기반의 신뢰 내러티브**
- 밈코인은 순수한 대중 심리로 움직이는 **집단 정서 기반의 감정 내러티브**

이제부터 이 세 가지 섹터를 하나씩 짚어보며, 각각의 섹터들이 왜 주목받고 있는지, 어떤 기회와 리스크가 존재하는지를 분석하겠다.

2025년 슈퍼 사이클의 핵심 테마: AI 연계 토큰

2024년부터 2025년 암호화폐 시장에서 가장 뜨거운 화제는 단연 AI 연계 토큰이다. 챗GPT로 시작된 인공지능 열풍은 이미 기술 업계에 큰 변화를 일으켰고, 이 흐름이 자연스럽게 블록체인 세계로까지 확산되고 있다. 암호화폐 시장은 항상 '기술 혁신'과 '자금 유입'이 만나는 지점에서 강한 성장세를 보였다. AI는 이 두 가지를 모두 갖춘 드문 테마다.

블록체인이 '데이터의 신뢰성과 보상 체계'를 제공한다면, AI는 '정보 처리와 활용의 효율성'을 높여준다. 이 두 기술이 결합할 때 우리는 미래 디지털 경제의 기반을 볼 수 있다. 블록체인 세계의 AI는 일반적인 인공지능과는 조금 다른 관점에서 접근해야 한다. 블록체인에서의 AI의 역할은 크게 두 가지로 나눌 수 있다.

1. AI 자원의 분산화
- 고성능 컴퓨터GPU 연산 자원을 여러 사람이 공유하는 시스템
- AI 모델 학습을 중앙화된 기업이 아닌 네트워크 참여자들이 함께 수행
- 학습에 필요한 데이터를 안전하게 공유하고 저장하는 분산형 구조

2. AI 가치의 토큰화
- AI 기술과 데이터에 실제 경제적 가치를 부여
- AI 서비스 사용 시 토큰으로 지불하고, 기여에 따라 보상받는 구조
- AI 모델의 성능과 사용에 따라 이익을 공정하게 나누는 시스템

즉, 블록체인 세계의 AI는 단순한 '기술'이 아니라, '시장과 경제 구조를 새롭게 만드는 모델'로 작동하고 있다.

주요 AI 토큰 프로젝트: Bittensor(TAO)

비트텐서Bittensor는 AI 모델 학습을 위한 혁신적인 탈중앙화 네트워크로, 참여자들이 AI 모델을 훈련시키고 검증하는 과정에서 TAO 토큰을 보상받는 독특한 구조를 갖추고 있다. "AI의 비트코인"이라 불릴 정도로 독창적인 인센티브 및 평가 메커니즘을 구축했으며, 전 세계의 개발자와 연구자들이 자발적으로 참여하여 AI 모델의 성능을 경쟁적으

로 개선하는 생태계를 만들어냈다. 특히 비트텐서의 서브넷 시스템은 각각 특화된 AI 작업을 처리하도록 설계되어 있어 언어 모델부터 이미지 생성, 데이터 분석까지 다양한 AI 영역에서 동시에 발전하고 있다. 토큰 경제학적으로도 채굴과 검증 과정이 정교하게 설계되어 있어, 단순한 컴퓨팅 파워 제공을 넘어서 실제 AI 모델의 품질 향상에 기여하는 참여자들이 더 많이 보상받도록 하는 메커니즘을 갖추고 있다.

주요 AI 토큰 프로젝트: Fetch.ai(FET)

페치에이아이Fetch.ai는 분산형 AI 에이전트 네트워크의 선구자로, 스마트 시티, 자율주행, 공급망 최적화 등 실제 산업 환경에서 데이터 자동화와 AI 기반 의사결정에 강점을 보이고 있다. 보쉬Bosch와 같은 글로벌 기계 제조업체와의 협업을 통해 실제 사용 사례를 확장하고 있으며 AI 에이전트들이 서로 협력하고 거래할 수 있는 경제적 프레임워크를 제공한다. 최근 오션프로토콜Ocean Protocol, OCEAN, 싱귤래리티넷SingularityNET, AGIX과 함께 AI 슈퍼 토큰 통합 프로젝트인 ASI Artificial Super Intelligence 연합에도 적극적으로 참여하고 있어 AI 토큰 생태계의 통합과 발전을 주도하고 있다. 특히 자율적으로 작동하는 AI 에이전트들이 실제 경제 활동에 참여할 수 있는 인프라를 구축하고 있어, 미래의 AI 기반 자동화 경제에서 핵심적인 역할을 할 것으로 기대된다.

주요 AI 토큰 프로젝트: Nosana(NOS)

노사나Nosana는 솔라나 블록체인을 기반으로 한 혁신적인 GPU 리소스 분배 및 AI 모델 훈련 플랫폼으로 빠른 처리 속도와 저렴한 거래 비용이라는 솔라나의 장점을 최대한 활용하고 있다. 전 세계에 분산된 GPU 자원을 효율적으로 연결하여 AI 개발자들이 대형 클라우드 서비스보다 훨씬 저렴한 비용으로 모델 훈련을 할 수 있도록 지원한다. 실제로 다수의 AI 스타트업들이 노사나 플랫폼을 통해 프로토타입 개발과 모델 훈련을 진행하고 있으며, 이는 탈중앙화 컴퓨팅 시장에서 실질적인 수요와 공급이 연결되고 있음을 보여준다. 특히 비싸고 공급이 부족한 엔비디아 GPU의 대안적 솔루션으로 주목받고 있으며, 개인이 소유한 GPU도 네트워크에 기여할 수 있는 구조를 통해 컴퓨팅 자원의 민주화를 실현하고 있다.

주요 AI 토큰 프로젝트: Render(RNDR)

렌더Render는 GPU 기반의 탈중앙화 렌더링 인프라의 대표주자로, AI 연산과 고품질 영상 처리용 고성능 컴퓨팅 수요를 동시에 충족시키는 독특한 포지션을 확보하고 있다. 할리우드 영화 제작부터 건축 시각화, 게임 개발, 그리고 최근에는 AI 모델 훈련까지 다양한 분야에서 실제로 활용되고 있어 강력한 실물 기반 내러티브를 보유하고 있다. 특히 AI와 메타버스, 게임 영역과의 융합 가능성이 무궁무진하며 실시간 렌더링과 AI 기반 콘텐츠 생성이 결합될 때 폭발적인 수요 증가가 예상된다. 옥타인 렌더Octane Render(영화나 이미지 등 다양한 시각 작업에 활용되는 GPU 기반 엔진)와 같은 업계 표준 소프트웨어와의 통합을 통해 기존 크리에이터들의 워크플로우Workflow(작업 수행 과정)에 자연스럽게 편입되고 있으며, 블록체인 기술을 몰라도 일반 사용자들이 쉽게 접근할 수 있는 사용자 경험을 제공하고 있다.

신중한 접근이 필요한 AI 코인 투자

AI 코인이 주목받는 이유는 여러 구조적 변화와 맞물려 있는데, 단순한 암호화폐 트렌드를 넘어서는 근본적인 패러다임 전환이 반영되었다고 보아야 한다.

먼저 중앙화된 AI와 분산형 AI 간의 경쟁이 본격화되고 있다. 오픈AI, 구글의 딥마인드, 앤트로픽과 같은 주요 AI 회사들은 대부분 중앙집중식 구조로 운영되며, 소수의 기업이 AI 기술과 데이터를 독점하는 형태다. 이런 상황에서 블록체인 세계는 누구나 참여할 수 있는 분산형 AI 네트워크 구축을 목표로 하며, 기술 민주화라는 비전을 제시하고 있다. 특히 "구글에 의존하지 않는 AI"라는 매력적인 내러티브는 기술 독점에 대한 우려가 커지는 상황에서 사람들에게 설득력을 제공한다. 개발자와 연구자들이 대형 기술 기업의 제약 없이 AI 모델을 구축하고 활용할 수 있는 환경을 약속하며 투자자들에게 기존 AI 생태계의 대안적 솔루션으로 인식되면서 새로운 투자 기회로 평가받고 있다.

동시에 AI 코인의 독특하면서 강력한 특징은 실제 자원과의 연결성이다. AI 모델 학습과 추론에는 엄청난 컴퓨팅 자원이 필요하며, 특히 대규모 언어 모델LMM이나 이미지 생성 모델의 경우 수천 개의 고성능 GPU가 동시에 작동되어야 한다. 2024년부터 2025년에 걸쳐 엔비디아와 AMD 같은 회사의 GPU에 대한 글로벌 수요가 급격히 증가했고, 이는 공급 부족과 가격 상승으로 이어졌다. 이러한 상황은 블록체인 프로젝트들이 GPU 사용권이나 컴퓨팅 파워를 토큰화하는 배경이 되었으며, 전 세계에 분산된 컴퓨팅 자원을 효율적으로 활용할 수 있는 새로운 모델이 제시되는 계기가 됐다. AI 토큰이 실제 컴퓨팅 자원과 직접 연결됨으로써 토큰 가치가 실물 자산을 기반으로 한다는 강점을 제공하며, 이는 기존 암호화폐의 투기적 성격과 차별화되는 핵심 요소로 작용한다.

마지막으로 지속 가능한 성장 가능성도 매우 긍정적으로 평가된다. 미국 SEC와 유럽연합 집행위원회는 블록체인 기반 AI에 대해 비교적 중립적이고 개방적인 입장을 유지하고 있어, 다른 암호화폐 프로젝트들이 직면하는 규제 리스크가 상대적으로 낮은 편이다. AI 기술의 사회적 중요성과 혁신 잠재력을 인정하는 정책적 배려로 해석된다. 더 나아가 일부 선진국에서는 중앙은행 디지털 화폐와 블록체인 기반 AI 인프라의 기술적 연계를 논의하고 있으며, 이는 향후 공공 AI 서비스나 정부 차원의 AI 프로젝트에서 토큰이 핵심적인 역할을 할 가능성을 시사한다. 또한 AI 기술의 발전 속도와 사회 전반의 디지털 전환이 가속화되면서, AI 토큰 생태계는 지속적인 수요 증가를 기대할 수 있는 구조적 기반을 갖추고 있다. 이러한 복합적 요소들이 결합되어 AI 토큰은 단순한 투기 자산을 넘어서 실질적인 가치 창출 도구이자 미래 디지털 경제의 핵심 인프라로 인식되고 있다.

그러나 AI 토큰 투자에는 신중하게 고려해야 할 위험 요소들이 존재한다. 가장 근본적인 문제는 기술적 미완성이다. 현재 대부분의 AI 토큰 프로젝트들이 아직 테스트 단계이거나 초기 개발 단계며, 실제로 대규모 사용자들이 활용하는 검증된 사례가 부족한 상황이다. 많은 프로젝트들이 화려한 로드맵과 기술적 비전을 제시하지만, 실제로 그것이 구현되고 상용화되는 상황 사이에는 여전히 상당한 격차가 있다.

규제 불확실성 또한 중요한 리스크 요인이다. AI 모델의 법적 소유권 문제, 생성된 콘텐츠의 저작권 귀속, 딥페이크나 허위 정보 생성 등 AI 기술의 악용을 방지하기 위한 명확한 규제 체계가 아직 완전히 정립되지 않았다. 이러한 불확실성은 프로젝트의 미래 방향성과 토큰의 활용 범위에 직접적인 영향을 미칠 수 있다. 더불어 현재의 AI 열풍이 과도하게 부풀려진 측면이 있어 만약 AI에 대한 관심이 급격히 식는다면 전통 기술 기업과 블록체인 분야 모두 상당한 조정을 겪을 가능성이 있다. 마지막으로 일부 프로젝트들은 토큰 경제 모델의 불완전성을 드러내고 있는데, 실제 수요나 명확한 사용 사례 없이 토큰만 먼저 발행된 경우가 적지 않아 장기적으로 지속 가능한지에 대한 의문이 제기되고 있다.

이러한 위험 요소들에도 불구하고, AI 연계 토큰은 이번 암호화폐 사이클에서 단순한 투자 테마가 아닌 근본적인 구조의 변화로 평가할 수 있다. 일시적인 유행이나 급등을 노리는 투기 종목이 아니라, 기존 인터넷 인프라와 새로운 블록체인 기술이 만나면서 형성하는 실질적이고 지속 가능한 시장으로 보는 게 적합하다. 인공지능이 사회 전반에 미치는 영향력이 계속 확대되고 있고, 분산형 컴퓨팅에 대한 수요가 꾸준히 증가하고 있는 상황에서 앞으로 수년간 지속적인 성장 동력을 확보할 가능성이 크다.

    따라서 현시점에서 초기 투자자들에게 매력적인 기회가 될 수 있지만, 성공적인 투자를 위해서는 화려한 마케팅 스토리와 실제 기술력 사이를 균형 잡힌 시각으로 바라보는 것이 무엇보다 중요하다. 백서의 비전보다는 실제로 작동하는 서비스의 존재 여부를, 토큰의 가격 상승 잠재력보다는 검증된 기술과 명확한 사용 사례를 가진 프로젝트를 우선하여 고려하는 전략이 장기적으로 더 나은 투자가 될 가능성이 크다.

3

실물 자산 연동으로 수익을 창출하는 RWA

RWA Real World Assets는 현실 세계의 가치 있는 자산들을 블록체인 위에서 디지털 토큰으로 만들어 거래하고 활용할 수 있게 하는 기술이다. 쉽게 말해 미국 국채, 부동산, 금, 미술품, 기업 채권 같은 전통적인 자산을 토큰 형태로 변환하여 암호화폐처럼 쉽게 사고팔거나 담보로 사용할 수 있게 만드는 것이다.

즉, RWA는 실제 세계의 가치 있는 물건을 디지털 세계에서도 편리하게 소유하고 활용할 수 있게 만드는 다리 역할을 한다. 예를 들어 100만 달러짜리 빌딩을 1만 개의 토큰으로 나누면 1토큰당 100달러 가치를 가지게 되고, 이 토큰들은 블록체인에서 자유롭게 거래할 수 있다.

RWA의 핵심 구성 요소
- **자산 토큰화**: 현실 자산의 가치를 디지털 토큰으로 표현
- **법적 소유권 연결**: 토큰이 실제 자산의 법적 권리와 연결되는 구조
- **자동화된 운영**: 스마트 계약을 통해 수익 배분, 거래, 담보 설정 등 자동화
- **기관 및 규제 연계**: 전통 금융기관과 협력하고 법적 규제를 준수하는 프레임워크

RWA는 이번 암호화폐 사이클에서 특별한 위치를 차지하고 있다. 2024~2025년 암호화폐 시장에서는 탈중앙화라는 이념보다, 현실 경제 시스템과 결합하는 블록체인 응용 사례가 더 큰 관심을 받고 있다. RWA는 바로 이 두 세계의 교차점에 위치한 핵심 트렌드다. 단순히 '미래에 유망할 것'이라는 이론적 가능성을 넘어, 실제로 대형 금융기관들이 자금을 투입하고 있는 몇 안 되는 분야이기 때문이다.

주요 RWA 토큰 프로젝트: Ondo Finance(ONDO)

온도파이낸스 Ondo Finance는 미국 국채 및 단기 채권을 토큰화하여 기관과 리테일 투자자 모두에게 실질적인 수익률을 제공하는 RWA 분야의 대표적인 플랫폼으로, 전통 금융과 디파이를 연결하는 핵심 역할을 하고 있다. OUSG Ondo Short-Term US Government Bond Fund와 USDY Ondo US Dollar Yield 등의 토큰을 통해 블랙록과 직접 연계된 안전자산에 대한 접근성을 제공하며, 이는 기존에 대형 기관 투자자들만 접근할 수 있었던 고급 금융상품을 일반 투자자들도 소액으로 이용할 수 있게 만드

는 혁신이다. 특히 USDY는 미국 단기 국채의 수익률을 실시간으로 반영하여 연 4~5%의 안정적인 수익을 제공하면서도, 기존 은행 예금보다 훨씬 높은 이율을 보장한다. 온도파이낸스는 법적 컴플라이언스를 철저히 준수하면서도 블록체인의 투명성과 효율성을 결합한 모델로 RWA 시장에서 가장 빠르게 성장하고 있는 프로젝트 중 하나로 평가받고 있다.

주요 RWA 토큰 프로젝트: Chainlink(LINK)

체인링크Chainlink는 블록체인과 실물 세계를 연결하는 분산형 오라클 네트워크의 절대강자로, RWA 생태계 전체의 핵심 인프라 역할을 담당한다. 실물 자산의 실시간 가격 데이터, 신용 점수, 법적 문서 검증, 기업 재무 정보 등 오프체인 데이터를 안전하고 신뢰할 수 있는 방식으로 온체인으로 전송하여 RWA 토큰화의 신뢰성과 투명성을 보장한다. 체인링크 없이는 실질적으로 RWA 프로젝트들이 작동할 수 없을 정도로 중요한 위치에 있으며 온도파이낸스, 센트리퓨지Centrifuge, CFG, 메이플파이낸스Maple Finance, SYRUP 등 대부분의 주요 RWA 프로젝트들이 체인링크의 오라클 서비스를 필수적으로 활용하고 있다. 특히 CCIPCross-Chain Interoperability Protocol 기술을 통해 다양한 블록체인 간 데이터와 자산 이동을 가능하게 하여, RWA가 여러 체인에서 동시에 작동할 수 있는 환경을 제공하고 있다. 스위프트SWIFT, 다수의 중앙은행, 글로벌 금융기관들과의 파일럿 프로젝트를 통해 전통 금융 시스템과의 통합을 적극적으로 추진하고 있어 RWA 시장의 성장과 함께 그 가치가 더욱 부각될 것으로 예상된다.

주요 RWA 토큰 프로젝트: MakerDAO(MKR)

메이커다오MakerDAO는 다이DAI 스테이블코인을 발행하는 탈중앙화 자율조직으로, 최근 실물 자산을 담보로 받아들이는 정책을 대폭 확대하여 디파이와 전통 금융의 가장 중요한 연결고리 역할을 하고 있다. 미국 국채, 기업 채권, 부동산 담보 대출 등 다양한 실물 자산을 담보로 활용하여 다이를 발행함으로써, 암호화폐 시장의 변동성에 덜 의존하는 안정적인 스테이블코인 공급 체계를 구축했다. 특히 RWA 담보를 통해 발행된 다이는 실물 자산에서 발생하는 수익률을 기반으로 하기 때문에, 기존의 암호화폐 담보 방식보다 훨씬 안정적이고 예측 가능한 수익 구조를 제공한다. 현재 RWA 시장에서 가장 큰 TVLTotal Value Locked(네트워크에 유치된 총 자산가치로 일반적으로 달러로 계산)을 보유한 프로토콜 중 하나로, 수십억 달러 규모의 실물 자산이 메이커다오 플랫폼을 통해 토큰화되어 운용되고 있다. 스카이프로토콜SKY로의 리브랜딩과 함께 더욱 확장된 RWA 전략을 추진하고 있어, 향후 RWA 시장의 중심축 역할을 할 것으로 전망된다.

주요 RWA 토큰 프로젝트: Synthetix(SNX)

실물 자산을 포함한 다양한 합성 자산을 생성할 수 있는 혁신적인 파생상품 프로토콜로, 전통적인 금융 자산에 대한 블록체인 기반 접근을 가능하게 하는 선구적인 플랫폼이다. 주식, 원자재, 통화, 지수, 심지어 부동산까지 실물 자산의 가격에 연동된 합성 토큰 신스**Synths**를 발행하여, 실제 자산을 직접 보유하지 않고도 해당 자산의 가격 움직임에 완전히 노출될 수 있게 한다. 전 세계 어디서든 24시간 언제나 글로벌 자산에 접근할 수 있는 혁명적인 접근성을 제공하며, 기존 금융 시스템의 지역적 제약이나 거래 시간 제한을 완전히 우회할 수 있게 한다. 특히 신스 생태계는 무한대의 유동성을 제공하는 독특한 구조를 가지고 있어, 대규모 거래에서도 슬리피지**Slippage**(매매 주문 시 발생하는 오차 현상으로 원하는 가격에 매매할 수 없을 때 발생되는 비용) 없이 즉시 거래가 가능하다. SNX 토큰 스테이킹을 통해 합성 자산을 발행하고 거래 수수료를 분배받는 구조로, 참여자들이 프로토콜의 성장과 함께 수익을 얻을 수 있는 지속 가능한 토큰 경제학을 구축하고 있다.

RWA의 매력은 무엇보다 실질적인 수익을 창출할 수 있는 구조로 되어 있다는 점이다. 대부분의 RWA 토큰이 미국 국채, 부동산, 기업 대출 등에서 발생하는 실제 이자 수익과 연동되어 토큰 가격 상승에만 의존하지 않고 정기적인 수익을 기대할 수 있다는 점이 핵심이다. 예를 들어 온도파이낸스의 USDY는 미국 단기 국채의 수익률인 연 5% 내외를 그대로 반영하여 안정적인 수익원을 제공한다. 이러한 수익 구조는 대형 금융기관들의 적극적인 참여로 더욱 신뢰성을 얻고 있다. 블랙록, JP모건, 프랭클린템플턴과 같은 세계 최대 금융기관들이 블록체인 분야에 직접 진출한 첫 번째 영역이 바로 RWA이다. 이들의 참여는 시장에 신뢰성을 부여하고 더 많은 기관 자금 유입의 기반이 되고 있다.

2025년 현재 수십억 달러 규모의 기관 자금이 RWA 플랫폼을 통해 운용되고 있다는 사실이 이를 증명한다.

규제로 인한 리스크가 비교적 낮다는 점 역시 RWA의 중요한 강점이다. 대부분의 RWA 프로젝트가 처음부터 규제 준수를 염두에 두고 설계되었으며, 미국과 유럽에서 디지털 자산 증권화에 관한 법적 논의가 진전되면서 RWA는 합법적인 투자 수단으로 자리잡을 가능성이 높아지고 있다. 장기적으로 안정화되면서 더 큰 자본이 유입될 수 있는 것이다. 또한 암호화폐 투자의 높은 변동성을 고려할 때, RWA는 포트폴리오의 리스크를 효과적으로 분산시키는 대안이 될 수 있다. 특히 국채나 부동산 기반 토큰은 상대적으로 안정적인 가치를 유지하면서도 의미 있는 수익을 제공할 수 있어 투자자들에게 매력적인 선택지가 될 수 있다. 무엇보다 RWA는 블록체인 기술의 이론적 가능성을 넘어 실질적인 금융 혁신을 보여주는 사례라는 점이 의미 있다. 분산 네트워크를 통해 자산 거래, 소유권 분할, 자동화된 수익 분배 등 전통 금융의 비효율성을 해소하고 있다.

하지만 이러한 매력에도 불구하고 주의해야 할 위험 요소들이 존재한다. 비록 RWA가 규제 친화적인 접근을 취하고 있지만, 디지털 자산의 증권화와 관련된 법적 프레임워크는 여전히 발전 단계이며, 미국 SEC나 유럽 규제기관의 정책 변화에 따라 일부 프로젝트는 사업 모델을 조정해야 할 수도 있다는 불확실성이 남아 있다. 더 근본적으로는 실물 자산과의 연결이 중요한 리스크이다. RWA 토큰의 가치는 결국 기초 자산인 실제 부동산이나 국채와의 연결성에 달려있으며, 오라클이나 수탁기관의 신뢰성 문제, 토큰과 실제 자산의 일대일 연동 유지 여부는 항상 리스크 요소로 작용한다.

또한 온도파이낸스, 메이플파이낸스와 같은 주요 RWA 플랫폼이 근본적으로 중앙화된 자산운용사가 관리하는 구조라는 점도 고려해야 한다. 이는 완전한 탈중앙화를 지향하는 암호화폐의 이념과는 거리가 있으며, 전통적인 금융 시스템의 운영 리스크나 신용 리스크를 그대로 안고 있다. 시장 유동성 부족 문제도 간과할 수 없다. 일부 RWA 토큰이 아직 주요 거래소에 상장되지 않았거나 거래량이 제한적이어서, 긴급하게 자금을 회수해야 할 때 유동성 문제가 발생할 수 있는데 특히 시장이 스트레스를 받는 상황에서 이러한 문제는 더욱 심화될 수 있다. 마지막으로 대형 기관들이 여전히 블록체인 기술의 보안성과 안정성에 대한 의구심을 완전히 해소하지 못한 상태에서, 스마트 계약의 버그나 해킹 사례가 발생할 경우 RWA 시장 전체의 신뢰도가 타격을 입을 수 있다는 문제도 존재한다.

그럼에도 불구하고 RWA는 지금까지의 암호화폐와는 근본적으로 다른 특성을 가진 혁신적 영역이다. 완전한 탈중앙화와 실물 경제, 전통 금융과 블록체인 기술, 법률과 코드가 모두 교차하는 지점에 위치한 RWA는 블록체인이 실제 금융 시스템으로 진입하는 첫 번째 관문이 될 가능성이 높다. 모든 요소가 완벽하게 정비된 것은 아니지만, 지금은 이 새로운 금융 구조의 기초를 선점할 수 있는 중요한 시기라고 할 수 있다. RWA는 언젠가 성장할 것이라는 미래의 가능성이 아니라, 이미 진행 중이며 빠르게 확산되고 있는 현실적인 변화다.

이 흐름을 정확히 이해하고 적절한 프로젝트를 선별할 수 있다면, 이번 암호화폐 사이클에서 비트코인 외에 가장 안정적이면서도 의미 있는 수익 기회를 얻을 수 있는 분야가 바로 RWA이다. 블록체인의 혁신성과 전통 금융의 안정성이 결합된 이 새로운 영역은 단순한 투자 기회를 넘어서 디지털 자산 시장의 장기적 성장과 제도화에 중요한 이정표가 될 것이며, 금융 시스템 전체의 패러다임 변화를 이끌어가는 핵심 동력으로 자리잡을 가능성이 크다.

4

집단적 감정이
가격을 결정하는 밈코인

밈코인은 인터넷 문화의 유머와 밈meme에서 영감을 받아 만들어진 암호화폐다. 주목할 점은 이런 코인들이 기술적 혁신이나 실용적 가치보다는 대중의 감정과 집단에서 통용되는 상징성에 의해 가격이 결정된다는 것이다. 전통적인 관점에서는 이해하기 어려운 현상이지만, 암호화폐 시장에서 밈코인은 중요한 위치를 차지하고 있다.

밈코인은 "인터넷 유머와 문화가 화폐가 된 것"이라 생각하면 쉽다. 재미있는 개 사진이나 인터넷에서 유행하는 밈을 테마로 만들어진 이 코인들은 실질적인 기능보다는 사람들의 공감과 재미를 기반으로 가치를 형성한다. 도지코인DOGE이 시바이누 사진으로 시작해 수십억 달러 규모의 자산이 된 것이 대표적인 예다.

그렇다고 밈코인이 단순한 장난이나 투기 대상이라 생각하면 큰 오

■ 집단적 감정이 가격을 결정하는 밈코인

#	Name		Price	1h %	24h %	7d %	Market Cap	Volume(24h)	Circulating Supply
9	Dogecoin DOGE	Buy	$0.1578	▼0.11%	▼4.60%	▼4.21%	$23,666,871,728	$689,926,985 4.35B	149.92B DOGE
19	Shiba Inu SHIB	Buy	$0.00001117	▲0.27%	▼2.21%	▼3.97%	$6,586,605,239	$103,085,291 9.20T	589.24T SHIB
29	Pepe PEPE	Buy	$0.0₅9262	▲0.34%	▼5.16%	▼6.87%	$3,896,747,416	$492,829,977 53.18T	420.68T PEPE
45	OFFICIAL TRUMP TRUMP	Buy	$8.47	▲0.14%	▼3.56%	▼7.08%	$1,714,608,133	$245,566,465 28.61M	199.99M TRUMP
62	Bonk BONK	Buy	$0.00001365	▲0.24%	▼5.61%	▼3.48%	$1,096,991,484	$126,757,279 9.25T	80.32T BONK
63	Fartcoin FARTCOIN	Buy	$1.02	▼3.81%	▼10.65%	▲0.75%	$1,025,652,088	$165,754,202 161.67M	999.99M FARTCOIN
64	SPX6900 SPX	Buy	$1.08	▼1.49%	▼12.60%	▼17.96%	$1,012,261,470	$49,248,764 44.93M	930.99M SPX
74	Pudgy Penguins PENGU	Buy	$0.01467	▼0.79%	▲3.02%	▲50.79%	$922,424,466	$552,429,658 37.66B	62.86B PENGU

출처: CoinMarketCap

산이다. 밈코인은 암호화폐 시장의 독특한 심리와 문화를 반영하는 중요한 지표이기 때문이다. 이번 사이클에서 밈코인이 주목받는 이유는 복합적이다. 무엇보다 밈코인의 인기는 개인 투자자들이 암호화폐 시장에 대거 유입되고 있다는 강력한 신호로 해석할 수 있다. 투자 경험이 적은 사람들은 복잡한 기술이나 난해한 백서보다는 이해하기 쉽고 재미있어 보이는 자산에 먼저 관심을 가지는 경향이 있으며, 특히 불장이 본격화될 때 밈코인의 인기가 급상승하는 것은 바로 이런 이유 때문이다.

　이러한 현상을 더욱 가속화하는 것은 밈코인이 갖는 독특한 심리적 접근성이다. 밈코인은 단위 가격이 매우 낮은 경우가 많아서, 투자자들에게 적은 돈으로 많은 코인을 살 수 있다는 심리적 만족감을 제공한다. 비트코인 한 개를 살 수는 없어도 수백만 개의 밈코인은 쉽게 구매할 수 있다는 접근성이 강력한 매력으로 작용하며, 이런 저가 코인들은 자연스럽게 100배, 1,000배 상승과 같은 극단적인 수익에 대한 기대를 불러일으킨다. 단순한 투자를 넘어 로또와 같은 일종의 꿈을 판매하는 것이기도 하다.

더 깊게 들어가 보자면 밈코인의 인기는 현재 암호화폐 생태계 내의 권력 구조에 대한 반감을 표현하는 수단이기도 하다. AI 토큰, RWA 토큰, 게임파이Gamefi 등 다른 암호화폐 섹터들은 대부분 벤처캐피탈이 초기에 대량 투자한 후 일반 투자자들에게 판매하는 구조인 반면, 밈코인은 상대적으로 일반인들이 주도하는 자산으로 인식된다. 이는 대형 자본에 대한 반감과 함께 '우리만의 자산'이라는 강한 공동체 의식을 형성도록 만들고, 기존 금융 시스템의 불평등한 구조에 대한 우회적 저항의 의미를 담고 있다.

이러한 맥락은 2024년부터 2025년에 걸쳐 암호화폐 시장이 겪고 있는 근본적 변화와 맞물려 더욱 중요한 의미를 가진다. 비트코인 ETF 승인, 기관 자금의 대규모 유입, 각국의 규제 체계 마련 등으로 암호화폐 시장이 점차 제도화되고 있는 상황에서, 밈코인은 암호화폐의 원래 정신인 '자유롭고 반항적인 문화'를 대변하는 상징으로 자리잡았다. 많은 투자자들이 이런 순수한 암호화폐 정신에 향수를 느끼며 밈코인에 투자하는 것은, 단순한 수익 추구를 넘어서 잃어버린 초기 암호화폐 문화에 대한 그리움과 현재의 제도화된 시장에 대한 소극적 저항을 동시에 표현하는 행위라고 볼 수 있다.

주요 밈코인 프로젝트: DOGE

2013년 인터넷 밈에서 시작된 최초의 밈코인인 도지코인DOGE은 암호화폐 역사상 가장 성공적인 밈코인이라 할 수 있다. 일론 머스크의 반복적인 언급과 지지 덕분에 시장 내 상징성과 유동성이 매우 강력하며, 테슬라의 결제 수단으로 채택되는 등 실제 활용 사례도 확보하고 있다. 기술적 진보는 제한적이지만 비트코인의 동생 같은 포지션으로 여전히 강한 생명력을 유지하고 있으며, 암호화폐 시장이 제도화되는 과정에서도 독특한 브랜드 가치를 인정받고 있다. 특히 신규 투자자들에게는 암호화폐 입문 자산으로 인식되는 경우가 많아, 불장 초기에는 항상 주목받는 대표적인 밈코인이다.

주요 밈코인 프로젝트: SHIB

시바이누SHIB는 이더리움 기반의 대표 밈코인으로, 도지코인 킬러를 표방하며 2020년 출시되어 폭발적인 성장을 기록했다. 메타버스, NFT, 레이어2 솔루션인 시바리움 등 생태계 확장을 지속적으로 시도하고 있으며, 단순한 밈코인에서 벗어나 실제 유틸리티를 갖춘 프로젝트로 발전하려고 노력하고 있다. 기능적 진보보다는 커뮤니티 결속력과 강력한 브랜드 파워에 기반한 가격 유지 흐름이 특징이며, 전 세계적으로 '시바 아미'라고 불리는 충성도 높은 커뮤니티를 형성하고 있다. 토큰 소각 이벤트와 생태계 프로젝트 론칭 등을 통해 꾸준히 화제성을 유지하며, 이더리움 생태계 내에서 가장 영향력 있는 밈코인으로 자리매김했다.

주요 밈코인 프로젝트: WIF(Dogwifhat)

도그위프햇Dogwifhat은 솔라나 기반의 신흥 강자 밈코인으로, 2023년 말 출시 이후 단기간에 폭발적으로 성장하며 차세대 도지코인으로 불리고 있다. 모자를 쓴 강아지 이미지를 중심으로 한 단순한 콘셉트이지만, 솔라나 생태계의 빠른 거래 속도와 낮은 수수료를 바탕으로 활발하게 거래되고 있다. 커뮤니티 중심의 대규모 펌핑 이후에도 상당한 회복력을 보여줬으며, 짧은 기간 안에 시가총액 상위권에 진입하는 놀라운 성과를 달성했다. 솔라나 체인의 밈코인 열풍을 주도하고 있으며, 기존 이더리움 기반 밈코인들과는 다른 새로운 세대의 밈코인으로 평가받고 있다. 특히 솔라나의 기술적 장점을 활용한 빠른 거래와 낮은 비용이 트레이더들에게 큰 매력으로 작용하고 있다.

주요 밈코인 프로젝트: PEPE

인터넷 밈 문화의 아이콘인 개구리 캐릭터 페페에서 유래한 밈코인으로, 2023년 암호화폐 시장에서 가장 화제가 된 초고위험, 고수익 단타형 자산 중 하나다. 출시 직후 무려 수만 배 폭등하며 전 세계 투자자들의 주목을 받았지만, 명확한 유틸리티나 로드맵 부재로 인해 고점 회복에는 실패하고 있다. 순수한 밈 파워와 커뮤니티의 열정에만 의존하는 구조로, 다른 밈코인들과 달리 생태계 확장이나 실용성을 추가하려는 노력이 거의 없어 순수 트레이딩 수단으로 남아 있다. 하지만 페페라는 강력한 밈 문화를 배경으로 가지고 있고 높은 변동성으로 단기 트레이더들 사이에서는 여전히 인기가 높으며, 밈코인 시장의 대표적인 투기 자산이다.

주요 밈코인 프로젝트: BONK, FLOKI

봉크BONK, 플로키FLOKI는 솔라나와 BNB 체인BNB Chain(바이낸스에서 개발한 블록체인 네트워크) 등 다양한 블록체인을 기반으로 독특한 커뮤니티 성장을 이룬 중소형 밈코인 프로젝트들이다. 봉크는 솔라나 생태계의 첫 번째 커뮤니티 코인으로 시작되어 에어드롭을 통한 광범위한 배포와 NFT 프로젝트 연동 등을 통해 솔라나 사용자들 사이에서 강한 정체성을 형성했다. 플로키는 일론 머스크의 강아지 이름에서 따온 밈코인으로, 메타버스 게임 개발과 광고 마케팅에 적극적으로 투자하며 실제 유틸리티 구축을 시도하고 있다. 두 프로젝트 모두 주요 거래소에 상장되며 상당한 유동성을 확보했고, 커뮤니티 기반의 단기 펌핑에는 강한 모습을 보이고 있지만, 도지코인이나 시바이누 같은 대형 밈코인에 비해 장기적 생존력과 브랜드 파워는 다소 불확실한 상황이다.

밈코인의 매력은 무엇보다 낮은 진입 장벽과 높은 심리적 만족감에 있다. 단위 가격이 매우 낮기 때문에 소액 투자자도 수백만 또는 수십억 단위의 코인을 보유할 수 있으며, 이는 많은 양의 코인을 소유하고 있다는 심리적 만족감을 준다. 가격이 조금만 올라도 보유량이 많기 때문에 수익이 커 보이는 효과가 있어, 투자 경험이 적은 사람들에게도 매력적으로 다가온다. 이러한 접근성은 레버리지 없이도 엄청난 수익을 취할 수 있다는 독특한 특징과 결합된다. 밈코인은 레버리지를 사용하지 않고도 단기간에 10배, 100배 이상의 수익을 낼 가능성이 있으며 2023년 몇 주 만에 10,000% 이상 상승한 페페의 사례가 이를 증명한다. 이 같은 극단적 상승은 다른 투자 자산에서는 찾아보기 어렵기에 많은 투자자들에게 강력한 유인이 되고 있다.

밈코인의 가치가 기술이나 실용성보다는 커뮤니티의 힘과 집단 심리에 크게 의존한다는 점은 밈코인이 지닌 중요한 매력 요소다. 활발한 커뮤니티가 형성되면 강력한 가격 추진력을 제공하며, 이는 단순한 경제적 요인으로 설명할 수 없는 소셜 미디어 시대의 독특한 가치 창출 메커니즘이다. 흥미로운 점은 밈코인은 애초에 명확한 목적이나 기능이 없기 때문에, 역설적으로 무엇이든 될 수 있다는 무한한 가능성의 내러티브를 갖는다는 것이다. 이는 투자자의 상상력을 자극하고 미래에 대한 다양한 기대를 품게 만들며, 도지코인이 처음에는 장난이었지만 나중에 테슬라에서 결제 수단으로 고려된 사례처럼 '미래는 열려있다'는 희망을 제공한다.

하지만 이러한 매력 이면에는 심각한 위험 요소들이 도사리고 있다. 가장 근본적인 문제는 역시나 대부분의 밈코인이 실질적인 기술적 혁신이나 유틸리티가 없다는 것이다. 개발 로드맵이 없거나 있더라도 형식적인 경우가 많고, 장기적인 가치 창출 메커니즘이 부재하여 가격이 전적으로 시장 심리와 투기 심리에 의존한다. 이는 시장 조작 가능성과도 직결된다. 많은 밈코인의 초기 발행량 상당 부분이 소수의 지갑에 집중되어 있어, 이런 고래들이 시장을 쉽게 조작할 수 있는 힘을 갖고 있다. 그래서 고래들이 대량으로 매도할 경우 가격이 급락할 수 있

■ 트럼프 취임 직전 발행, 80달러까지 치솟았다 10달러대로 급락한 TRUMP 코인

출처: TradingView

다. 또한 일부 밈코인은 텔레그램이나 디스코드 같은 메신저 플랫폼에서 조직된 펌핑 그룹에 의해 단기적으로 조작되기도 한다. 일례로 트럼프 취임 직전 발행된 트럼프TRUMP 코인은 한때 80달러까지 치솟았지만 현재는 가치의 80% 이상을 회복하지 못하고 있는 실정이다.

밈코인의 낮은 회복 탄력성도 위험 요소다. 밈코인은 한 번 인기를 잃으면 다시 회복하기 어렵다. 대부분의 밈코인은 한 번의 펌핑 사이클을 갖지만 이후 사람들의 관심이 새로운 밈코인으로 이동한 뒤로는 다

시 관심을 얻기 힘들다. 2021년부터 2022년 사이에 인기를 끌었던 많은 밈코인들이 역사의 뒤안길로 사라진 것이 이를 증명한다.

거래소 의존성 역시 간과할 수 없는 리스크다. 밈코인의 유동성과 생존은 주요 거래소 상장 여부에 크게 의존하며, 대형 거래소에서 상장 폐지될 경우 유동성이 급격히 감소하고 가격이 폭락할 수 있다. 대형 거래소들이 밈코인 상장에 대해 점점 더 엄격해지고 있어 새로운 밈코인의 진입 장벽도 높아지고 있다.

마지막으로 일부 밈코인이 명확한 팀이나 법적 구조 없이 익명으로 출시되는 경우가 많아 규제 당국의 표적이 될 위험이 있으며, 특히 미국 SEC 같은 기관이 증권법 위반 여부를 조사할 가능성이 있어 향후 규제 강화에 따라 밈코인 시장 전체가 타격을 받을 수 있다.

밈코인은 전통적 관점에서 투자 대상이라기보다는 암호화폐 시장의 독특한 현상에 가깝다. 기술이나 실용성보다는 감정, 유머, 커뮤니티 심리에 기반한 자산이며 시장의 집단 심리와 리스크 선호도를 가장 적나라하게 보여주는 지표이기도 하다. 암호화폐 시장이 점점 더 제도화되고 기관화되는 가운데, 밈코인은 이 시장의 원래 정신인 자유, 그리고 때로는 비합리적일 수 있는 기존 금융 질서에 대한 도전을 상기시키는 역할을 한다.

투자자로서 밈코인에 접근할 때 가장 중요한 원칙은 감정을 배제하는 것이다. 밈코인은 사랑하거나 장기적으로 믿고 기다릴 대상이 아니라, 시장의 특정 국면에서 활용할 수 있는 도구다. '절대 사랑하지 말 것, 감정 없이 사고 감정 없이 팔 것'이 밈코인 시장에서 살아남기 위한 금언이다. 밈코인은 도박이 될 수도 있고, 구조적으로 통제된 기회가 될 수도 있다. 그 차이는 투자자가 얼마나 이 시장의 본질을 이해하고 냉정하게 접근하느냐에 달려 있으며, 암호화폐 시장의 축제와 같은 이 독특한 현상을 즐기되 항상 리스크 관리를 최우선으로 두는 지혜가 필요하다.

5

알트코인 투자 최적의 타이밍

이제 알트코인 투자의 중요한 원칙, 그리고 투자 타이밍에 대해서 정리해 보도록 하겠다. 일단 암호화폐 투자에서 성공하기 위해서 가장 먼저 알아야 할 원칙이 있다. 바로 이 시장이 비트코인을 중심으로 작동한다는 사실이다. 비트코인은 단순히 시가총액 1위 코인이 아니라, 암호화폐 시장 전체의 방향성과 심리, 자금 흐름을 결정하는 기준점이다.

비트코인과 알트코인의 관계는 전통 금융 시장의 여러 자산 관계와 유사하다. 비트코인은 마치 금이나 미국 국채처럼 안전하고 기본이 되는 자산이라고 볼 수 있다. 반면 알트코인은 주식이나 파생상품과 같이 더 높은 위험과 수익을 추구하는 자산에 비유할 수 있다. 결국 알트코인은 비트코인의 움직임에 따라 더 크게 반응하는 '파생적 움직임'을 보인다. 이 원리를 이해하고 알트코인과 비트코인의 가격 움직임을 보면 언제 알트코인에 투자하고, 언제 빠져나와야 하는지에 대한 중요한 단서를 얻을 수 있다.

1. **하락 또는 횡보 시장**: 비트코인이 하락하거나 횡보할 때, 대부분의 알트코인은 비트코인보다 더 큰 폭으로 하락한다.
2. **초기 상승 시장**: 비트코인이 상승하기 시작할 때, 알트코인은 처음에는 뒤처지거나 비슷한 속도로 움직인다.
3. **본격 상승 시장**: 비트코인이 확실한 상승세를 확립하면, 알트코인들은 더 가파른 속도로 상승하기 시작한다.

이 패턴은 2017년, 2021년, 그리고 2024~2025년 사이클에서도 일관되게 나타났다. 이는 알트코인이 본질적으로 비트코인에 비해 '레버리지가 걸린 자산'처럼 작동한다는 것을 의미한다.

알트코인 상승의 신호탄: 비트코인 전고점 돌파

알트코인 투자의 핵심은 "언제 투자해야 하는가?"이다. 수많은 지표와 분석이 있지만, 가장 단순하면서도 강력한 기준점은 다음과 같다.

비트코인이 이전 사이클의 최고점을 돌파한 직후부터 수개월 동안이 알트코인 투자에 가장 적합한 시기 이유는 앞에서 설명했던 것과 같다. 비트코인이 전고점을 완전히 돌파한 이후 첫 번째 큰 조정을 마무리하는 시점부터 알트코인이 본격적으로 상승하기 때문이다. 이 흐름을 정리하자면 아래와 같다.

1. **심리적 전환점**: 비트코인이 이전 최고점을 넘어서면, 시장 전체가 새롭고, 더 강한 사이클이 시작되었다는 확신을 갖게 된다. 이는 투자자들의 위험 감수 의지를 높인다.
2. **자금 유입 촉발**: 전고점 돌파는 언론의 주목을 받고, 새로운 투자자들이 시장에 유입되는 계기가 된다. 기관 투자자와 일반 대중 모두 이 시점을 기준으로 포지션을 확대하기 시작한다.
3. **자금 순환의 시작**: 초기에는 비트코인으로 집중되던 자금이, 비트코인 가격이 충분히 상승한 후에는 더 높은 수익을 찾아 알트코인으로 이동하기 시작한다. 이 자금 순환이 알트코인 상승의 핵심 동력이 된다.
4. **비트코인 도미넌스의 변화**: 비트코인 도미넌스가 정점을 찍고 하락하기 시작하는 시점이 바로 알트코인의 본격적인 상승이 시작된다는 신호다.

이처럼 비트코인의 전고점 돌파는 '알트코인 하이퍼 사이클'의 시작을 알리는 신호탄으로 볼 수 있고 본격적인 알트 시즌의 시작은 전고점 돌파 이후 첫 번째 큰 조정을 완전히 마무리한 다음부터라 할 수 있다. 이전 사이클들에서는 그 타이밍이 전고점 돌파 이후 비교적 빠르게 등장하였지만 이번 사이클에서는 1부와 2부에서 설명했던 이유들로 인해 전고점 돌파 이후 조정이 길어지고 있고, 덕분에 알트코인 시즌의 시작도 지연되었던 것이다.

알트코인 투자 타이밍: 비트코인 도미넌스

그렇다면 정확히 어느 타이밍부터 알트코인 시즌이 시작되는 것으로 판단할 수 있을까? 가장 확실하게 알트코인 시즌의 강도를 알 수 있는 지표는 바로 비트코인 도미넌스이다. 전체 암호화폐 시가총액 중 비트코인의 비중을 나타내는 비트코인 도미넌스가 하락한다면? 그럼 알

■ 비트코인 도미넌스가 상승 추세를 깨고 하락으로 전환될 타이밍을 노려라

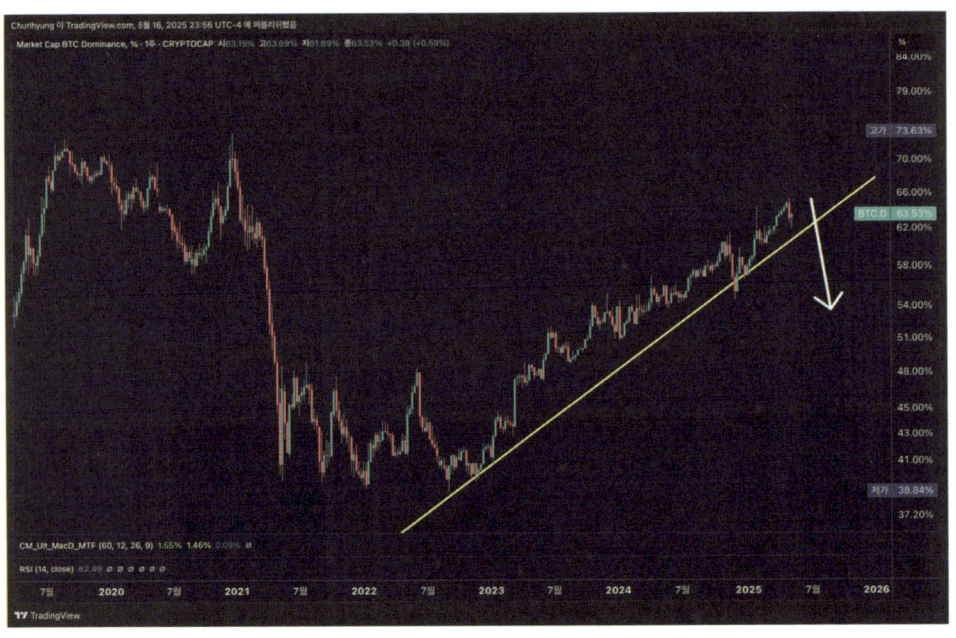

출처: TradingView

트코인들이 상대적으로 비트코인보다 강해지고 있다는 의미가 된다. 다만 도미넌스가 단기적으로 하락하는 게 아닌 추세를 잃고 완전하게 하락세로 돌아서는 순간이 되어야 알트코인 시즌이 시작되었다고 판단할 수 있을 것이다.

알트코인의 규모별 분류

알트코인 투자 전략을 수립하기 전에 알트코인의 규모별 분류를 이해하는 것이 중요하다. 시가총액 순위에 따라 다음과 같이 분류할 수 있다:

1. 대형 알트코인 Large Cap

- **정의** 시가총액 기준 상위 1~10위에 속하는 알트코인
- **특징**
  - 높은 유동성과 상대적 안정성
  - 비트코인과의 높은 상관관계
  - 광범위한 사용 사례와 개발자 커뮤니티
- **예시** 이더리움(ETH), 솔라나(SOL), 리플(XRP), BNB 등
- **역할** 포트폴리오의 안정성과 기본 수익 창출

2. 중형 알트코인 Mid Cap

- **정의** 시가총액 기준 상위 11~30위에 속하는 알트코인
- **특징**
  - 적정 수준의 유동성과 시장 인지도
  - 특정 분야에서 강점을 보유한 프로젝트
  - 적절한 위험 대비 수익 잠재력
- **예시** 폴카닷(DOT), 아발란체(AVAX), 유니스왑(UNI) 등
- **역할** 적절한 수익 창출과 성장 잠재력 확보

3. 소형 알트코인 Small Cap

- **정의** 시가총액 기준 상위 31~100위에 속하는 알트코인
- **특징**
  - 상대적으로 낮은 유동성
  - 높은 위험성과 수익 잠재력
  - 혁신적 기술이나 틈새 시장 타겟팅
- **예시** 각종 디파이 토큰, 게임파이 토큰, 특화된 레이어2 솔루션 등
- **역할** 포트폴리오의 고수익 잠재력 강화

---

4. 초소형 알트코인 Micro Cap

- **정의** 시가총액 기준 100위 밖의 알트코인
- **특징**
  - 매우 낮은 유동성
  - 극도의 변동성
  - 투기적 성격이 강함
- **예시** 초기 스테이지 프로젝트, 마이너 토큰 등
- **역할** 매우 제한적 투자만 권장(개인적으로 권장하지 않음)

규모별 분류를 바탕으로 자신의 성향과 시장 상황에 맞는 적절한 자금 배분이 가능하다. 일반적으로 시가총액이 작을수록 변동성과 위험이 커지지만, 잠재적 수익률도 높아진다.

6

사이클에 따른 4단계 자금 배분 전략

알트코인은 변동성이 심하기 때문에 '몰빵'보다는 적절한 수준의 자금을 배분하는 전략을 취하는 편이 좋다. 자금 배분은 비트코인의 상황에 따라 조정하는 것이 현명하며 알트코인 시즌이 진행되는 것을 충분히 확인하면서 아래와 같은 프로세스로 점진적으로 진입하는 게 좋다.

1단계: 비트코인 전고점 돌파 및 조정 종료 확인 후

비트코인이 10만 9,000달러의 최고점을 돌파하고 1~2주 이상 그 수준을 유지하면, 미디어의 관심이 증가하고 시장 참여자가 확대된다. 비트코인 도미넌스가 고점을 형성한 뒤 하락 조짐을 보이며, 일부 대형

■ **1단계 자금 배분 전략**

자산 구분의 예	자금 배분
비트코인	70~90%
대형 알트코인(상위 10~20위)	10~30%
중형 알트코인(상위 21~100위)	5~10%
소형 알트코인(상위 100위 이하)	5% 이내

알트코인들이 움직이기 시작한다.

이 단계에서는 비트코인 일부를 대형 알트코인으로 전환하여 포트폴리오를 조정할 수 있다. 알트코인 포지션은 섹터별로 분산하고, 주 1회 정도 포트폴리오 비중을 확인하여 목표 비율에 맞게 리밸런싱한다.

예를 들어 1억 원 포트폴리오라면 비트코인 8,000만 원, 이더리움, 솔라나, 리플 같은 대형 알트코인에 1,500만 원, 그리고 유망 중소형 알트코인에 500만 원 정도를 배분한다. 이때 중소형 알트코인은 5~8개 정도로 분산하여 특정 코인이 실패할 경우 받을 리스크를 줄인다.

리스크 관리를 위해 대형 알트코인을 제외하고는 개별 종목은 총 포트폴리오의 5%를 초과하지 않도록 관리하고, 급등한 알트코인의 경우 부분 이익 실현(30~50% 상승 시 원금의 20~30% 회수 등)을 고려한다.

2단계: 비트코인 도미넌스 하락 시작 후

비트코인 도미넌스가 명확한 하락 추세에 진입(최소 5% 하락)하고, 대형 알트코인들이 비트코인보다 높은 수익률을 기록하기 시작한다. 거래량이 증가하며 알트코인 전반에 걸친 상승세가 나타나고, 투자자들의 위험 선호도가 증가한다.

이 단계에서는 비트코인을 추가적으로 알트코인으로 전환하고, 특히 중형 알트코인 비중의 확대를 계획해 볼 수 있다. 강세를 보이는 섹터에 추가로 비중을 부여하는 전략을 적용하고, 주 2회 이상 포트폴리오 상황을 점검하며 필요시 재조정한다.

예로 1억 원 포트폴리오라면 이제 비트코인 7,000만 원, 이더리움, 솔라나, 리플 같은 대형 알트코인에 2,000만 원, 그리고 유망 중소형 알트코인에 1,000만 원 정도를 배분하는 것이 가능하다. 이 단계에서는 매주 강세를 보이는 섹터를 파악하고, 해당 섹터의 알트코인 비중을 전략적으로 높이는 '섹터 로테이션' 전략이 효과적이다.

리스크 관리를 위해 알트코인 포트폴리오의 섹터별 비중을 살펴보았을 때 특정 섹터에 50% 이상 집중되지 않도록 관리하고, 일부 알트코인 수익을 다른 알트코인으로 전환하거나 현금으로 확보하여 리스크에 대비하는 것도 생각해 볼 수 있다.

■ **2단계 자금 배분 전략**

자산 구분의 예	자금 배분
비트코인	60~90%
대형 알트코인(상위 10~20위)	10~35%
중형 알트코인(상위 21~100위)	5~15%
소형 알트코인(상위 100위 이하)	5~10%

3단계: 알트코인 불장 본격화

비트코인 도미넌스가 급격히 하락(추세를 완전하게 하향 이탈)하고, 알트코인 시장이 전반적으로 폭발적으로 상승하는 현상이 나타난다. 일부 알트코인은 수백 퍼센트 상승하며, 미디어의 광범위한 보도와 대중의 FOMO 심리가 확산된다.

■ **3단계 자금 배분 전략**

자산 구분의 예	자금 배분
비트코인	50~90%
대형 알트코인(상위 10~20위)	10~40%
중형 알트코인(상위 21~100위)	5~25%
소형 알트코인(상위 100위 이하)	5~15%

이 단계에서는 대형 알트코인에서 일부 자금을 중소형 알트코인으로 이동하고, 상승폭이 큰 알트코인은 단계적 이익 실현을 진행한다. 예를 들면 아래와 같다.

- 초기 투자의 2배 상승 시 원금의 50% 회수
- 3배 상승 시 추가 25% 회수
- 나머지는 더 큰 상승 가능성을 위해 보유

위의 방법은 예시일 뿐이며, 구체적 전략은 각자의 성향에 맞게 정하면 된다. 다시 1억 원 포트폴리오의 예시로 살펴보면, 알트코인 시즌이 본격화되면 1억 원 포트폴리오는 이미 크게 성장했을 것이다. 예를 들어 3억 원으로 성장했다면, 비트코인 1억 5,000만~2억 7,000만 원, 대형 알트코인 3,000만~1억 2,000만 원, 중형 알트코인 1,500만~7,500만 원, 유망 소형 알트코인 1,500만~4,500만 원, 이런 식으로 보유하는 것이다.

무엇보다 중요한 것은 자신만의 단계별 이익 실현, 목표 가격을 정해놓고 해당 가격에 도달하면 탐욕을 부리지 않고 기계적으로 이익을 실현하는 것이다. 가격이 오르면 사람들은 자신이 정해놓은 원칙을 어기고 더 오를 거란 기대감에 욕심을 부린다. 그리고 그렇게 욕심을 부린 투자자는 결국 가격이 떨어지면 또 다시 원칙을 어기고 이전 가격으로 회복하길 기대하며 팔지 못한다. 지난 사이클의 최정점에서 엄청난 수익을 눈앞에 두고도 팔지 못해 대부분의 수익을 놓친 투자자들이 부지기수이다. 부디 여러분은 그렇게 되지 않았으면 한다.

알트코인 투자의 절대 원칙: 반드시 팔아야 한다

암호화폐 시장은 비트코인을 중심으로 돌아가는 행성계와 같은 시장이다. 비트코인이 태양이라면 나머지 모든 알트코인들은 태양 주변을 공전하는 행성과 위성들이다. 따라서 암호화폐 투자의 중심은 항상 비트코인이어야 한다. 비트코인을 포트폴리오 중심에 박아두고 나머지 알트코인은 조금 부족한 수익률을 채워줄 수 있는 MSG와 같은 요소로 사용해야 한다. 결코 알트코인에 과도한 포지션을 실어선 안된다.

앞서 포트폴리오 배분에도 적어두었듯 비트코인은 언제나 90%까지 비중을 실어도 좋다. 만약 본인이 보수적 투자자라면 알트코인 투자를 아예 포기하고 100% 비트코인에만 투자해도 상관없다. 초보 투자자라면 오히려 이 방법을 권장한다. 암호화폐 투자에 자신감이 있고 알트코인 비중을 높이려는 경우에도 반드시 비트코인 비중을 절반은 유지하길 권한다. 비트코인은 십여 년간 모든 메이저 자산의 수익률을 이겨온 초고수익 자산이다. 비트코인만으로도 충분한 수익을 거둘 수 있는데 굳이 알트코인에 무리하게 투자해 지나친 리스크를 감수할 필요는 없다. 비트코인이 핵심이며 비트코인을 중심으로 자금을 배분해야 한다는 암호화폐 투자 '제1원칙'을 항상 지켰으면 좋겠다.

그리고 또 하나의 중요한 원칙이 있다. 바로 알트코인은 반드시 팔아야 한다는 것이다. 알트코인 투자에서 가장 위험한 착각은 비트코인처럼 장기 보유하면 된다는 생각이다. 비트코인과 달리 대부분의 알트코인은 내재가치 측정이 어렵고 변동성이 극도로 크기 때문에, 성공적인 알트코인 투자의 핵심은 적절한 타이밍에 이익을 실현하는 것이다.

알트코인과 비트코인 사이에는 본질적인 차이가 있다. 대부분의 알트코인은 비트코인과 달리 희소성, 탈중앙화 수준, 네트워크 효과 측면에서 명확한 약점을 가지고 있으며, 실질적인 사용 사례와 지속 가능한 수익 모델이 부족한 경우가 많다. 이로 인해 알트코인은 비트코인보다 훨씬 큰 변동성을 보이며, 며칠 만에 수백 퍼센트 상승했다가 90% 이상 하락하는 경우가 일반적이다. 더 심각한 문제는 생존율이다. 과거 사이클의 데이터를 보면 전체 알트코인 중 80% 이상이 다음 사이클까지 살아남지 못했으며, 한때 시가총액 상위 10위 안에 들었던 많은 코인들이 지금은 찾아볼 수 없다는 현실이 이를 뒷받침한다.

이러한 특성으로 알트코인 투자에서 이익 실현은 선택이 아닌 필수다. 알트코인은 장기적 가치 저장 수단이 아닌 단기적 모멘텀 투자 대상이다. 알트코인은 시장 심리와 트렌드에 따라 크게 움직이지만 이러한 모멘텀은 오래 지속되지 않는다. 또한 기술 발전 속도가 빨라서 유망해 보였던 프로젝트도 6개월에서 1년 만에 더 발전된 기술에 의해 대체되는 경우가 빈번하다. 암호화폐 시장의 자금은 비트코인에서 대형 알트코인으로, 다시 중소형 알트코인으로 순환한 후 결국 시장 밖으로 빠져나가는 명확한 패턴을 보여준다. 이 사이클에서 뒤처지면 수익을 모두 잃을 수 있다.

효과적인 이익 실현을 위해서는 체계적인 전략이 필요하다. 한 번에 전량을 매도하기 보다는 단계적으로 분할 매도하는 전략이 효과적인데 예를 들면 50% 상승 시 초기 투자금의 20~30%를 회수하고, 100%

■ 알트코인 단계적 매도 전략의 예시

구분	내용
50% 상승	초기 투자금의 20~30% 회수
100% 상승	추가 30~40% 회수
200% 상승	추사 20% 회수
300% 상승	나머지 대부분 회수

상승 시 추가로 30~40%를 회수하며, 200% 상승 시 다시 20%를 회수한 후 300% 이상 상승 시 나머지를 회수하는 방식과 같은 식으로 분할 매도하는 것이다. 동시에 시장 과열 신호를 면밀하게 모니터링해야 한다. 비트코인 도미넌스가 역대 최저 수준으로 하락하거나, 미디어에서 암호화폐에 대한 과도한 낙관론이 확산되거나, 기술적 분석 지표에서 극단적 과열 신호가 나타나거나, 정상적인 펀더멘털 없이 모든 코인이 무차별적으로 상승하는 현상이 나타나면 적극적으로 이익을 실현해야 한다. 이익 실현한 자금의 상당 부분은 비트코인이나 스테이블코인으로 전환하여 다음 사이클을 준비하는 것이 현명하다.

사이클 종료 전 완전 매도의 중요성은 아무리 강조해도 지나치지 않다. 암호화폐 시장은 명확한 사이클을 갖고 있으며, 각 사이클의 정점에서 대부분의 알트코인이 최고가를 기록한 후 다음 사이클까지 그 가격을 회복하지 못하는 경우가 대부분이다. 시장이 과열 양상을 보일 때 감정을 배제하고 기계적으로 매도할 수 있는지 여부가 성공하는 투자자와 실패하는 투자자를 가르는 기준이라 할 수 있다.

7

알트코인 시즌은 언제 끝날까

앞서 우리는 알트코인 시즌이 시작하는 시기부터 그 이후 알트코인 시즌 동안 포트폴리오를 어떻게 구성해야 하는지 살펴봤다. 그리고 알트코인 투자의 절대 원칙은 '반드시 수익을 실현(매도)해야 한다'는 것을 살펴보았다.

사실 모든 암호화폐 투자자들이 직면하는 가장 어려운 과제는 "언제 팔 것인가"를 결정하는 것인데, 이는 특히 변동성이 극심한 알트코인 시장에서 더욱 중요하다. 그렇다면 알트코인 시즌은 언제 고점을 이루고 언제 종료될까?

과거 사이클에서의 알트코인 시즌 패턴

암호화폐 시장은 지금까지 여러 차례의 뚜렷한 사이클을 지나왔다. 비트코인이 먼저 상승하고, 이후 알트코인 시즌이 전개되는 패턴이 반복되었다. 비트코인 최고점 이후 알트코인 시즌이 어떻게 전개되었는지 살펴보면 다음과 같다.

2013년 사이클에서는 비트코인이 12월에 최고점을 찍은 후, 알트코인 시즌은 약 1~2개월 정도 지속되었다. 당시 암호화폐 시장은 초기 단계였으며, 알트코인의 수가 제한적이고 유동성도 낮았다. 라이트코인, 도지코인 등 소수의 알트코인만이 주목받았으며, 시장이 빠르게 과열되고 곧 붕괴되는 양상을 보였다.

2017년 사이클은 ICO 붐과 함께 본격적인 알트코인 시즌이 시작되었다. 비트코인은 2017년 12월에 약 2만 달러에 도달하며 최고점을 기록했고, 이후 알트코인 시즌은 2018년 1월까지 약 1개월 정도 추가로 지속되었다. 이 기간 동안 비트코인 도미넌스는 역대 최저치인 33% 수준까지 하락했으며, 이더리움, 리플, 비트코인캐시 등이 폭발적인 상승세를 보였다. 그러나 3월 말부터 시장은 급격히 하락하기 시작했고, 대부분의 알트코인은 이후 2년 동안 90% 이상 가치가 하락했다.

2021년 사이클에서는 상황이 조금 달라졌다. 비트코인은 2021년 11월에 약 6만 9,000달러로 최고점을 찍었으나, 알트코인 시즌은 더 복잡한 양상으로 전개되었다. 여러 섹터(디파이, NFT, 게임파이 등)가 번갈아가며 상승하는 '섹터 로테이션' 현상이 두드러졌다. 전체적으로 알트코인 시즌은 비트코인 최고점부터 약 2~3주 정도 지속되며 추가 지속 기간은 길지 않게 끝났다. 특히 주목할 점은 모든 알트코인이 동시에 고점을 찍지 않았다는 것이다. 일부 디파이 토큰들은 2021년 초에 고점을 찍었고, NFT 관련 토큰들은 2021년 가을에, 메타버스 관련 토큰들은 2021년 말에서 2022년 초에 고점을 기록했다.

과거 사이클에서 볼 수 있듯이, 알트코인 시즌은 비트코인 최고점 이후에 추가적으로 전개되는 경향이 있고 그 지속 기간은 점차 짧아졌다. 1~2개월에서 시작하여 1개월, 그리고 가장 최근 사이클에서는 약 2~3주까지 단축되었다. 시장이 커지고 성숙되면서 투기적인 성향을 지닌 알트코인의 움직임이 약해지고 전체 시장이 비트코인에 더 동조화되어 움직이게 된 것이다.

과거와는 다를 2025~2026 알트코인 사이클

그런데 현재 진행 중인 2025~2026 사이클은 과거와 비교하여 몇 가지 중요한 차이점이 있다. 그리고 이런 차이점들이 알트코인 시즌의 특성과 지속 기간에 영향을 미칠 가능성이 높다.

가장 주목할 만한 변화는 기관 자금의 유입이 크게 확대되었다는 점이다. 비트코인 ETF의 승인과 함께 대형 자산운용사들이 암호화폐 시장에 본격적으로 진입하기 시작했고 시장 구조에 근본적인 변화가 일어나고 있다. 기관 투자자들은 일반적으로 소매 투자자들보다 더 장기적인 관점으로 투자하고, 포지션을 구축하거나 청산할 때도 점진적으로 접근하곤 한다. 이러한 기관의 참여는 시장의 변동성을 일정 부분 완화시키는 것과 더불어 사이클의 지속 기간을 연장하는 효과를 가져올 수 있다.

시장 인프라의 성숙도 중요한 변화다. 법적 규제 프레임워크가 점차 명확해지고, 중앙화 및 탈중앙화 거래소의 안정성과 유동성이 크게 향상되었다. 또한 파생상품과 옵션 시장이 발달하면서 투자자들이 더 다양한 방식으로 위험을 관리할 수 있게 되었다. 인프라 발전은 시장 참여자들이 극단적인 상황에서도 더 질서 있게 대응할 수 있는 환경을 조성한다.

또 다른 중요한 변화는 암호화폐 시장 내 섹터별 분화가 더욱 심화되고 있다는 점이다. 금융, 게임, AI, 메타버스, 인프라 등 다양한 분야에 특화된 프로젝트들이 각자의 생태계를 구축하고 있으며, 이에 따라 각 섹터별로 독립적인 '미니 사이클'이 형성될 가능성이 높아졌다. 다시 말해 전체 알트코인 시장이 동시에 고점을 찍기보다는, 섹터별로 순차적으로 상승과 하락을 경험할 가능성이 있다는 것이다.

실물 자산과 암호화폐의 연결이 강화되는 것도 주목할 만한 변화다. 실물 경제 기반 연계 코인인 RWA 토큰화가 확대되면서 암호화폐 시장과 전통 금융 시장 간의 상관관계가 증가하고 있다. 이는 암호화폐 시장이 더 이상 완전히 독립적인 사이클을 형성하지 않고, 거시경제 요인에 더 많은 영향을 받게 될 수 있음을 의미한다.

더 늦게 시작해서 더 늦게 끝난다

이러한 변화를 종합적으로 고려할 때, 2025~2026 사이클의 알트코인 시즌은 과거보다 더 늦게 시작하여 더 늦게 끝날 가능성이 높다. 2017년과 2021년 사이클에서 알트코인 시즌이 각각 약 3개월과 4개월간 지속되었는데 이번 사이클에서는 그 기간이 6~9개월까지 연장될 수 있다.

일단 기관 투자자들은 한 번에 대규모로 투자하기보다는 시간을 두고 단계적으로 포지션을 구축하며 리테일 투자자들의 FOMO 현상도 과거처럼 짧은 기간에 집중되기보다는 더 긴 기간에 걸쳐 분산될 가능성이 높다. 따라서 알트코인 시장은 급격하게 과열되고 붕괴되지 않고 더 완만하게 상승하고 조정되는 패턴을 형성할 수 있다.

섹터별 로테이션의 확대도 알트코인 시즌의 지속 기간을 연장시키는 요인이 될 수 있다. 다양한 섹터에서 순차적으로 불장이 발생할 가능성이 높아졌는데 예를 들어 AI 섹터가 먼저 상승하고, 이후 RWA, 밈코인 등의 섹터가 차례로 상승하는 패턴이 형성될 수 있다. 이러한 순차적 로테이션은 전체 알트코인 시장의 상승 모멘텀을 더 오래 유지시킬 수 있다.

시장의 위험 관리 도구가 발전한 것도 주요하다. 파생상품 및 옵션 시장의 발달로 투자자들은 하방 위험을 더 효과적으로 관리할 수 있게 되었다. 또한 스테이블코인과 같은 안전자산으로의 이동이 용이해졌고 투자자들이 시장에서 완전히 이탈하지 않고도 일시적으로 리스크를 줄일 수 있게 되었다. 이는 과거처럼 시장 전체가 한꺼번에 붕괴하기보다는 더 질서 있는 조정이 일어날 가능성을 높인다.

규제 환경의 변화도 알트코인 시즌의 특성에 영향을 미칠 것이다. 과거 사이클에서는 규제의 불확실성이 시장의 급격한 붕괴를 촉발하는 주요 요인 중 하나였다. 그러나 점차 규제 프레임워크가 명확해지면서, 규제 리스크가 일시적인 시장 붕괴보다는 점진적인 변화를 유도할 가능성이 높아졌다. 이는 시장 참여자들이 더 예측 가능한 환경에서 투자 결정을 내릴 수 있도록 돕는다.

그러나 알트코인 시즌의 지속 기간이 연장된다고 해서 안주해서는 안 된다. 오히려 더 체계적인 모니터링과 이익 실현 계획이 필요하다. 시장이 더 오래 지속될 수 있다는 기대가 과도한 낙관론으로 이어지면, 더 큰 손실을 입을 수도 있기 때문이다.

2025-2026 사이클에서의 대응 전략

이번 사이클에서 알트코인 시즌의 지속 기간이 연장될 것으로 예상되지만, 투자자들은 여전히 체계적인 이익 실현 전략을 수립해야 한다. 우선 기본적으로 알트코인 시즌의 고점은 비트코인이 고점에 다다른 몇 주 후가 될 가능성이 크다. 이것은 지난 사이클들에서 이미 나왔던 패턴이며 그 추세가 점점 짧아지고 있다는 점을 감안하면 이번에도 비트코인이 고점에 도달하면 알트코인 역시 거의 고점 근처에 이르렀을 가능성이 크다(비트코인의 고점을 확인하는 법에 대해서는 이 책의 5부에서 더 자세히 살펴볼 예정이다).

따라서 비트코인의 고점 단계에서 알트코인 역시 단계적 이익 실현 전략을 수립하는 것이 중요하다. 시장 고점을 정확히 예측하기는 불가능하므로, 가격 상승에 따라 점진적으로 포지션을 축소하는 것이 현명하다. 예를 들어 알트코인이 100% 상승했을 때 초기 투자액의 30%를 회수하고, 200% 상승 시 추가 30%를, 300% 이상 상승 시 나머지 대부분을 회수하는 방식을 들 수 있다. 정확한 고점을 맞추지 못하더라도 상당한 이익을 확보할 수 있는 방법이다. 물론 철저히 예시일 뿐이며 각자의 성향에 맞춰 계획을 수립하면 된다.

실현한 이익을 어떻게 할지도 미리 계획해야 한다. 이익의 일부는 비트코인이나 스테이블코인과 같은 안전자산으로 전환하여 다음 사이클을 대비하는 것이 좋다. 또 일부는 시장 조정 시 저가 매수를 위한 자금으로 확보해 두어도 좋다. 섹터별 로테이션 전략을 활용해 이미 크게 상승한 섹터에서 일부 이익을 실현하고, 아직 본격적인 상승이 시작되지 않은 유망 섹터로 일부 자금을 이동시키는 방식이다. 그러나 사이클 후반부에는 이러한 로테이션도 점차 줄이는 것이 바람직하다.

시장 모니터링도 자주 해야 한다. 사이클 초기에는 주간 단위의 점검으로 충분할 수 있지만, 시장이 과열 조짐을 보이기 시작하면 매일, 심지어 더 짧은 간격으로 주요 지표들을 점검해야 한다. 특히 앞서 언급한 비트코인 도미넌스, 거래량, 시장 심리 지표 등을 지속적으로 모니터링해야 한다.

마지막으로 어떤 상황에서도 '모든 알트코인을 영원히 보유하겠다'는 마음가짐은 피해야 한다. 과거 모든 사이클에서 대부분의 알트코인들은 결국 고점에서 80~99%까지 하락했고 많은 프로젝트들이 다음 사이클까지 살아남지 못했다. 아무리 혁신적인 기술을 가진 프로젝트라도, 암호화폐 시장의 극심한 변동성 속에서는 장기 보유보다는 적절한 이익 실현이 더 현명한 전략이다.

결국 성공적인 알트코인 투자의 핵심은 상승장에서 이익을 확보하고, 다음 사이클을 대비하여 자본을 보존하는 것이다. 시장 사이클이 더 길게 지속된다고 해서 안주하는 것이 아니라, 오히려 더 신중하고 체계적인 접근이 필요하다. 암호화폐 시장에서 "이번엔 다르다"는 생각은 항상 위험한 착각이었음을 명심해야 한다.

알트코인 시즌은 사라지지 않았다: 인간 심리와 시장 사이클의 불변성

암호화폐 시장이 성숙해지고 비트코인에 대한 기관 투자가 확대되면서, 이번 사이클에서는 알트코인 시즌이 없을 것이라는 주장이 부쩍 늘어났다. 비트코인 ETF의 승인, 대형 금융기관들의 참여, 그리고 규제 환경의 발전으로 근본적으로 시장이 바뀌었기 때문이라는 것이다. 이러한 주장은 언뜻 설득력 있어 보인다. 그러나 시장의 본질은 결국 '인간의 심리'에 근거하며, 기본적인 투자 심리와 행동 패턴은 쉽게 변하지 않는다는 걸 기억해야 한다.

　인간의 탐욕과 공포는 시장을 움직이는 가장 근본적인 힘이다. 이는 불변의 법칙이다. 수천 년 동안 금융 시장을 지배해 온 원리다. 새로운 기술이나 혁신적인 금융 상품이 등장할 때마다 이번에는 다르다는 주장이 제기되었지만 결국 시장은 항상 인간 심리의 기본적인 패턴에 따라 움직였다. 암호화폐 시장도 예외가 아니기에 비트코인이 상승하면 투자자들은 초기에 안정감을 느끼지만 점차 더 큰 수익을 추구하게 된다. 비트코인이 100% 상승했을 때 투자자들은 200%, 300% 이상의 수익을 낼 수 있는 기회를 찾기 시작하며, 이것이 알트코인으로 자금이 흘러가는 근본적인 이유다. 기관 투자자들 역시 이러한 심리에서 완전히 자유롭지 않다. 결국 기관을 운영하는 것도 사람이다. 그들 역시 시장 대비 초과 수익을 추구하기 때문에 비트코인이 주류 자산으로 인정받고 상당 부분 상승한 이후에는 불가피하게 더 높은 위험과 수익을 제공하는 알트코인 시장으로 관심을 돌릴 것이다.

　기관 자금의 유입과 시장 구조의 변화는 분명 과거와는 다른 양상의 알트코인 시즌을 만들어낼 수 있다. 폭발적이고 단기적인 상승보다는 점진적이고 오래 지속되는 상승장이 나타날 가능성이 높으며, 무분별한 상승보다는 펀더멘털과 실질적 사용 사례를 갖춘 프로젝트들 중심으로 차별화된 성과가 나타날 것이다. 그러나 이러한 변화는 알트코인 시즌의 소멸이 아닌 진화를 의미한다. 시장이 성숙해지면서 거품의 정도나 지속 기간이 달라질 수 있지만, 비트코인 대비 알트코인의 상대적 성과가 두드러지는 기간은 계속해서 나타날 것이다.

결과적으로 알트코인 시즌은 사라지지 않을 것이다. 오히려 알트코인 시즌은 진화하여 다른 형태로 나타날 가능성이 높다. 인간의 기본적인 투자 심리는 변하지 않기에 위험과 수익의 균형을 추구하는 과정에서 알트코인에 대한 관심은 필연적으로 나타날 것이다.

다가올 알트코인 시즌은 더 길어지고 펀더멘털에 기반한 차별화된 성과에 따라 섹터별로 순차적인 상승이 일어날 가능성이 높지만, 비트코인이 상승한 이후 알트코인이 더 큰 폭으로 상승하는 현상은 여전히 유효할 것이다. 투자자들은 시장의 변화를 인식하고 무분별한 투기보다는 실질적인 가치와 성장 잠재력을 가진 프로젝트에 초점을 맞추되 인간 심리가 만들어내는 시장 사이클의 기본 패턴을 무시해서는 안 된다. 결국 역사는 반복되며, 형태는 달라질지라도 알트코인 시즌은 다시 찾아올 것이다.

BITCOIN SUPER CYCLE

5부

비트코인 정점을 알리는 신호들과 매도 전략

이번 사이클에서 비트코인은 어디까지 올라갈 것인가? 많은 투자자들이 가장 궁금해 하는 지점일 것이다. 5부에서는 비트코인이 고점에 다다랐음을 알려주는 각종 온체인 데이터를 비롯해 사이클의 정점 비트코인 가격이 얼마일지 추론하는 방법에 대해 살펴보려 한다. 그리고 효과적으로 수익을 실현하는 매도 전략에 대해서도 알아보겠다.

1

사이클의 끝을 알리는 7가지 신호들

　비트코인을 장기적으로 모아가는 투자가 아닌 사이클을 이용하는 투자에서 가장 중요한 요소는 매도 타이밍이다. 많은 투자자들이 '언제 살 것인가'에 집중하지만, 실제로 사이클 투자의 수익률을 크게 좌우하는 것은 '언제 팔 것인가'이다. 비트코인은 지금까지 약 4년 주기의 사이클을 반복해 왔으며, 각 사이클마다 정점에서 매도한 투자자와 그렇지 못한 투자자 사이의 수익률은 엄청난 차이가 발생했다.

　앞서 4차 사이클에서 비트코인이 어떻게 흘러갈지 다룬 3부를 통해, 이번 사이클에서 비트코인 가격의 정점을 예상한 바 있다. 여기서는 가격 외에 다른 지표들, 비트코인 사이클의 끝을 포착하는 데 도움이 되는 일곱 가지 주요 신호들을 분석하려 한다. 이 신호들을 이해하고 적용함으로써 투자자들은 다음 사이클에서 더 현명한 매도 결정을 내릴 수 있을 것이다.

1. 대형 투자자들의 움직임: 장기 보유자 온체인 지표

비트코인의 대형 보유자들, 일명 '고래'들은 시장의 움직임을 미리 감지하는 경우가 많다. 이들의 움직임을 추적하는 것은 사이클의 끝을 예측하는데 큰 도움이 된다.

장기 보유자 수익률 지표**LTH-SOPR, Long Term Holders Spent Output Profit Ratio**는 장기 보유자들이 비트코인을 얼마나 높은 수익률로 매도하고 있는지를 보여준다. 매수한 값 대비 매도한 값의 비율인데 이 값이 크

■ 비트코인 장기 보유자 수익률 지표

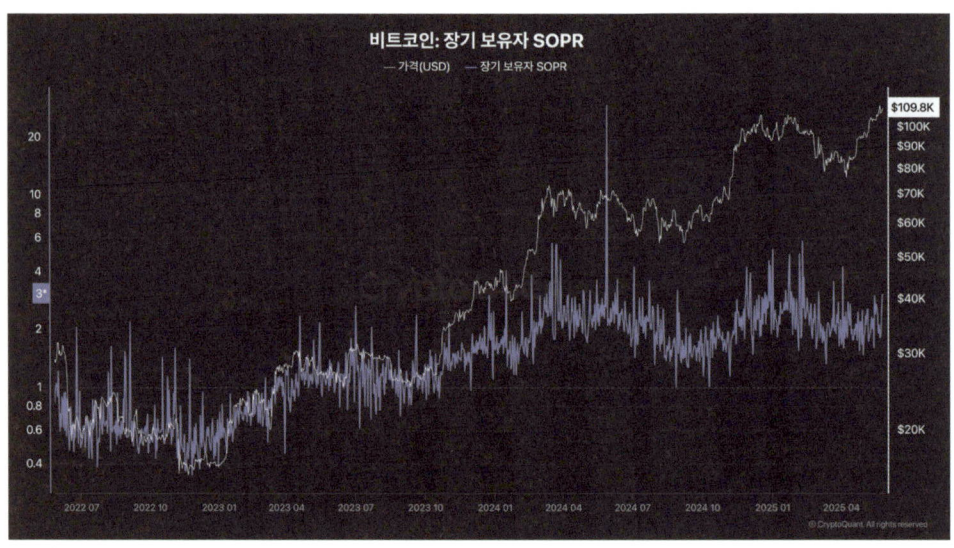

출처: Cryptoquant.com

게 상승하면, 장기 보유자들이 높은 이익을 실현하기 위해 매도하고 있다는 신호로 볼 수 있다.

장기 보유자 순포지션 변화Net position Change는 장기 보유자가 매수한 물량에서 매도한 물량을 뺀 것으로, 주로 30일 이동평균선으로 변화 지표를 나타낸다. 이 지표는 장기 투자자들이 순매수에서 순매도로 전환하는 시점을 보여준다. 이 지표가 음수로 전환되면 시장 상위 참여자들이 이익 실현을 시작했다는 의미이다.

2. 시장의 매도 준비 신호: 거래소 유입량 급증

거래소로 유입되는 비트코인 양도 중요하다. 대량의 비트코인이 개인 지갑에서 거래소로 이동할 경우, 곧 매도 압력이 증가할 수 있다고 판단할 수 있다. 거래소 순유입량Exchange Netflow은 거래소로 들어오는 비트코인 양과 나가는 양의 차이를 보여주는 지표다. 이 지표가 양수 값을 기록하고 커지면, 많은 사람들이 비트코인을 팔기 위해 거래소로 이동시키고 있다는 의미이다. 대규모 거래 분석은 특히 중요하다. 갑자기 큰 금액의 비트코인이 여러 개인 지갑에서 거래소로 이동하는 패턴이 관찰되면, 고래들이 매도를 준비하고 있다는 신호일 수 있다.

■ 거래소 순유입량

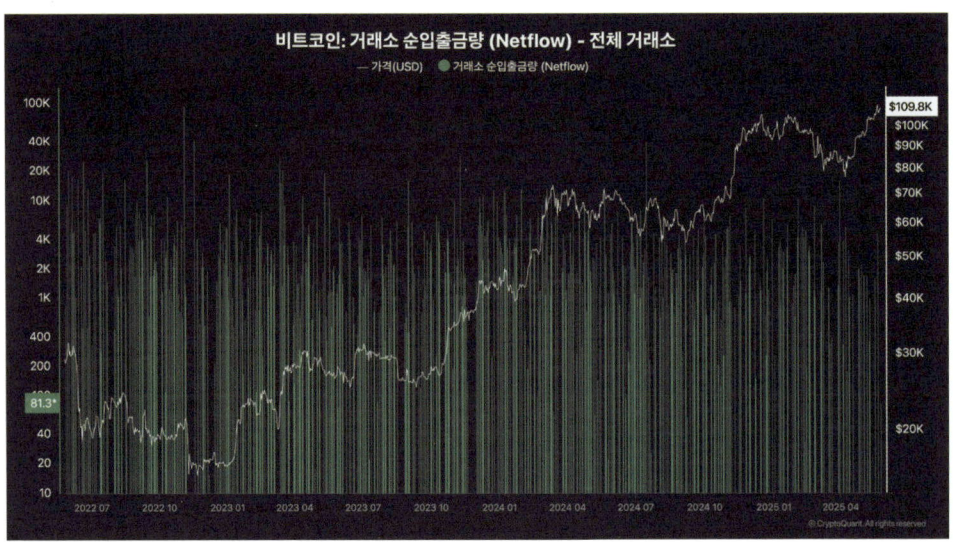

출처: Cryptoquant.com

3. 알트코인 광기: 이성적 투자의 종말

비트코인 사이클 말기에는 종종 펀더멘털이 약한 알트코인들이 비이성적으로 급등하는 현상이 나타난다. 비트코인 도미넌스가 급격히 하락하는 것은 자금이 위험한 알트코인으로 빠르게 이동하고 있다는 신호이다. 역사적으로 보았을 때 비트코인 도미넌스가 40% 이하로 떨어지면 시장 고점이 가까워졌다는 신호로 해석할 수 있다. 특히 기술적 기반이나 실사용 사례가 부족한 밈코인이나 테마 코인들이 갑자기 큰 인기를 끌면, 시장이 투기적 열기로 가득 차 있다는 증거이다.

■ 알트코인 시즌을 예고하는 비트코인 도미넌스 하락

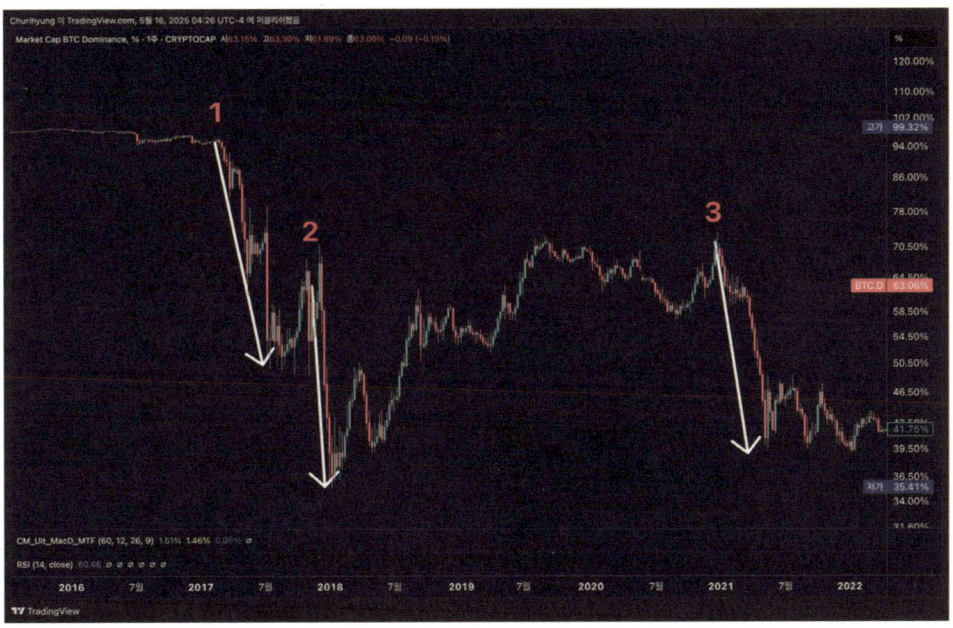

출처: TradingView

4. 대중의 관심 측정하기: 구글 트렌드 과열

구글 검색 트렌드는 대중의 관심도를 측정하는 유용한 도구이다. 비트코인 구매 방법, 비트코인 투자, 비트코인 고점 등의 검색어가 급증하는 것은 새로운 투자자들이 대거 시장에 유입되고 있다는 신호이다. 이제 누구나 한 번쯤 비트코인을 들어봤을 시대이기 때문에 간과하기 쉽지만, 여전히 암호화폐에 투자하지 않는 사람이 더 많다. 금융감독

■ 비트코인 가격에 따라 달라지는 비트코인 검색량

출처: Google

원의 '2024년 하반기 가상자산사업자 실태조사 결과'에 따르면 2024년 하반기 기준, 고객 확인 의무를 이행한 거래소 실제 이용자 수는 970만 명이고 60%에 달하는 사람들이 50만 원 미만의 소액만 투자하고 있다. 즉, 여전히 새로운 개인 투자자와 자금이 시장에 유입될 수 있는 환경인 것이다.

역사적으로 검색량의 증가는 가격 고점과 강한 상관관계를 보였다. 혹시나 지인들 중 평소 투자에 관심이 없던 사람들까지 갑자기 비트코인에 대해 물어보기 시작한다면, 시장이 과열되고 있다는 신호일 수 있기에 시장 흐름을 면밀히 관찰하기 시작해야 한다.

5. 미디어의 태도 변화: 회의론에서 열광으로

주류 미디어의 비트코인에 대한 태도 변화도 시장 사이클의 중요한 지표이다. 사이클 초기에는 미디어는 대체로 비트코인에 비판적이거나 회의적이다. 그러나 계속해서 가격이 상승하면서 미디어의 태도가 점차 중립적으로 변하고, 사이클 말기에는 지나치게 열광하며 낙관적인 보도가 주를 이룬다.

특히 경제 전문 채널이나 뉴스 프로그램에서 비트코인 가격 예측을 자주 다루기 시작하거나 극단적인 가격, 예컨대 "비트코인 100만 달러 가능한가" 등과 같은 주제를 심각하게 논의하기 시작한다면 주의해야 할 시기가 다가왔다고 봐도 좋다.

6. 기술적 과열 지표: 수치로 보는 고점 신호

여러 기술적 지표들은 비트코인 가격이 지속 불가능한 수준으로 과열되었는지를 판단하는 데 도움이 된다. 과매수와 과매도를 판단하는 상대강도지수**RSI, Relative Strength Index**가 80 이상으로 장기간 유지되면 시장이 과매수 상태임을 나타낸다. 특히 월간 차트에서 이러한 현상이 나타나면 더욱 신뢰할 수 있는 신호이다.

MVRV-Z Score는 비트코인의 시장 가치**Market Value**와 실현 가치 **Realized Value**의 차이를 표준화한 지표로, 역사적으로 7 이상일 때 시장

■ 비트코인 MVRV Z-Score

출처: glassnode

고점과 연관성이 높았다. 채굴자 수입 지표 Puell Multiple(오늘의 채굴자 수익을 1년 평균과 비교)과 파이 사이클 상단 지표 Pi Cycle Top Indicator 같은 특화된 지표들도 과거 여러 사이클에서 고점을 성공적으로 예측했다.

이 지표들에 대해선 다음 장에서 보다 자세히 살펴보도록 하겠다.

7. 커뮤니티의 광기: 집단 심리 읽기

암호화폐 커뮤니티와 소셜 미디어에서 나타나는 집단 심리는 시장 사이클의 단계를 파악하는 데 중요한 단서를 제공한다. 사이클 말기에는 암호화폐 관련 소셜 미디어와 커뮤니티에서 "이번엔 다르다"는 주장이 지배적으로 나타난다. 과거 패턴이 더 이상 적용되지 않을 것이라는 믿음이 널리 퍼진다. 비트코인 가격에 대한 비판적 의견이나 주의를 촉구하는 목소리가 커뮤니티에서 거의 사라지고, 오직 계속 상승할 것이라는 낙관론만 남는다.

비트코인 사이클의 끝을 정확히 예측하는 것은 불가능하지만, 지금까지 설명한 7가지 신호들을 종합적으로 관찰함으로써 고점을 감지할 수 있다. 중요한 것은 단일 신호에 의존하지 않고, 여러 신호들이 동시에 나타나는 패턴을 인식하는 것이다.

또한 모든 투자금을 한 번에 매도하는 것보다는, 이러한 신호들이 나타날 때마다 일부씩 이익을 실현하는 전략이 효과적이다. 시장의 상승세가 계속될 수도 있지만, 위험을 분산하고 감정적 의사결정을 피하는 것이 장기적으로 더 나은 결과를 가져올 수 있다.

비트코인 투자에서 진정한 성공은 단기적인 가격 변동을 예측하는 것이 아니라, 장기적인 관점에서 리스크를 관리하고 감정에 휘둘리지 않는 투자 원칙을 지키는 데 있다. 이 글에서 설명한 신호들은 그러한 원칙을 실천하는 데 도움이 될 것이다.

2

온체인 데이터가 알려주는 사이클의 정점

비트코인 사이클의 정점을 파악하는 것은 성공적인 투자 전략의 핵심이다. 앞서 살펴본 7가지 신호들과 함께, 온체인 데이터 분석을 통해 객관적이고 수치화된 방법으로 시장 상황을 판단할 수 있다. 이 장에서는 가장 신뢰할 수 있는 온체인 지표들을 활용해 비트코인 사이클의 정점을 파악하는 방법을 자세히 살펴보겠다.

Pi Cycle Top Indicator: 두 이동평균선의 교차

Pi Cycle Top Indicator는 비트코인 가격의 111일 이동평균선과 350일 이동평균선의 2배 값 사이의 관계를 분석하는 지표이다. 이 두 선이 교차할 때, 역사적으로 비트코인 가격은 사이클의 정점에 도달했거나 매우 근접했다. 특히 이 지표는 2013년, 2017년, 2021년 과거 세

■ **사이클 고점이던 111일, 350일 이동평균선의 2배 값이 만나는 지점**

출처: glassnode

번의 사이클에서 정점을 놀라운 정확도로 예측했다. 111일 이동평균선이 350일 이동평균선의 2배 값을 상향 돌파할 때, 항상 사이클 고점이 형성되었다.

111일 이동평균선이 350일 이동평균선의 2배 값과 만난 지점에서 며칠 이내에 각 사이클의 고점이 형성되었기에 현존하는 고점 신호 중 가장 높은 신뢰도를 보여주는 지표이다.

MVRV-Z Score: 시장 가치와 실현 가치의 관계

MVRV-Z Score는 비트코인의 시장 가치와 실현 가치의 차이를 표준편차로 나타낸 지표이다. 이 지표는 시장이 얼마나 과대 평가되었는지를 측정하는 데 매우 유용하다.

시장 가치는 현재 유통 중인 모든 비트코인의 총가치(시가총액)이고,

■ 시장의 과대 평가를 판단하는 기준이 되는 MVRV-Z Score 7

출처: glassnode

실현 가치는 각 코인이 마지막으로 이동했을 때의 가격을 기준으로 계산한 가치이다. MVRV-Z Score가 7 이상으로 올라가면, 이는 시장이 역사적으로 과대 평가된 영역에 진입했다는 걸로 볼 수 있다.

2013년, 2017년, 2021년의 모든 사이클의 정점에서 MVRV-Z Score는 7을 초과했으며, 이후 급격하게 가격이 하락했다. 이 지표는 비트코인 가격이 지속 가능한 수준을 넘어섰다고 경고해 주는 지표라 할 수 있다.

Adjusted SOPR: 수익 실현 패턴

Adjusted SOPR aSOPR은 투자자들이 얼마나 큰 이익을 실현하고 있는지를 보여주는 지표이다. SOPR은 코인이 이동한 시점, 즉 매수한 가격 대비 매도한 시점의 가격의 비율인데 aSOPR은 단기 거래를 제외한 SOPR 값을 보여준다.

■ **투자자들의 이익 실현 정도를 보여주는 aSOPR**

출처: glassnode

　이 지표는 앞서 언급한 장기 보유자들의 수익률을 보여주는 LTH-SOPR과 더불어 장기 보유자들의 행동 패턴을 이해하는 데 중요한 통찰을 제공한다. 장기 보유자들은 구태여 손해를 보면서 비트코인을 팔지 않기 때문이다.

　aSOPR 값이 1이면 보유자들이 구매한 원가에 코인을 판매하고 있다는 의미이며 1보다 크면 이익을 실현하고 있다는 뜻이다. 사이클 정점에서는 이 지표의 2주 이동평균 값이 보통 매우 높은 값(약 1.15 이상)을 기록하는데, 이는 장기 보유자들이 큰 이익을 실현하고 있다는 신호이다.

　특별히 주목해야 할 부분은 aSOPR의 추세 반전이다. 지표가 높은 수준에서 정점을 찍은 후 하락하기 시작하면, 이는 장기 보유자들이 이익 실현을 마무리하고 있다는 의미로, 종종 시장 정점과 일치하는 모습을 보여준다.

Realized Cap HODL Waves: 코인 연령대별 분포 분석

실현 시가총액 HODL 웨이브Realized Cap HODL Waves는 비트코인이 마지막으로 이동한 이후 경과한 시간을 기준으로 코인의 연령대(보유 기간)를 구분해 연령대별 분포를 보여주는 지표이다. 이 지표는 다양한 보유 기간을 가진 투자자들의 행동 패턴을 시각화해서 보여준다. 아래 그래프를 예로 들면 1~3일, 1일~1주, 1주~1개월, 1일 등 코인의 연령에 따라 색을 달리하여 각 시기마다 연령대별 코인의 분포를 나타냈는데, 색이 진할수록 보유 기간이 오래된 코인이다.

사이클 초기에는 1년 이상 장기 보유의 비중이 증가하는 경향이 있다. 그러나 사이클이 성숙기에 접어들고 가격이 크게 상승하면 장기 보유 비중이 감소하기 시작하는데, 장기 보유자들이 이익을 실현하기 시작했다는 신호이다. 특히 주목해야 할 패턴은 1~2년 구간의 보유 비중이 감소하고, 1개월 미만의 단기 보유 비중이 급증하는 현상이다. 오래

■ 단기 투자자들의 급격한 진입은 고점 신호

출처: glassnode

된 코인이 신규 투자자들에게로 이전되고 있다는 걸 의미하며, 시장 정점을 앞두고 나타나는 현상이다.

온체인 지표의 통합적 활용: 신호 강도 평가

단일 온체인 지표는 유용한 통찰을 제공하지만, 진정한 힘은 이 지표들을 통합적으로 활용할 때 발휘된다. 여러 가지 신뢰할 수 있는 지표들이 동시에 경고 신호를 보낼 때, 시장이 정점에 다다랐다는 강력한 증거로 볼 수 있다. 또한 각 지표에 가중치를 부여하여 정점에 대한 '신호 강도'를 평가하는 방법도 효과적이다. 예를 들어 다음과 같다.

1. **Pi Cycle Top Indicator 교차**: 강도 3 (교차 임박: 강도 2)
2. **MVRV-Z Score 7 이상**: 강도 3 (6~7 사이: 강도 2)
3. **aSOPR 2주 이동평균 1.15 이상**: 강도 3 (1.13~1.15 사이: 강도 2)
4. **Realized Cap HODL Waves에서 단기 보유 비중 급증**: 강도 3 (추세선 근처 강도 2)

총 신호 강도가 8 이상일 때는 매우 주의해야 하며, 10 이상이면 사이클 정점이 임박했거나 이미 도달했을 가능성이 매우 높다.

그렇다면 온체인 지표들이 강한 경고 신호를 보낼 때, 이를 실제 매도 전략에 어떻게 활용할 수 있을까?

첫째, 점진적 매도에 활용한다. 누차 말하지만 모든 자산을 한 번에 매도하지 않고 신호 강도에 따라 단계적으로 매도하는 것이 리스크를 분산하는 좋은 방법인데, 예를 들어 신호 강도에 따라 매도 기준을 세우는 것이다.

- **신호 강도 8**: 보유 자산의 25% 매도
- **신호 강도 10**: 추가 25% 매도
- **신호 강도 12**: 추가 25% 매도
- 최소 25%는 장기 보유

둘째, 시장 심리에 휘둘리지 않기 위해 미리 '매도 규칙'을 정해두는 것이 중요하다. 상황이 벌어졌을 때 우왕좌왕하지 않기 위해 미리 나름의 규칙을 세워두고 철저히 지키는 것이다. 위의 예시와 같이 온체인 지표들이 특정 수준에 도달하면 자동으로 일정 비율을 매도하는 규칙을 세우고, 이를 엄격히 따르는 것이 감정적 의사결정을 방지하는 데 도움이 된다.

셋째, 지표들이 경고 신호를 보내더라도, 시장은 예상보다 더 오래 비이성적인 상태를 유지할 수 있다는 점을 인정해야 한다. 따라서 일부 포지션은 여전히 유지하는 것이 사이클 정점을 완전히 놓칠 수 있는 리스크를 줄이는 데 도움이 된다.

마지막으로, 매도 후의 계획도 중요하다. 온체인 지표들이 과매도 신호(예를 들어 MVRV-Z Score 0 이하)를 보일 때 재진입할 준비를 해두면, 다음 사이클을 더 효과적으로 활용할 수 있다.

이처럼 온체인 데이터는 비트코인 투자에서 감정을 배제하고 객관적인 의사결정을 내리는 데 강력한 도구이다. Pi Cycle Top Indicator, MVRV-Z Score, Adjusted SOPR, Realized Cap HODL Waves와 같은 지표들은 과거 여러 사이클에서 정점을 성공적으로 식별해 왔다.

그러나 기억해야 할 것은 어떤 지표도 완벽하지 않으며 시장은 끊임없이 진화한다는 사실이다. 따라서 특정한 지표나 신호를 맹신하지 말고 여러 지표들을 종합적으로 분석하고, 시장의 전반적인 상황을 고려하는 것이 중요하다.

데이터에 기반한 투자 전략은 단기적인 시장 변동성에 휘둘리지 않고, 장기적으로 일관된 결과를 만들어내는 데 도움이 된다. 온체인 분석을 통해 비트코인 사이클의 정점을 파악하는 것은 단순히 최고가에 매도하기 위한 것이 아니라, 시장의 극단적 상황에서 감정적 의사결정을 방지하고 체계적인 투자 원칙을 지키기 위한 것임을 항상 기억해야 한다.

만약 데이터에 기반해 고점을 파악하고, 시장이 정점인 극단적인 상황 속에서도 감정적이지 않고 이성적으로 매도할 자신이 없는 투자자라면 필자가 직접 운영 중인 멤버십 프로그램 '멘탈클럽'을 살펴보면 큰 도움이 될 것이다. 이 프로그램을 통해 많은 고점 지표들을 분석해 데이터에 기반해 종합적으로 상황을 판단하고, 이를 바탕으로 이성적으로 최고가 부근에서 매도할 수 있는 플랜을 안내받을 수 있을 것이다.

■ 멘탈이 전부다 '멘탈클럽' 멤버십

3

세 번의 사이클로 검증된 신호 강도 매도법

완벽한 타이밍은 환상이다.

많은 이들이 정확히 사이클 꼭대기에서 전량 매도하여 최대 수익을 실현하는 것을 꿈꾼다. 이 시나리오가 실현된다면 수익률은 극대화되고, 다음 하락장에서 다시 저점에 매수할 수 있는 현금을 확보할 수 있다. 하지만 현실적으로 이처럼 이상적인 매매를 한다는 건 거의 불가능하다.

시장의 정점은 '지나간 후에야' 비로소 또렷하게 확인된다. 실시간으로 '지금이 꼭대기'라고 확신하는 것은 불가능에 가깝다. 이는 마치 태풍의 눈 속에서 지금이 폭풍의 중심인지, 끝인지 구분하려는 것과 다를 바 없다. 역사적으로 비트코인은 여러 차례 "이제는 끝났다"라는 예측을 뒤로하고 추가적으로 상승해 왔으며, 또한 "아직 멀었다"는 낙관론이 지배할 때 갑작스럽게 폭락하기도 했다.

2017년 사이클에서 비트코인이 1만 달러를 돌파한 후 많은 전문가들이 지금이 고점이라고 예측했지만, 불과 몇 주 만에 2만 달러까지 급등했다. 반대로 2021년에는 6만 4,000달러에 도달한 후 "이제 10만 달러를 향해 간다"는 전망이 지배적이었으나 예상과 달리 급격하게 하락세로 전환되었다.

아무리 과거의 패턴을 분석하고, 온체인 데이터를 살펴보고, 시장 심리와 매크로 환경을 고려하더라도 정점을 '정확하게' 예측하는 것은 여전히 쉽지 않다. 하지만 이 사실이 매도 전략이 중요하지 않다는 걸 의미하지는 않는다. 오히려 그 반대다. 정확한 고점을 맞추기 어렵기 때문에, 시장이 과열되었을 때 체계적으로 매도하는 전략이말로 투자를 성공으로 이끄는 핵심 요소다.

성공하는 투자자들은 완벽한 정점을 예측하지 않는다. 성공한 이들의 공통점은 최고점을 정확히 맞추는 것에 있지 않고, 합리적으로 고점 구간이라고 판단할 수 있는 구간에서 감정이 아닌 시스템에 따라 수익을 확보하는 것에 있다. 이것이 바로 여러 온체인 지표들을 활용한 시장 과열도에 기반한 매도법의 핵심 철학이다.

신호 강도 평가 시스템: 세 차례 비트코인 사이클에 대한 검증

그렇다면 앞 장에서 살펴본 온체인 데이터 기반의 '신호 강도' 평가 시스템이 과거 비트코인 사이클에서 어떤 성과를 보였는지 실제 데이터를 통해 검증해 보자. 2013년, 2017년, 2021년 세 번의 주요 사이클에서 이 시스템을 적용했을 때의 결과는 놀라울 정도로 정확했으며, 체계적인 매도 전략의 효과를 명확히 보여준다.

2013년 사이클: 첫 번째 검증(고점 $1,200)

2013년 사이클에서 신호 강도 평가 시스템은 다음과 같이 작동했다. 11월 중순 Pi Cycle Top Indicator가 교차 임박 신호를 보이면서 강도 2를 기록했고, 동시에 MVRV-Z Score가 6.5 수준에 도달하여 추가로 강도 2를 획득했다. 이 시점에서 총 신호 강도는 4로 아직 매도 신호는 아니었지만 '주의' 단계에 진입했다.

11월 말 비트코인 가격이 1,000달러를 돌파하면서 상황이 급변했다. Pi Cycle Top Indicator가 완전 교차하여 강도 3으로 상승하고, MVRV-Z Score는 7.2를 기록하여 강도 3을 달성했다. aSOPR 지표는 1.14 수준으로 강도 2를 보였고, HODL Waves에서도 단기 보유 비중이 급증하여 강도 3을 기록했다. 총 신호 강도는 11에 도달했다.

이 시스템에 따라 매도를 실행했다면 11월 28일경 1,100달러 수준에서 25%를 매도하고, 12월 4일경 1,150달러 수준에서 추가로 25%를

■ 2013년 사이클 82% 하락을 방어한 신호 강도 평가 매도

출처: TradingView

매도했을 것이다. 실제 고점은 12월 4일 1,200달러였으므로, 평균 매도 가격은 약 1,125달러로 고점 대비 6% 하락한 수준에서 50%를 매도한 셈이다. 이후 가격은 200달러까지 폭락했으므로 82%의 하락을 피한 탁월한 성과였다.

2017년 사이클: 더욱 정교한 신호 포착(고점 $19,783)

2017년 사이클에서는 신호 강도 시스템이 더욱 정교하게 작동했다. 11월 초 비트코인이 7,000달러를 돌파할 때까지는 대부분의 지표가 정

■ **2017년 사이클 84% 하락을 방어한 신호 강도 평가 매도**

출처: TradingView

상 범위에 있었다. 하지만 11월 중순부터 상황이 변화하기 시작했다. 11월 25일경 Pi Cycle Top Indicator가 교차 임박 신호를 보이면서 강도 2를 기록했고, MVRV-Z Score가 6.8 수준으로 상승하여 강도 2를 달성했다. 이 시점에서 총 신호 강도는 4였다. 12월 초 비트코인이 1만 2,000달러를 돌파하면서 모든 지표가 본격적으로 경고 신호를 보내기 시작했다.

12월 7일경 Pi Cycle Top Indicator가 완전 교차하며 강도 3, MVRV-Z Score가 7.5로 강도 3, aSOPR이 1.16으로 강도 3, HODL

Waves에서 단기 보유 급증으로 강도 3을 기록하여 총 신호 강도 12를 달성했다. 이 시점의 가격은 약 1만 6,000달러였다.

체계적 매도 전략에 따라 12월 7일 1만 6,000달러에서 25%, 12월 12일 1만 7,500달러에서 추가 25%, 12월 16일 1만 9,000달러에서 추가 25%를 매도했을 것이다. 평균 매도 가격은 약 1만 7,500달러로 실제 고점이었던 1만 9,783 달러 대비 11% 하락한 수준이었다. 이후 가격은 3,200달러까지 폭락했으므로, 신호 강도 시스템을 활용한 단계적 매도를 시행했을 경우 84%의 하락을 피할 수 있었다.

2021년 사이클: 가장 복잡한 패턴에서도 성공(고점 $68,789)

2021년 사이클은 4월과 11월 두 번의 고점을 가진 복잡한 패턴이었다. 그리고 신호 강도 시스템은 첫 번째 고점에서 완전 매도를 가리켰다. 4월 첫 번째 고점이었던 6만 4,800달러 부근에서 신호 강도가 12에 도달하여 장기투자 물량 25%를 제외하고 전량 매도 신호를 보낸 것이다. 실제로 이는 올바른 판단이었다.

Pi Cycle Top Indicator가 완전 교차로 강도 3, MVRV-Z Score 7.8로 강도 3, aSOPR 1.17로 강도 3, HODL Waves 급변으로 강도 3을 기록하여 총 신호 강도 12를 달성했다.

그렇다면 체계적 매도 전략에 따라 2월 21일 5만 7,492달러에서 25%, 3월 13일 6만 1,173달러에서 추가로 25%, 4월 13일 6만 3,589달러에서 25%를 추가적으로 매도했을 것이다. 평균 매도 가격은 약 6만 751달러로 11월 최종 고점 대비 12% 정도 아래에서 매도한 탁월한 성

■ 2021년 사이클 60% 하락을 방어한 신호 강도 평가 매도

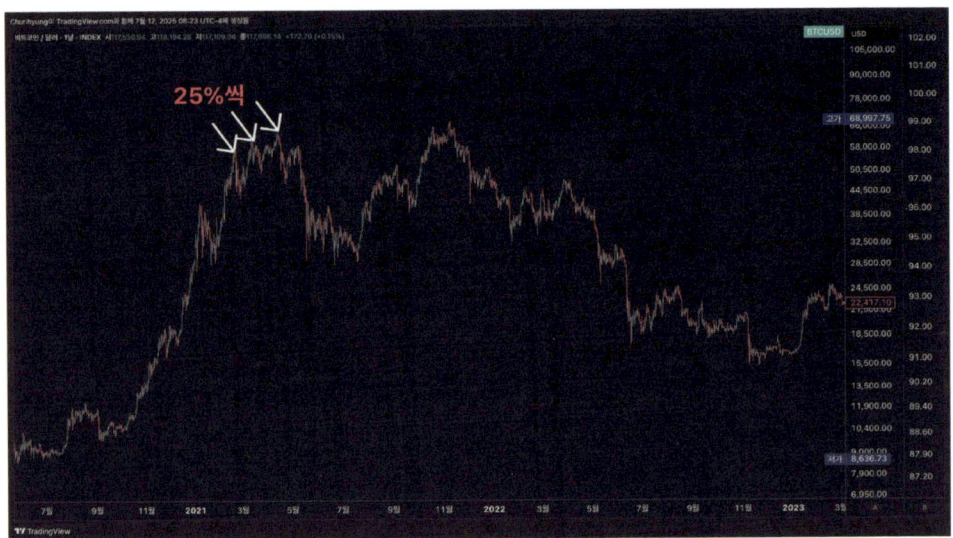

출처: TradingView

과를 기록했다. 무엇보다 4월 고점 대비 -60%까지 하락하는 경험을 하지 않아도 됐다는 점이 가장 훌륭한 업적이 되었을 것이다.

압도적 실적을 보여주는 신호 강도 평가 사이클 투자

신호 강도 시스템을 일관되게 적용했을 때의 누적 성과는 압도적이다. 만약 앞서 살펴본대로 신호 강도에 따라 각 사이클의 고점 근처에서 50~75%를 매도하고 보유한 현금으로 다음 사이클 저점에서 다시 매수한다고 가정해 보자. 완전한 저점을 잡는 것은 불가능하므로 저점

보다 대략 1.5배 높은 가격에서 매수했다고 했을 때 지금까지 이 사이클 투자의 성과는 다음과 같다.

2013년 사이클
- 평균 매도가 1,125달러에서 50% 매도(신호 강도 8)
- 재매수가 300달러(저점 200달러의 1.5배)에서 재매수
- 다음 평균 매도가 1만 7,500달러까지 29.2배 수익(50% 포지션 + 50% 현금으로 재매수)

2017년 사이클
- 평균 매도가 1만 7,500달러에서 75% 매도(신호 강도 12)
- 재매수가 4,800달러(저점 3,200달러의 1.5배)에서 재매수
- 다음 평균 매도가 6만 741달러까지 12.7배 수익

2021년 사이클
- 평균 매도가 6만 741달러에서 75% 매도(신호 강도 12)
- 재매수가 2만 3,250달러(저점 1만 5,500달러의 1.5배)에서 재매수
- 2025년 현재 수준인 11만 달러까지 4.7배 수익

만약 2013년 초 100달러에 투자하여 이 전략을 일관되게 적용했다면, 2024년 말 기준으로 무려 1,743배의 수익(29.2배×12.7배×4.7배)을 얻었을 것이다. 단순히 100달러를 보유했을 때인 약 1,000배를 크게 상회하는 성과이며, 2013년 사이클에서의 보수적 매도(50%)가 오히려 이 시스템의 안정성을 보여주는 사례라고 할 수 있다.

단순한 수익률 비교를 넘어서 이 시스템의 진정한 가치는 심리적으로 안정감을 주는 것에 있다. 단순 보유 전략은 2013년 1,200달러에서 200달러로, 2017년 1만 9,783달러에서 3,200달러로, 2021년 6만 8,789달러에서 1만 5,500달러로 비트코인 가격이 떨어지는 과정을 모두 견뎌야 했다. 이 엄청난 하락률은 대부분의 투자자가 감정적으로 견디기 어려운 수준이다.

반면 신호 강도 평가 시스템을 활용한 투자자는 각 사이클의 고점 근처에서 대부분의 포지션을 정리하고, 하락장에서는 현금을 보유하며 다음 기회를 기다릴 수 있었다. 이는 단순한 수익률로는 측정할 수 없는 심리적 우위는 물론 삶의 질에도 긍정적인 영향을 제공한다.

물론 이 시스템도 완벽하지는 않다. 2021년 4월 첫 번째 고점에서는 결과적으로 과다 매도했고, 때로는 아직 정점에 이르지 않았음에도 지나치게 조기에 신호가 나타나기도 했다. 하지만 이러한 소소한 오차는 전체적인 성과에는 큰 영향을 주지 않았으며 오히려 큰 손실을 방지하는 안전장치 역할을 했다.

중요한 것은 이 시스템이 감정을 배제한 객관적 판단과 실행을 가능하게 한다는 점이다. 시장이 과열되어 모든 사람이 낙관적일 때 매도하고, 절망적일 때 매수하는 것은 인간의 본능에 반하는 행동이다. 하지만 정해진 기준에 따라 기계적으로 행동함으로써 이러한 심리적 함정을 피할 수 있었다.

결론적으로 온체인 데이터 기반의 신호 강도 평가 시스템은 과거 15년간 비트코인 투자에서 일관되게 뛰어난 성과를 보여주었다. 단순히 운이 좋았던 것으로 평가할 수 없는, 시장의 근본적인 메커니즘과 인간 심리를 정확히 포착한 체계적인 접근법이라고 할 수 있다.

4

반드시 지켜야 할 비트코인 매도 원칙

온체인 데이터를 기반으로 시장 과열도를 평가해 매도하는 전략을 효과적으로 실행하기 위해서는 몇 가지 핵심 원칙을 이해하고 따라야 한다.

1. '내려갈 때 팔자'는 가장 위험한 생각이다

많은 초보 투자자가 범하는 치명적인 실수는 "조금만 더 오르면 팔자" 혹은 "떨어지기 시작하면 그때 팔자"라는 생각이다. 이 생각은 현실에서 거의 작동하지 않는 전략이다.

비트코인 사이클 고점 이후의 하락은 아주 급격하고 무자비하다. 2018년과 2021년 하락장에서 볼 수 있듯 몇 주 만에 30~50% 급락할 수 있으며 이때는 대부분의 투자자들이 공포에 휩싸여 제때 매도하지 못한다. 심리학적으로 인간은 손실을 볼 상황에 직면했을 때 합리적 판단 능력이 크게 저하되곤 한다. 또한 매도 시점을 내려갈 때로 설정하면 실제로 하락이 시작됐을 때 "이것은 진짜 하락인가, 아니면 일시적 조정인가?"라는 의문에 시달리게 된다. 결국 하락장이 확실하다고 확신할 때는 이미 가격이 크게 떨어진 후인 경우가 많다.

따라서 매도는 시장이 과열되고 있을 때, 아직 상승 모멘텀이 남아 있을 때 실행하는 것이 현명하다. 과열 지표가 경고를 보내는 순간, '이 정도면 충분하다'는 냉정한 결단이 필요하다.

2. 반드시 사전에 계획하고 기계적으로 실행하라

이 전략의 핵심은 사전에 명확하게 계획을 세우고 이를 기계적으로 실행하는 것이다. 고점 부근에서는 시장의 흥분과 낙관론이 절정에 달하며, 이때 감정에 휘둘리지 않고 계획을 실행하는 것은 쉽지 않다.

성공적으로 계획을 실행하려면 먼저 철저하게 계획을 수립해야 한다. 과열 단계를 구분할 지표별 기준점은 물론 매도 비중이 구체적으로 적힌 투자 계획서를 작성해야 한다. 이 계획서에는 각 신호 강도별로 정확히 몇 퍼센트를 매도할지, 어떤 지표가 어느 수준에 도달했을 때 행동할지가 명확히 기록되어야 한다. 단순히 머릿속으로 계획하는 것이 아니라 문서로 작성함으로써 감정적 변심을 방지할 수 있다.

계획을 수립하고 나선 지속적으로 지표를 모니터링해야 한다 글래스노드glassnode, 크립토퀀트Cryptoquant, 룩인투비트코인LookIntoBitcoin, 트레이딩뷰TradingView 등의 플랫폼을 활용하여 주요 지표를 최소 매주

1회 이상 정기적으로 확인해야 한다. 시장의 변화를 민감하게 감지하고 매도 타이밍을 놓치지 않기 위한 필수 과정이다. 특히 시장이 과열 양상을 보이기 시작하면 모니터링하는 주기를 더욱 단축해 일일 단위로 확인하는 것이 좋다.

이렇게 관찰한 지표를 바탕으로 실제 매도를 해야 할 시점이 다가오면 사전 준비도 해야 한다. 주요 거래소 계정의 사전 인증을 완료하고, 출금 한도를 미리 확인하여 필요시 즉시 대량 매도가 가능하도록 준비해야 한다. 시장 과열기에는 거래소의 트래픽이 급증하여 시스템 지연이나 오류가 발생할 수 있으므로, 여러 거래소에 분산하여 물량을 준비해 두는 것도 현명하다.

가장 어려운 단계는 실제 매도를 결정하는 순간 감정을 분리하는 것이다. 연일 최고가를 경신하고 미디어가 낙관론으로 가득할 때도 매도 버튼을 누를 수 있어야 하는데, 이는 인간의 본능에 완전히 반하는 행동이다. 이때는 감정이 아닌 데이터만 참조해야 하며, 결정하기 직전에 미리 작성한 체크리스트를 반드시 확인하는 습관을 들여야 한다. 체크리스트에는 각 지표의 현재 수치와 기준점, 그리고 매도해야 하는 이유가 객관적으로 기록되어 있어야 한다.

지표가 기준점에 도달하면 망설이지 않고 즉시 매도를 실행해야 하며, 가능하다면 일부는 자동 매도 주문으로 설정해 감정이 개입할 여지를 애초부터 차단하는 것도 좋다. 조건부 주문을 활용하면 특정 가격대나 지표 수준에서 자동으로 매도가 실행되어 인간의 감정적 판단이 개입할 여지를 줄일 수 있다.

마지막으로 매도를 실행한 이후에는 반드시 매매 기록을 남겨야 한다. 매도 후 결과와 그때의 심리 상태를 투자 일지에 상세히 기록함으로써, 향후 비슷한 상황에서 더 나은 판단을 내릴 수 있는 '경험적 지식'을 축적할 수 있다. 단순히 수익률을 기록하는 것을 넘어 자신의 감정 패턴과 의사결정 과정을 객관적으로 분석하는 데 매우 유용하다.

3. '체계적인 매도'가 투자의 핵심이다

비트코인 투자에서 매도 결정은 매수만큼이나, 어쩌면 그보다 더 중요하다. 특히 사이클의 정점에서 체계적으로 매도하는 능력은 장기적 투자에서 성공하기 위해선 반드시 갖춰야 할 능력이다.

때문에 성공적인 투자자와 그렇지 못한 투자자의 차이는 매도 능력에서 크게 드러나곤 한다. 성공하는 투자자는 시장이 과열되었을 때 겸손하게 이익을 실현하고, 인내심을 갖고 다음 기회를 기다린다. 그들은 한 번의 사이클에 모든 것을 걸지 않고, 여러 사이클에 걸쳐 장기적으로 자산을 꾸준히 증식시키려는 포지션을 유지한다. 정확한 고점을 예측하려 하기보다 감정이 아닌 전략에 따라 차분히 포지션을 줄여나가는 자세를 갖추도록 하자.

다시 말하지만 완벽한 타이밍에 모든 보유 물량을 매도하는 것은 현실적으로 불가능하다. 투자는 궁극적으로 확률 게임이다. 모든 결정이 완벽할 수는 없지만 확률을 최대한 자신의 편으로 만드는 것이 중요하다. 감정이 아닌 시장 과열을 보여주는 데이터에 기반한 매도 전략은 과거 여러 사이클에서 효과가 입증되었으며, 정확한 고점을 맞추지 못하더라도 합리적인 가격대에서 대부분의 자산을 현금화할 수 있게 해준다는 사실을 명심하자.

결국 투자에서 가장 중요한 것은 타이밍이 아니라 태도다. 완벽한 타이밍은 환상이지만, 체계적인 매도는 현실적이고 실현 가능한 목표다. 욕심과 두려움을 통제하고, 데이터와 시스템을 따르는 것이 성공의 열쇠다. 시장은 감정에 휘둘리는 투자자들의 돈이, 원칙과 시스템을 따르는 투자자에게 옮겨가도록 하는 메커니즘이라는 사실을 잊지 말자.

4. 목표가 설정은 수치가 아닌 논리로 접근하라

"이번 사이클에서 비트코인은 얼마까지 갈까?"

모든 비트코인 투자자가 한 번쯤 고민하는 질문이다. 목표가 예측은 매도 전략을 수립하기 위해서 수행해야 할 작업이기 때문이다. 유튜브, 트위터, 텔레그램, 온라인 커뮤니티 등 모든 곳에서 끊임없이 가격에 대한 예측이 쏟아진다. 어떤 이는 10만 달러를 주장하고, 또 다른 이는 50만 달러를 확신하며, 심지어 100만 달러 이상의 극단적인 예측도 심심찮게 들려온다. 혼란스러운 전망 속에서 투자자들은 어떤 숫자를 믿어야 할지 갈피를 잡지 못하고 흔들리곤 한다.

그러나 이렇게 특정 숫자에 집착하는 접근법은 근본적으로 잘못되었을 뿐만 아니라 위험하기까지 하다. 비트코인과 같은 변동성이 큰 자산의 미래 가격을 정확히 예측하는 것은 사실상 불가능하다. 과거의 모든 사이클을 돌이켜보면, 대부분의 '전문가' 예측은 실제 결과와 크게 달랐다. 2017년 사이클에서는 대다수가 5,000달러를 넘지 못할 것이라 예측했지만 실제로는 2만 달러까지 상승했고, 반대로 2021년에는 대부분의 전문가가 10만 달러 이상을 자신 있게 예상했지만 실제 고점은 6만 9,000달러 수준에 그쳤다.

정확한 숫자를 예측하려는 시도는 대개 실패하는데, 그보다 예측에 지나치게 의존하면 감정적인 의사결정에 빠지기 쉽다는 게 더 큰 문제다. 과거 사이클에서, 10만 달러까지 간다는 예측을 믿고 6만 4,000달러에서 데이터상 고점 신호가 나타났음에도 매도하지 않았다가 결국 1만 6,000달러까지 떨어진 가격을 지켜봐야 했던 투자자들의 사례가 무수하다.

올바른 비트코인 목표가 예측은 '특정한 숫자'를 뽑아내는 것이 아니라 체계적인 분석과 논리적 접근을 통해 '고점이 위치할 가능성이 있는 구간'을 추론하는 것에 더 가깝다. 중요한 것은 비트코인이 정확히 얼마를 찍을 것인가가 아니라, 특정 가격대(구간)가 가능하다고 판단할 수 있는 논리적 근거가 무엇인지 그리고 그 가격대에 도달했을 때 나는 어떻게 행동할 것인지이다.

성공적인 투자자들은 결코 단일 숫자에 집착하지 않는다. 그들은 합리적인 목표가 구간을 설정하고, 시장이 그 구간에 접근했을 때 체계적으로 대응한다. 예를 들어 "20만 달러에 정확히 매도할 것"이라고 계획하는 대신 "18만~22만 달러 구간에 진입하면 보유량의 30%를 매도할 것"과 같이 구간과 행동 계획을 함께 설정한다. 고점을 정확히 맞추려는 불가능한 도전 대신, 합리적인 수익을 안정적으로 실현하려는 것이다.

또한 목표가 설정에서 중요한 것은 '왜' 그 가격이 가능한지에 대한 논리적 근거다. 단순히 "지난 사이클보다 5배 올라야 하니까 35만 달러"라고 말하는 것은 옳지 않은 분석이다. 비트코인이 해당 가격에 도달하기 위해 필요한 시가총액은 얼마인지, 그 정도의 자금이 유입될 만한 촉매제는 무엇인지, 금이나 다른 자산 클래스와 비교했을 때 비트코인의 규모가 어느 정도인지 등을 분석해야 한다.

이에 다음 장에서 시가총액 접근법, 전문가 예측, 그리고 데이터 기반 온체인 모델이라는 세 가지 가격 추측 모델을 통해 다음 비트코인 사이클의 합리적인 목표 가격대를 설정하는 방법을 탐구하겠다. 이러한 방법론을 살펴봄으로써 단순한 '숫자 맞추기' 게임이 아닌, 데이터와 논리에 기반해 구간을 설정하고, 각 구간에 도달했을 때 취해야 할 구체적인 행동 계획을 스스로 수립하는 방법을 알 수 있을 것이다. 세 가지 모델을 통해 달성하려는 목표는 초중급 비트코인 투자자들이 감정이 아닌 논리에 기반하여 다음 사이클을 준비하고 시장의 과열 또는 과매도 상황에서도 흔들리지 않는 체계적인 투자 전략을 수립하는 데 도움을 주는 것이다.

5

비트코인 가격 추측 모델 ①: 시가총액 접근법

비트코인의 가격은 결국 수요와 공급의 법칙에 따라 결정된다. 그러나 이 단순한 경제 원리를 비트코인에 적용할 때 신경 써야 할 비트코인의 중요한 특징이 있다. 바로 비트코인의 공급은 매우 제한적이고 예측 가능하다는 점이다. 비트코인의 최대 발행량은 2,100만 개로 고정되어 있으며, 현재까지 약 1,970만 개가 채굴되었다.

공급이 제한되고 정해진 상황에서 가격을 움직이는 주요 변수는 결국 수요, 즉 비트코인에 얼마나 많은 자금이 유입되느냐에 달려 있다. 이것이 바로 시가총액 관점에서 비트코인의 가격을 살펴봐야 하는 이유다.

비트코인 시가총액은 간단히 '현재 가격×유통량'으로 계산한다. 이를 뒤집으면 비트코인의 가격은 '시가총액÷유통량'이 된다. 현재 비트코인의 유통량은 약 1,970만 개에 달하며, 앞으로 새로 발행되는 비트코인의 양은 매우 제한적이다. 따라서 "비트코인의 시가총액이 얼마나 커질 수 있는가"에 대한 분석이 유의미한 가격 예측이 될 수 있다.

예를 들어 비트코인의 시가총액이 현재 약 2조 1,400억 달러이고 현재 가격이 약 10만 8,000달러라고 해보자.

- 시가총액이 2배 증가하여 4.28조 달러가 되면 가격은 약 21만 6,000달러가 된다.
- 시가총액이 5배 증가하여 10.7조 달러가 되면 가격은 약 54만 달러가 된다.
- 시가총액이 10배 증가하여 21.4조 달러가 되면 가격은 약 108만 달러가 된다.

이러한 시가총액 증가가 의미하는 바는 다음과 같다.

- **2배 증가(4.28조 달러)**: 현재 미국 국채 시장의 약 15% 수준
- **5배 증가(10.7조 달러)**: 현재 금 시장 시가총액의 약 50% 수준
- **10배 증가(21.4조 달러)**: 현재 금 시장 시가총액과 거의 동일한 수준

그렇다면 이제 다음 질문은 "비트코인 시가총액이 얼마까지 성장할 수 있는가"이다. 이 질문에 답하기 위해서는 비트코인의 시가총액을 다른 주요 자산 클래스와 비교하는 것이 유용하다.

이 표를 통해 우리는 비트코인이 다른 자산 대비 상대적으로 작은 비중을 차지하고 있음을 알 수 있다. 특히 비트코인이 '디지털 골드'로

■ **비트코인과 다른 자산군과의 비교**

자산군	현재 시가총액 (2025년 5월 기준)	비트코인과의 관계	자산 대비 비트코인 시가총액
글로벌 부동산 시장	약 380조 달러	장기적 가치 저장 수단 대체 가능성	현재 약 0.56%
글로벌 주식 시장	약 124조 달러	일부 대체 자산으로 편입 가능	현재 약 1.73%
글로벌 화폐 공급 (M2)	약 105조 달러	대체 화폐로서의 가능성	현재 약 2.04%
미국 국채	약 29조 달러	안전자산 대체 가능성	현재 약 7.38%
금	약 21조 달러	디지털 골드로 비교됨	현재 약 10.19%
비트코인	약 2.14조 달러	기준점	100%

불리며 금과 자주 비교되는 것을 생각했을 때, 현재 비트코인의 시가총액은 금 시장의 약 10% 수준에 불과하다.

그런데 왜 비트코인을 하필 금과 곧잘 비교하는 것일까? 비트코인과 금은 몇 가지 중요한 특성을 공유하기 때문이다.

1. **희소성**: 둘 다 제한된 공급을 가지고 있으며, 새로운 공급이 매우 제한적이다.
2. **내재 가치 부재**: 둘 다 산업적 용도보다는 주로 가치 저장 수단으로 인정받는다.
3. **가치 저장 수단**: 인플레이션으로부터 자산을 보호하는 헤지 수단으로 사용된다.
4. **중앙 집중화되지 않음**: 어느 한 정부나 기관이 완전히 통제할 수 없다.

많은 금융기관들은 이러한 유사성 때문에 비트코인이 장기적으로 금 시장의 일정 부분을 대체할 것으로 전망한다. 그래서 "비트코인이 금 시장의 몇 %에 도달할 수 있을까?"라는 질문으로 이어지며, 이것이 바로 시가총액 기반 목표가 설정의 출발점이 된다.

주요 투자은행과 자산운용사들의 분석에 따르면, 비트코인은 이번 사이클에서 금 시장의 20~50% 수준에 도달할 가능성이 있다. 이러한 분석을 바탕으로 다음과 같은 시나리오를 고려할 수 있다.

보수적 시나리오: 금 시가총액의 20% 수준 도달(약 4.2조 달러)

이 시나리오는 주요 기관 투자자들이 자산의 소규모를 비트코인에 할당하고, ETF와 같은 투자 수단을 통해 비트코인에 대한 접근성이 높아지는 상황에서 1BTC의 가격을 상정한다.

- 시가총액 4.2조 달러(현재 금 대비 비트코인 규모인 10%의 2배) ÷ 1,987만 개(2025~2026년 비트코인 예상 총공급) = 약 21만 1,000달러/BTC
- **상승률**: 약 1.95배(현재가 10만 8,000달러 기준)

이 시나리오의 근거는 주요 기관들이 포트폴리오의 1~2% 정도를 비트코인에 배분하면서 나타날 자연스러운 성장이다. 비트코인 ETF

승인 후 1~2년 내에 약 1조 달러 규모의 자금이 유입될 것이라는 예상과 함께, 인플레이션 헤지 수요의 일부가 비트코인으로 향하는 상황을 반영한다. 또한 규제 환경이 어느 정도 명확해지고 일부 국가에서만 비트코인에 대한 우호적인 정책이 시행될 것이라는 보수적인 전개를 가정한다. 시나리오대로 비트코인이 현재 시가총액에서 약 2배 성장한다면 비트코인 가격은 이전 사이클 고점 대비 약 3배 상승하게 된다. 비트코인의 성장 둔화 추세를 고려할 때 상당히 현실적인 예상 범위에 속한다.

중립적 시나리오: 금 시가총액의 30% 수준 도달(약 6.3조 달러)

이 시나리오는 기관 투자자들의 참여가 더욱 활발해지고, 일부 기업들이 재무구조에 비트코인을 편입하는 상황을 가정한다.

- **시가총액** 6.3조 달러(현재의 3배) ÷ 1,987만 개= 약 31만 7,000달러/BTC
- **상승률**: 약 2.94배(현재가 10만 8,000달러 기준)

이 시나리오는 대형 연기금과 국부펀드들이 자산의 2~5%를 비트코인에 배분하면서 나타날 성장을 반영한다. 인플레이션 헤지 수요가 증가하고 지정학적 불안정성이 커지면서 안전자산에 대한 재평가가 일어나는 상황이다. 포춘 500대 기업 중 10% 정도가 스트래티지와 같은 방식으로 비트코인을 재무에 편입하고, 전 세계적으로 우호적인 규제 환경이 더 명확하게 조성되는 것을 가정한다. 비트코인이 현재 시가총액의 약 3배 성장할 경우 이전 고점 대비 약 4.6배 상승하는 것이 된다. 다수의 금융 전문가들이 중기적으로 합리적이라고 보는 목표 범위에 속한다.

낙관적 시나리오:
금 시가총액의 50% 수준 도달(약 10.5조 달러)

이 시나리오는 비트코인이 주류 금융 시스템에 완전히 통합되고, 법정화폐 시스템의 불안정성이 증가하는 상황을 가정한다.

- 시가총액 10.5조 달러(현재의 5배) ÷ 1,987만 개 = 약 52만 8,000달러/BTC
- 상승률: 약 4.89배(현재가 10만 8,000달러 기준)

이 시나리오는 기술 채택이 가속화되면서 비트코인의 일상적 사용이 크게 증가하는 상황을 반영한다. 각국 중앙은행들이 외환 보유고의 일부를 비트코인에 배분하기 시작하고, 기업들의 재무 구조 내 비트코인 편입이 확대되어 포춘 500대 기업의 15% 이상이 참여하는 상황이다. 인플레이션 위기와 화폐 신뢰도 하락으로 인해 대안 자산에 대한 수요가 급증하며, 비트코인의 글로벌 결제 인프라로서의 역할이 확장되는 것을 가정한다. 이 시나리오에서 비트코인은 현재 시가총액의 약 5배로 성장하게 되고, 비트코인 가격은 이전 고점 대비 약 7.7배 상승이다. 이는 비트코인 낙관론자들이 주장하는 보수적인 전망으로 상당히 도전적인 목표라고 할 수 있다.

시가총액 접근법의 장점과 한계

시가총액 접근법은 비트코인 가격을 예측하매 있어 여러 장점이 있다. 가장 큰 강점은 단순한 숫자 예측이 아닌 왜 그 가격이 가능한가에 대한 명확하고 논리적인 근거를 제공한다는 점이다. 다른 자산 클래스와의 비교를 통해 비트코인의 상대적 가치를 객관적으로 평가할 수 있으며, 특정한 목표가가 얼마나 현실적인지 판단하는 데 중요한 기준점을 제시한다. 또한 시가총액 기반 접근법은 명확한 이정표를 제공하기 때문에 투자 전략, 특히 매도 전략과 연계하기 쉽다는 실용적인 장점도 있다. 예를 들어 비트코인 시가총액이 금 시가총액의 20% 도달하는 시점을 1차 목표로 설정하고 해당 수준에서 부분 매도를 실행하는 등의 구체적인 계획을 수립할 수 있다.

하지만 한계도 분명히 있다. 가장 큰 문제는 단기적으로 시장이 펀더멘털보다 심리와 감정에 의해 크게 좌우될 수 있다는 점을 충분히 반영하지 못한다는 것이다. 시장 참여자들의 탐욕과 공포, FOMO와 패닉

등은 때로는 논리적 시가총액 분석을 무력화시키곤 한다. 또한 비트코인의 채택 속도는 기술 발전, 사회적 수용도, 세대 교체 등 다양한 요인에 의해 결정되는데 이를 정확히 예측하기는 매우 어렵다. 나아가 규제 변화, 기술적 혁신, 경쟁 자산의 등장 등과 같은 외부 변수들을 모두 고려하기 어렵다는 한계가 있다. 마지막으로 비트코인을 금과 비교하는 것이 적절한지, 아니면 주식이나 채권 같은 다른 자산 클래스와 비교해야 하는지에 대한 논쟁의 여지도 남아 있다.

여러 한계점에도 불구하고 시가총액 접근법은 매도 전략 수립을 위한 비트코인의 목표 가격을 설정하는 데 활용할 수 있는 좋은 방법 중 하나라고 할 수 있다. 이 방법론의 진정한 가치는 '비트코인이 얼마까지 오를 수 있을까'라는 추상적이고 답하기 어려운 질문을 '비트코인이 금 시장의 몇 퍼센트까지 다다를 수 있을까'와 같은 더 구체적이고 분석 가능한 질문으로 전환시킨다는 것에 있다. 이를 통해 투자자들은 감정적 판단보다는 데이터와 논리에 기반한 의사결정을 내릴 수 있으며, 장기적인 투자 전략을 수립하는 데 필요한 객관적 기준을 확보할 수 있다.

6

비트코인 가격 추측 모델 ②: 전문가 견해와 시장 기대치

비트코인 시장은 전통 금융 시장과 달리 24시간 거래가 이루어지고, 전 세계 어디서든 접근이 가능하며, 중앙 통제 기관이 없는 탈중앙화된 시장이다. 이런 환경에서 가격은 순수하게 시장 참여자들의 집단적 행동과 기대에 의해 형성된다. 그리고 시장 참여자들의 '기대치'는 단순한 예측이 아니라 실제로 가격을 움직이는 강력한 힘으로도 작용한다.

비트코인 가격 형성에서 시장의 '기대치'가 가지는 중요성은 조지 소로스의 '반사성 이론Theory of Reflexivity'으로 설명할 수 있다. 이 이론에 따르면, 시장 참여자들의 기대와 인식은 단순히 현실을 반영하는 데 그치지 않고 현실 자체를 변화시킨다. 즉, 많은 투자자들이 비트코인이 특정 가격에 도달할 것이라고 기대하면 그들의 매매 행위가 실제로 그 기대치를 향해 가격을 움직이게 만드는 것이다.

비트코인 같은 신흥 자산 클래스에서는 이러한 반사적 메커니즘이 더욱 두드러진다. 확립된 가치 평가 모델이 부족한 상황에서 시장 참여자들은 영향력 있는 기관과 전문가들의 견해에 더 큰 가중치를 두고 행동한다. 실제로 블랙록의 CEO나 저명한 투자자의 발언이 시장 심리에 즉각적인 영향을 미치는 것을 종종 볼 수 있다.

또한 비트코인 시장에는 '자기실현적 예언Self-fulfilling prophecy' 현상이 강하게 나타난다. 예를 들어 기술적 분석에서 중요한 지지선이나 저항선은 많은 거래자들이 그 수준을 중요하게 여기기 때문에 실제로 중요해진다. 마찬가지로, 영향력 있는 기관이나 전문가들이 설정한 목표가는 충분한 시장 참여자들이 그것을 믿고 행동할 때 현실이 될 가능성이 높아진다.

더불어 비트코인의 가격은 '내러티브 경제학Narrative economics'의 영향도 크게 받는다. 노벨 경제학상 수상자인 로버트 쉴러가 주창한 이 개념에 따르면 경제적 사건이나 자산 가격의 움직임은 그것을 둘러싼 '이야기Narrative'에 크게 영향을 받는다. 비트코인의 경우 디지털 금, 인플레이션 헤지, 기관 투자자 유입 등 비트코인과 관련한 내러티브가 가격 형성에 중요한 역할을 한다. 이러한 내러티브는 주요 금융기관 및 전문가들의 예측과 목표가 설정을 통해 강화되거나 약화된다.

종합하자면 투자자로서 주요 기관과 전문가들의 목표가를 이해하고 분석하는 일은 단순히 자료를 참고하는 것 이상으로 의미 있다. 시장의 집단적 심리를 이해하고, 향후 자금 흐름의 방향을 예측하며, 궁극적으로 더 효과적인 투자 결정을 내리기 위해 필요한 일이다. 특히 비트코인과 같이 역사가 짧고 변동성이 큰 자산에서는 더욱 그렇다.

다양한 금융기관과 업계 전문가들이 제시한 2025년 비트코인 목표가를 살펴보면 시장의 전반적인 기대 수준을 파악할 수 있다. 각 기관과 전문가들은 서로 다른 분석 방법론과 관점을 가지고 있어, 이들의 예측을 종합적으로 검토하면 더 균형 잡힌 시각을 가질 수 있다.

목표가들을 살펴보면 몇 가지 흥미로운 패턴을 발견할 수 있다. 첫째, 기관·전문가 목표가는 대체로 10만~70만 달러 사이에 분포하며, 평균값은 약 27만 8,700달러 수준이다. 특히 주목할 점은 전통 금융권(스탠다드차티드, H.C. 웨인라이트) 출신의 분석가들과 암호화폐 전문가들(앤서니 폼플리아노, 차마스 팔리하피티야) 간의 견해 차이다. 전통 금융권은

■ **2025년 비트코인 목표가 비교**

기관/전문가	2025년 목표가	핵심 근거
스탠다드차티드	$200,000	매크로 헤지, 기관 자금 유입
H.C. 웨인라이트	$225,000	반감기, 규제 명확화
Sina(21st Capital)	$135,000~$285,000	분위 수량 분석
래리 핑크(블랙록)	$700,000	기관의 2~5% 자산 배분
톰 리(펀드스트랫)	$250,000	유동성 폭발
앤서니 폼플리아노 (Anthony Pompliano)	$250,000	수요 쇼크
차마스 팔리하피티야 (Chamath Palihapitiya)	$500,000	통화 시스템의 탈출구
반에크	$180,000(후 조정)	기관 로드맵
10x 리서치	$122,000	기술적 랠리
GFO-X 설문 조사	$150,000	투자자 심리 지표 기반
		평균 목표가: 약 $278,700

상대적으로 보수적으로 전망하고, 암호화폐 전문가들은 보다 낙관적으로 전망한다.

둘째, 목표가의 근거를 살펴보면 크게 세 가지 주요 테마가 반복된다. ① 기관 투자자들의 자금 유입, ② 2024년 반감기로 인한 공급 감소, ③ 글로벌 거시경제 환경(인플레이션, 유동성 확대)의 영향이다. 이는 현재 시장의 주요 내러티브를 반영하며, 이러한 내러티브가 실제로 전개되는 방식에 따라 가격 움직임이 달라질 수 있다는 걸 의미한다.

셋째, 가장 낙관적인 전망인 블랙록 래리 핑크(70만 달러)와 가장 보수적인 전망인 10x 리서치(12만 2,000달러) 간에는 약 6배 차이가 있다. 이러한 큰 차이는 미래의 비트코인 가격이 상당한 불확실성과 다양한 해석 가능성을 지녔다는 걸 보여준다.

위 기관 및 전문가들의 예측을 종합한 평균 목표가인 27만 8,700달러는 시장 참여자들의 기대치를 종합적으로 반영하는 중요한 지표다. 그러나 투자자로서 이러한 목표가를 무비판적으로 수용하기보다는 다양한 관점을 바탕으로 자신만의 균형 잡힌 시각을 발전시키는 것이 중요하다. 이번 사이클을 예로 들어보자.

보수적 접근: $170,000~$195,000

시장 기대치에 대한 보수적 접근법에서는 평균 목표가의 60~70% 수준으로 목표를 설정한다. 이 접근법은 시장의 과도한 낙관론에 대한 건전한 회의주의를 반영한다. 비트코인의 역사를 보면 전문가들의 예측은 때때로 지나치게 낙관적이곤 했다. 2021년 말, 많은 전문가들이 2022년 비트코인 가격이 10만 달러 이상이 될 것으로 예측했지만, 실제로는 대규모 하락이 이어진 걸 생각하자.

보수적 접근법을 선택하는 투자자는 예상치 못한 규제, 거시경제적 충격, 또는 거래소 해킹과 같은 기술적 취약점 등 하방 리스크에 더 많은 가중치를 둔다. 이들은 비트코인에 투자하되 너무 크게 기대했다 실망하게 되는 일을 피하려 한다.

실제 이번 사이클에서의 투자에 적용한다면 시장 기대치 관점에 대해 보수적인 투자자의 경우 17만~19만 달러에 도달했을 때 보유 자산의 상당 부분(30~50%)을 현금화하는 전략을 고려할 수 있다. 또한 전체 포트폴리오의 소규모 부분, 예컨대 1~5%만 비트코인으로 유지하고, 나머지는 더 안정적인 자산에 분산 투자하는 것을 고려할 수 있다.

보수적 접근은 비트코인의 상승 가능성을 완전히 놓지 않으면서도, 극단적인 하락 시나리오에서의 손실을 제한할 수 있는 균형 잡힌 방법이다. "처음 투자한 원금은 잃어도 괜찮을 만큼의 금액만 투자하라"는 암호화폐 투자의 기본 원칙을 충실히 따르는 접근법이기도 하다.

균형적 접근: $225,000~$310,000

균형적 접근에선 시장이 기대하는 평균 목표가의 80~110% 범위에서 목표가를 설정한다. 이는 시장 컨센서스를 크게 벗어나지 않으면서도, 약간의 상하방 여지를 두는 중도적 시각이다. 비트코인의 성장 잠재력을 인정하면서도, 극단적인 낙관론에 대해선 신중한 태도를 유지하는 투자자들에게 적합한 접근법이다.

이번 사이클에서 균형적 접근 투자자는 비트코인이 22만 5,000달러에 도달하면 일부 이익을 실현하기 시작하고, 가격이 계속 상승하여 31만 달러에 근접하면 더 많은 비중을 매도하는 단계적 전략을 구사할 수 있다. 이 경우 '모든 달걀을 한 바구니에 담지 않는' 분산 투자의 원칙을 따르면서도, 비트코인의 잠재력을 상당 부분 확보할 수 있다는 장점이 있다. 비트코인을 포트폴리오에서 어느 정도 비중 있게, 예컨대 5~15% 정도를 차지하도록 배분하고 주식, 채권, 부동산 등과 같은 전통 자산들과도 적절한 균형을 유지할 수 있다. 또한 정기적(예컨대 분기별)인 리밸런싱을 통해 비트코인의 비중이 과도하게 높아지지 않도록 관리하는 것도 좋은 방법이다.

이 접근법은 장기 보유와 적극적 거래의 중간 지점으로 두 전략의 장점을 결합한 방식으로 비트코인의 역사적 변동성을 인정하면서도, 장기적 성장 가능성에 참여하고자 하는 투자자에게 적합하다.

낙관적 접근: $335,000 이상

낙관적 접근법은 평균 목표가의 120% 이상으로 목표를 설정한다.

이 접근법은 비트코인의 패러다임 전환 가능성에 높은 가중치를 두며 블랙록의 래리 핑크나 차마스 팔리하피티야 같은 낙관론자들의 시나리오를 현실적이라고 평가한다.

낙관적 투자자는 비트코인이 투기 자산이나 대체 투자를 넘어 글로벌 금융 시스템의 필수가 될 것이라는 비전을 공유한다. 이들은 기관 투자자들의 대규모 진입, 엘살바도르 사례와 같은 국가 수준의 채택, 그리고 인플레이션과 통화 가치 하락에 대한 헤지로서 비트코인의 역할이 확대될 것이라 예상한다.

낙관적 투자자는 단기적인 가격 변동에 크게 신경 쓰지 않고 장기 보유하는 전략을 선호하는데 이들은 비트코인이 33만 5,000달러를 넘어서도 계속 보유하며, 오히려 가격 하락 시에 추가 매수 기회로 활용하곤 한다. 포트폴리오에서 비트코인이 차지하는 비중도 15~30% 이상으로 높다.

낙관적 접근법은 비트코인의 장기적 비전과 기술적 가능성을 깊이 이해하고 믿는 투자자에게 적합하다. 그러나 이 전략은 단기 변동과 잠재적 하락 가능성을 견딜 수 있는 높은 리스크 감수 능력과 긴 투자 시간을 필요로 한다. 중요한 것은 어떤 접근법을 선택하든지 자신의 재정 상황, 리스크 허용도, 투자 목표에 맞게 구체적인 전략을 조정해야 한다는 것이다. 또한 시장 상황이 변화함에 따라 자신의 전략을 주기적으로 재평가하고 필요시 조정하는 유연성도 필요하다.

데이터 기반의 균형 잡힌 접근과 유연한 전략 수정

비트코인 투자에서 목표가 설정은 과학(분석)과 예술(예측)의 결합이다. 투자자들은 전문가들이 시장 심리와 거시적 관점을 바탕으로 제공한 가격을 자신만의 관점으로 재해석해야 한다. 특정한 목표가에 집착하지 않고 다양한 시나리오를 고려하는 '확률적 사고방식'을 발전시켜야 투자에서 성공할 수 있다. 즉 "비트코인이 얼마까지 오를까?"보다 "어떤 조건에서 비트코인이 특정 가격에 도달할 확률은 얼마나 될까?"라고 질문해야 한다는 것이다.

시장 기대치를 바탕으로 목표가를 설정할 때 몇 가지 주의해야 할 것들이 있다. 먼저 '앵커링 편향 **Anchoring bias**'에 빠지지 않아야 한다. 앵커링은 첫 번째 접한 정보(앵커)에 과도하게 영향을 받는 인지적 편향이다. 예를 들어 영향력 있는 전문가가 매우 높은 목표가를 제시하면, 다른 모든 예측을 그 가격을 기준 삼아 평가하는 것이다. 비트코인 가격은 기본적으로 수요와 공급의 법칙을 따르지만 전통적인 자산들과 달리 제한되고 예상 가능한 공급으로 인해 수요가 가격을 결정하는 데 많은 영향을 미친다. 수요는 거시경제 환경, 규제 변화, 기술 발전, 기관 수용도, 그리고 무엇보다 시장 참여자들의 집단적 심리와 기대에 의해 형성되며 전문가들이 제시하는 목표가는 이러한 요소들을 살펴볼 수 있는 하나의 방법이다. 그러나 전문가나 기관이 제시하는 목표가 역시 완벽하지 않으며, 종종 편향되거나 지나치게 단순화된 가정에 기반한 가격을 제시하기도 한다는 걸 기억해야 한다.

따라서 투자자로서 전문가나 기관의 예측은 출발점으로만 삼아야 한다. 비트코인 투자의 성공은 단기적인 가격을 얼마나 정확하게 예측하는지가 아니라 비트코인의 장기적 가치에 대한 이해와 확신에서 나온다. 비트코인이 왜 중요한지, 어떤 문제를 해결하는지, 그리고 장기적으로 어떤 역할을 할 것인지에 대해 자신만의 확신이 있다면, 단기적인 가격 변동에 일희일비하지 않고 일관된 전략을 유지할 수 있다.

또한 목표가를 설정함에 있어서도 자신의 투자 철학과 시간 지평을 반영하는 게 필요하다. 단기 트레이더에게는 기술적 지표와 시장 심리가 중요하겠고, 장기 투자자에게는 비트코인의 근본적인 가치 제안과 거시경제적 요인이 더 중요할 수 있다. 자신이 어떤 유형의 투자자인지 명확히 인식하고, 그에 맞는 목표가 설정 방법을 선택하는 것이 중요하다.

그리고 비트코인 투자에 있어 심리적 요소의 중요성을 간과해서는 안 된다. 시장이 극도로 낙관적일 때는 신중함을, 극도로 비관적일 때는 용기를 갖춰야 한다. 워렌 버핏의 명언 "다른 사람들이 탐욕스러울 때 두려워하고, 다른 사람들이 두려워할 때 탐욕스러워라"라는 조언과 일맥상통한다.

마지막으로 비트코인 투자는 가격을 예측하는 예측 게임이 아니라, 비트코인이 새로운 금융 패러다임의 일부가 되는 과정에 참여하는 것이라는 사실을 기억해야 한다. 비트코인의 진정한 가치는 비트코인이 제공하는 금융 자유, 검열 저항성, 그리고 글로벌 접근성에 있다. 이러한 근본적인 가치 제안을 이해하고 믿는다면, 단기적인 가격 변동은 큰 그림에서 단지 잡음에 불과하다. 목표가 설정은 투자의 시작점일 뿐 최종 목적지가 아니다. 결국 비트코인 투자에서의 성공하려면 다양한 관점을 받아들이며 균형 잡힌 접근법을 발전시켜, 자신만의 판단력을 키워야 한다. 전문가의 목표가는 유용한 참고 자료이지만, 궁극적으로 투자 결정은 자신만의 분석과 판단에 기반해야 한다. 모든 투자의 결과는 자신이 책임져야 하기에 여기서 제시하는 목표가 설정 전략들도 참고 자료일 뿐, 개인의 재정 상황과 리스크 감수 능력, 목표에 따라 적절하게 조정해서 적용하길 권한다. 또한 암호화폐 투자는 높은 위험을 수반하므로 감당할 수 있는 자금으로만 투자하고 분산 투자를 통해 리스크를 관리하는 것이 바람직하다.

비트코인 투자는 그 자체로 '공부의 여정'이다. 지금까지 없었던 새로운 형태의 자산이고, 아직 완전하게 정착된 자산이 아니기 때문에 굉장기 장기적으로 접근해야 하는 자산이기 때문이다. 따라서 단기적으로 목표가에 도달하는 것보다 중요한 것은 투자하는 과정에서 배우고 성장하는 것이다. 비트코인의 기술적 기반, 경제적 영향, 그리고 사회적 함의에 대한 이해를 넓힐수록, 더 현명한 결정을 내릴 수 있을 것이다.

7

비트코인 가격 추측 모델 ③: 데이터 기반 구조적 예측

비트코인 가격을 예측하는 것은 어렵다. 시장 심리, 거시경제 요인, 규제 환경 등 다양한 변수가 복잡하게 상호작용하기 때문인데 과거 데이터의 패턴을 분석한 구조적 모델을 활용하면 미래 가격을 예측하는 데에 도움이 된다.

비트코인은 출시 후 약 14년 동안 여러 차례의 사이클을 지나왔다. 이 사이클들은 표면적으로는 각기 다른 모습을 보이지만, 면밀하게 살펴보면 유사한 패턴과 구조적 특성을 공유한다. 이러한 패턴은 우연이 아니라 비트코인의 내재적 특성, 즉 고정된 공급 일정, 네트워크 효과, 채택 곡선**Bitcoin Adoption Curve**(비트코인의 사용자 증가 과정을 보여주는 곡선) 등에서 비롯된다.

데이터 기반 모델은 전문가의 주관적 견해와 달리 객관적인 수치와 패턴에 기초한다. 이러한 모델들은 완벽하지는 않지만, 투자자에게 감정이 아닌 데이터에 기반한 의사결정 프레임워크를 제공한다. 특히 변동성이 큰 암호화폐 시장에서 이런 구조적 접근법은 단기적 노이즈를 넘어 장기적 추세를 파악하는 데 도움이 된다.

여기서는 비트코인 가격 예측을 위한 세 가지 주요 데이터 기반 모델인 레인보우 차트Rainbow Chart, 멱함수Power Law 모델, 반감기 이후 상승률 모델을 살펴보고, 이를 실제 투자에 어떻게 적용할 수 있는지 알아보겠다.

레인보우 차트: 장기 밸류에이션 밴드

레인보우 차트는 비트코인의 가격 추세를 로그 스케일로 표기해 다양한 색상의 밴드로 구분하여 시각화한 모델이다. 로그 스케일은 숫자의 절대값이 아닌 비율을 기준으로 값을 표기하는 방식이다. 예컨대 비트코인 가격이 100달러에서 200달러로 올랐을 때와 1만 달러에서 2만 달러로 올랐을 때 일반적인 그래프에서는 다르게 표기되지만 로그 스케일 그래프에서는 똑같이 100% 상승했기에 같은 간격으로 표시된다. 레인보우 차트에선 비트코인 가격을 나타내는 Y축을 로그 스케일로 표현해 급격하게 가격이 변동하는 비트코인의 장기적인 추세와 더불어, 현재 가격이 역사적 추세에 비해 얼마나 고평가 또는 저평가되었는지를 직관적으로 보여준다.

■ 장기 가격의 흐름을 보여주는 레인보우 차트

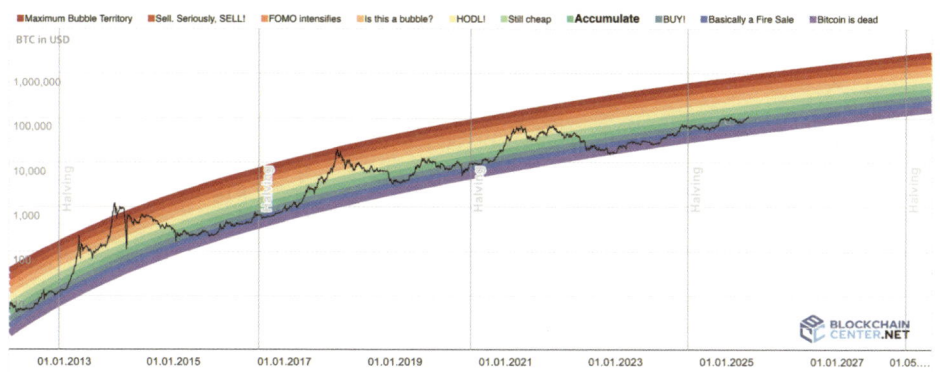

출처: lookintobitcoin.com

- **최하단 파란색**: 최대 할인 구매Maximum Bubble – 역사적으로 보기 드문 저평가 영역
- **중간 녹색/노란색**: 축적Accumulate/보유HODL – 장기 투자에 적합한 중립 영역
- **상단 주황색/빨간색**: FOMO/다 팔고 은퇴하라Sell. Seriously, SELL! – 과열 신호를 나타내는 영역

레인보우 차트의 색깔별 밴드는 특정 밸류에이션 영역을 나타내는데 위와 같다. 이 모델의 가장 주목할 만한 특징은 과거 모든 주요 사이클에서 정점이 최상단 빨간색 밴드("다 팔고 은퇴하라")에 도달했을 때 형성되었다는 점이다. 제시된 레인보우 차트를 보면 비트코인 가격이 검은색 선으로 표시되어 있는데, 사이클 고점이 빨간색 밴드에 위치한 것을 확인할 수 있다. 2013년, 2017년, 2021년의 사이클 정점 모두 이 패

턴을 따랐는데 사이클이 반복될수록 점진적으로 낮아지며 주황색 수준이 고점이 되고 있음을 알 수 있다.

현재 로그 추세선의 기울기와 역사적 패턴을 고려할 때 2025년 기준 레인보우 차트의 주황색 밴드는 25만~30만 달러 구간에 위치할 것으로 예상된다. 이는 이전 사이클 고점인 6만 9,000달러 대비 약 3.5~4.5배 수준이다.

이러한 예측은 비트코인 가격이 장기적으로 로그 스케일에서 선형적 성장을 계속한다는 가정에 기반한다. 물론 시장 조건, 규제 환경, 거시경제적 요인에 따라 실제 결과는 달라질 수 있다.

Power Law 모델: 비트코인의 구조적 성장 경로

비트코인 Power Law 모델은 비트코인 가격의 장기적 성장이 거듭제곱 법칙Power Law을 따른다는 관찰에 기반한다. 이 모델은 비트코인의 채택률, 해시레이트 Hashrate(비트코인 네트워크에서 초당 수행되는 해시 계산의 수로 채굴자들의 계산 수행 속도) 증가, 공급 감소(반감기) 등이 가격에 미치는 복합적 영향을 수학적으로 반영한다.

Power Law 모델은 로그-로그 스케일(X축과 Y축 모두 로그 스케일로 표현한 차트)에서 비트코인 가격이 거의 직선에 가깝게 상승한다는 패턴을 포착한다. 이 직선 주변에 상단과 하단 밴드를 설정하여 가격의 정상적인 변동 범위를 정의한다. Power Law 차트는 다음과 같은 수학적

■ 비트코인의 장기적 성장을 추론하는 Power Law 모델

출처: Bitbo.com

형태로 표현된다.

P=k×t^n

- P는 비트코인 가격
- t는 시간(보통 비트코인 출시 이후 일수)
- k와 n은 상수
- ^는 거듭제곱을 의미

로그-로그 스케일: log(P)=log(k)+n×log(t)

- **상하단 밴드**: 로그-로그 스케일에 통계적으로 설정된 오차 범위를 가감

■ 비트코인 Power Law 모델

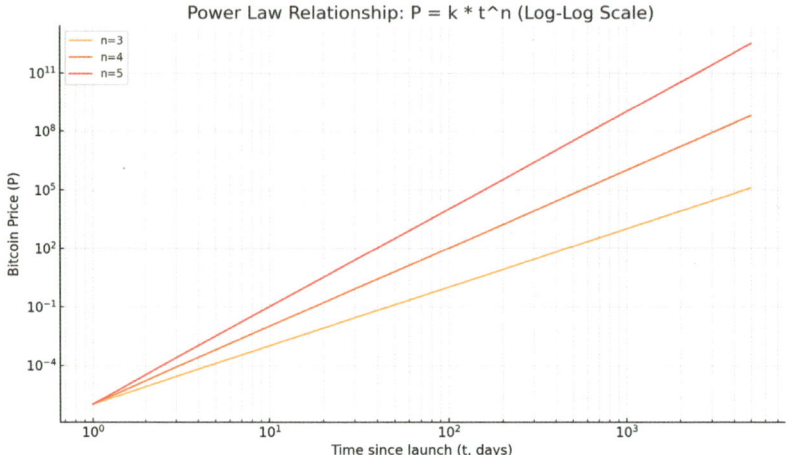

로그-로그 스케일 식은 기울기가 n인 직선으로 나타난다. n값은 시간에 따라 비트코인이 얼마나 빠르게 성장하는지를 보여주는 수치인데 다양한 연구에서 약 3~5 사이로 추정되며, 요약하면 비트코인 가격이 시간에 따라 세제곱에서 다섯 제곱 사이로 증가한다는 의미다.

현재까지의 데이터를 Power Law 모델에 적용하면, 2025년 사이클 고점에 대한 예측 범위는 다음과 같이 정리할 수 있다.

- **보수적 하단 밴드**: $200,000~$250,000
- **중립적 중앙 추세선**: $250,000~$300,000
- **낙관적 상단 밴드**: $300,000~$500,000

과거 사이클을 보면 2013년, 2017년, 2021년 모두 가격이 상단 밴드에 근접하거나 일시적으로 돌파했을 때 사이클 정점이 형성되었다. 이는 Power Law 상단 밴드가 잠재적인 저항선 역할을 할 수 있음을 시사한다. Power Law 차트는 "https://charts.bitbo.io/long-term-power-law/"에서 정기적으로 업데이트된 버전을 확인할 수 있다.

반감기 이후 상승률 모델

비트코인의 가장 독특한 특성은 약 4년마다 발생하는 '반감기'다. 새로 생성되는 비트코인의 양이 절반으로 줄어드는 반감기는 공급 측면에서 중요한 구조적 변화를 가져온다. 흥미롭게도 과거 비트코인 가격 사이클은 이 반감기 이벤트와 강한 상관관계를 보였다.

반감기 이후 상승률 모델은 각 반감기 이후 비트코인 가격이 어떻게 변화했는지를 분석하고, 이를 바탕으로 미래 사이클의 잠재적 상승 범위를 예측하는 모델이다. 우선 지금까지 있었던 세 번의 반감기 후 가격 변화를 살펴보면 뚜렷한 패턴을 찾아볼 수 있다.

■ **사이클별 비트코인 가격**

사이클	반감기 직전 가격	정점 가격	상승 배수	정점까지 소요 시간
2012	~$12	~$1,100	약 91배	약 12개월
2016	~$650	~$19,700	약 30배	약 17개월
2020	~$8,500	~$69,000	약 8배	약 19개월

이 데이터에서 몇 가지 중요한 패턴을 발견할 수 있다.

첫째, 감소하는 상승률이다. 새로운 사이클을 겪을 때마다 상승 배수가 '91배 → 30배 → 8배'로 크게 감소했다. 이는 비트코인 시장이 성숙해지고 규모가 커지면서 발생한 현상이다.

둘째, 연장되는 사이클이다. 반감기부터 정점까지의 시간이 점차 길어지고 있다. '12개월 → 17개월 → 19개월'로 길어졌다. 시장이 커질수록 가격을 움직이는 데 더 많은 자금과 시간이 필요하다는 걸 시사한다.

셋째, 점차 하락의 폭이 낮아지고 있다. 또한 표에서는 표시되지 않았지만 각 사이클의 정점 이후 하락 비율도 점차 감소하는 경향을 보인다. 첫 사이클에선 약 85% 하락하였고 두 번째 사이클은 약 84% 하락, 세 번째 사이클 약 77% 하락하였다.

그렇다면 반감기 이후 상승률 모델을 바탕으로 2024~2025 사이클을 예측해 보자. 2024년 4월 반감기 당시 비트코인 가격은 약 6만 3,000달러였다. 과거 패턴에서 나타나는 특징들과 시장의 성숙도를 고려하면, 다음과 같은 시나리오를 고려할 수 있다.

- **보수적 시나리오:** $250,000(4배 상승)
- **중립적 시나리오:** $315,000(5배 상승)
- **낙관적 시나리오:** $380,000(6배 상승)

각 시나리오는 이전 사이클보다 더 낮은 상승률을 가정하지만, 시장의 커진 규모를 고려할 때 여전히 상당한 상승 가능성을 나타낸다.

8

실전 투자자를 위한 분할 매도 전략

앞서 우리는 비트코인의 정점을 알리는 다양한 온체인 데이터들(Pi Cycle top indicator, MVRV-Z 등)을 살펴보고 이 데이터들이 보내는 신호에 따라 어떻게 매도 지점을 설정해야 하는지 알아봤다. 만약 이 방법이 너무 복잡하고 어렵게 느껴진다면 단순히 '비트코인 목표가'를 기준으로 매도 기준을 세우는 것도 방법이다.

앞 장에서 우리는 레인보우 차트, Power Law 차트, 반감기 상승률 등 데이터에 기반하여 비트코인 가격을 추측하는 세 가지 모델을 살펴보았다. 이 세 가지 모델과 전문가 기대치를 종합하면, 실제 투자에 적용할 수 있는 구체적인 분할 매도 구간을 비교적 쉽게 설정할 수 있다.

다음 표는 여러 모델의 시그널을 종합적으로 고려한 실용적인 분할 매도 구간이다.

■ 비트코인 분할 매도 구간 전략의 예

단계	가격 구간	매도 비중	실행 근거
1단계	$120,000~$150,000	20%	반감기 후 2배 상승 + 이전 고점의 2배
2단계	$180,000~$220,000	25%	시가총액 3조 달러 + 보수적 전문가 목표
3단계	$250,000~$300,000	30%	레인보우 상단 + 전문가 평균 목표가
4단계	$350,000~	15%	Power Law 상단 + 낙관적 시나리오
보유	장기 보유	10%	아직 더 오를 가능성 + 심리적 안정

이 전략의 핵심은 단일 타이밍에 의존하지 않고, 여러 단계에 걸쳐 체계적으로 이익을 실현하는 것이다. 각 단계는 특정 모델이나 지표의 시그널과 연계되어 있어, 감정이 아닌 데이터에 기반한 의사결정을 가능하게 한다.

특히 자산의 일정 비중을 장기 보유용으로 남겨두는 것은 심리적으로 중요하다. 이는 만약 가격이 예상을 뛰어넘어 계속 상승할 경우 발생할 수 있는 '놓친 기회에 대한 후회'를 최소화하고, 장기적인 성장 가능성에 여전히 참여할 수 있게 한다.

각 매도 구간에 대한 더 구체적인 실행 전략은 다음과 같다. 단, 여기서 말하는 매도 구간의 가격대와 및 매도 비중은 하나의 예시로 실전에서 적용할 구간과 비중은 반드시 각자의 상황에 맞게 설정해야 한다.

1단계: $120,000~$150,000, 20% 매도

이 구간은 이전 사이클 고점($69,000)의 약 2배로, 역사적으로 의미 있는 심리적 저항선이다. 20%라는 상대적으로 작은 비중으로 시작하여, 추가 상승 가능성을 보존한다. 실행 시점은 레인보우 차트상 '노란색-주황색 경계'에 진입할 때, 그리고 반감기 후 최소 8개월 경과했을 때다.

2단계: $180,000~$220,000, 25% 매도

이 구간은 비트코인 시가총액이 약 3조 달러에 도달하는 구간으로, 상당한 심리적 저항이 예상된다. 스탠다드차티드, 반에크 등 보수적 전문가(기관)의 목표가와 일치한다. 실행 시점은 레인보우 차트의 주황색 영역 진입 및 MVRV 비율이 3.0 이상일 때다.

3단계: $250,000~$300,000, 30% 매도

이 구간은 레인보우 차트의 최상단 영역과 일치하며, 모든 과거 사이클에서 정점이 형성된 구간이다. 전문가 평균 목표가인 27만 8,700달러와 일치하며, 이 가격은 반감기 후 4~5배 상승을 의미한다. 가장 큰 비중(30%)을 할당하여 역사적으로 가장 신뢰할 수 있는 저항 구간에서 상당한 이익을 실현하게 된다. 실행 시점은 레인보우 차트의 빨간색 영역 진입, 반감기 후 16~18개월 경과 시점이다.

4단계: $350,000~, 15% 매도

이 구간은 Power Law 모델의 상단 밴드 및 가장 낙관적인 전문가 예측과 일치한다. 극단적 낙관 시나리오를 예상하기에 비교적 작은 비중(15%)을 매도에 할당하여 일부 이익을 실현한다. 실행 시점은 여러 온체인 지표 NUPL, MVRV-Z가 극단적 과열 신호를 보일 때다.

남은 10%는 '영원히 보유할' 부분으로 설정하여, 장기적인 상승 가능성에 계속해서 투자한다(10%는 예시일 뿐이며 각자 장기투자 비중을 생각해 보자). 매도를 고려할 때 떠오르는 "비트코인이 100만 달러가 되면 어쩌지?"라는 불안과, 실제로 비트코인 가격이 예상을 상회해 폭등했을 때의 아쉬움을 줄이고, 심리적 안정을 제공한다. 필요시 다음 사이클의 극단적 저점에서 추가 매수의 자금으로 활용할 수도 있다.

분할 매도할 때 지켜야 할 원칙

분할 매도 전략을 실행할 때 명심해야 할 몇 가지 중요한 원칙은 다음과 같다.

첫째, 시간 분산이다. 각 구간 내에서도 매도를 여러 시점에 나누어 실행해야 한다. 예를 들어 12만~15만 달러 구간의 매도는 12만 달러, 14만 달러, 16만 달러대에서 세 번으로 나누어 실행할 수 있다.

둘째, 조건부 매도다. 단순히 설정한 가격대에 도달했다고 파는 것보다 추가적인 조건을 설정하는 것이 좋다. 예를 들어 18만 달러에 도달한 것에 더해 MVRV가 3.0 이상이며 거래량이 급증했을 때 남은 물량의 30%를 매도하는 것이다. 이어서 22만 달러에 도달하고 레인보우 차트상 빨간색 밴드에 위치하며 미디어에서 비트코인에 대한 보도가 연신 쏟아질 때 남은 물량의 50%를 매도할 수 있다.

셋째, 장기 보유분 설정이다. 어떤 경우에도 매도하지 않을 '핵심 보유분'을 미리 설정해 두는 것이 심리적으로 도움이 된다. 예컨대 10~20%는 절대로 팔지 않는 식이다. 이는 "모두 팔았는데 가격이 계속 오르면 어쩌지?"라는 FOMO 심리를 완화한다.

비트코인 매도 전략을 '단순 가격'이 아닌 '구간' 기반으로 접근하는 것은 단순한 테크닉이 아니라 투자 철학의 근본적인 변화를 의미한다. 완벽한 타이밍이라는 환상에서 벗어나, 확률적 사고와 리스크 관리에 중점을 두는 성숙한 접근법이다. 구간 기반 분할 매도의 핵심은 정확성이 아닌 일관성이다. 모든 구간에서 계획대로 실행한다면, 결과적으로 평균 매도가는 시장 고점과 크게 차이나지 않을 것이다. 반면, 완벽한 타이밍을 노리다가 계획 없이 행동하면 결국 감정에 휘둘려 최악의 결정을 내릴 가능성이 높다.

그리고 구간 매도 전략도 다른 모든 전략과 같이 필요하다면 시장 상황에 따라 유연하게 조정해야 한다. 새로운 정보, 시장 구조의 변화, 규제 환경의 변화 등에 따라 구간을 재평가하고 필요시 조정하는 열린 자세가 중요하다. 결국 성공적인 전략이란 시장의 불확실성을 인정하고, 그 안에서 체계적으로 행동할 수 있는 '프레임워크'를 갖추는 것에 다름아니다.

비트코인 투자에서 진정한 성공은 최고 가격에 얼마나 가깝게 매도했는지가 아니라, 얼마나 감정적 불안정을 줄이고 체계적인 계획을 실행했는지에 달려있다. 구간 기반 접근법은 이러한 성공적인 투자 여정을 위한 실용적인 나침반이 되어줄 것이다.

숫자에 집착하지 말고 흐름에 집중하라

5부에서 우리는 다양한 접근법에서 추론하는 다음 사이클의 합리적인 비트코인 목표 가격 구간을 살펴보았다. 다양한 방법론들은 공통적으로 20만~30만 달러 구간이 2025년 사이클의 핵심 목표 구간이 될 가능성이 높다고 말하고 있다. 물론 이보다 낮거나 높은 수준에서 정점이 형성될 수도 있지만, 이 구간을 중심으로 투자 전략을 준비하는 것은 충분히 합리적인 전략이다.

비트코인 투자에서 정확한 고점을 맞추는 것은 행운의 영역이지만, 합리적인 구간 내에서 체계적으로 매도하는 것은 기술의 영역이다. 다음 사이클에서 성공적인 결과를 얻기 위해 가장 중요한 것은 지금부터 명확한 계획을 세우고, 그 계획을 감정이 아닌 데이터와 논리에 기반하여 실행할 수 있는 규율을 갖추는 것이다. 목표 가격에 도달했을 때 감정이 아닌 미리 계획한 전략에 따라 행동할 수 있도록 준비하자.

비트코인의 가격은 인간 심리, 거시경제 환경, 규제, 기술 발전, 제도권 자금 유입이라는 복합적인 요소들이 상호작용한 결과다. 이처럼 복잡한 시스템에서 정확한 가격을 예측하는 것은 근본적으로 불가능함에도 불구하고 많은 투자자가 특정 숫자에 집착하고, 그 숫자가 현실이 되지 않으면 크게 실망한다. 투자는 마라톤이지 단거리 경주가 아님을 꼭 기억하자. 한 사이클에서 달성할 성과에 집착하기보다는, 여러 사이클에 걸쳐 자산을 꾸준히 증식시키겠다는 장기적 관점을 가지는 것이 중요하다. 숫자가 아닌 시장의 구조적 흐름에 집중하자. 지금 당신이 읽은 이 분석과 전략이 다음 사이클에서의 성공적인 투자 여정에 도움이 되기를 바란다.

"시장은 단기적으로는 투표 기계이지만, 장기적으로는 저울이다. 장기적으로 가치 있는 것은 결국 그 가치를 인정받게 된다." _ 벤자민 그레이엄

목표가 설정을 위한 참고 사이트

이 챕터에서 설명한 접근법을 실제로 적용하는 데 도움이 될 수 있는 유용한 도구와 자원들을 소개한다.

온체인 분석 도구

1. **룩인투비트코인LookIntoBitcoin.com:** 레인보우 차트, MVRV-Z Score, Pi Cycle Top Indicator 등 다양한 온체인 지표를 무료로 제공한다.
2. **글라스노드Glassnode.com:** 보다 심층적인 온체인 분석을 제공하는 프리미엄 서비스로, 일부 기본 지표는 무료로 이용 가능하다.
3. **코인메트릭스CoinMetrics.io:** 비트코인의 네트워크 데이터와 온체인 지표를 제공한다.
4. **블록클락BlockClock.com:** 레인보우 차트와 함께 다양한 온체인 지표의 실시간 상태를 알려준다.

시가총액 및 전문가 예측 추적

1. **트레이딩뷰TradingView.com:** 비트코인과 금, 주식 등 다양한 자산의 시가총액을 비교하고 차트로 시각화할 수 있다.
2. **코인게코CoinGecko.com:** 암호화폐의 시가총액 순위와 함께 다양한 시장 데이터를 제공한다.

3. **크립토퀀트CryptoQuant.com**: 기관 투자자들의 움직임을 추적할 수 있는 지표와 도구를 제공한다.
4. **더블록TheBlock.co**: 암호화폐 시장에 대한 심층 분석과 기관 투자 동향을 제공한다.

가격 알림 및 자동화 도구

1. **트레이딩뷰 알림**: 특정 가격이나 지표에 도달했을 때 알림을 받을 수 있는 기능을 제공한다.
2. **코인베이스Coinbase/바이낸스Binance 알림**: 주요 거래소 앱은 가격 알림 기능을 제공한다.
3. **3Commas**: 자동화된 매수/매도 전략을 설정할 수 있는 도구를 제공한다.
4. **TradingStrategy.ai**: 데이터 기반의 매수/매도 시그널을 제공한다.

BITCOIN SUPER CYCLE

6부

진짜 투자는 슈퍼 사이클 이후부터다

세 번의 사이클을 거치며 비트코인은 엄청난 수익률을 보여줬지만, 실제로 그만큼의 수익을 본 투자자는 많지 않다. 대다수 투자자가 명확한 전략 없이 감정적으로 행동했기 때문이다. 사이클의 정점에서 매도하지 못하고, FOMO에 시달리거나 하락장에서 패닉셀을 하지 않으려면 보다 장기적인 관점으로 비트코인 투자에 접근해야 한다. 그리고 장기투자의 성과를 높이기 위해선 '사이클 이후'에서의 전략이 매우 중요하다.

1
반드시 다음 사이클을 준비하라

대부분의 투자자가 가장 많은 시간과 에너지를 쏟는 부분은 '언제 매수할 것인가'와 '언제 매도할 것인가'이다. 특히 상승장에서는 최적의 매도 타이밍을 찾는 데 집중하곤 한다. 이 책의 많은 부분을 할애해 다가올 비트코인 목표가에 따른 매도 전략을 소개한 만큼, 투자에 있어 매도 타이밍은 중요한 게 사실이다. 그러나 간과해서는 안 되는 중요한 사실은 바로 진정한 비트코인 사이클 투자는 매도 이후에 시작된다는 점이다.

사이클 투자에서 고민해야 할 근본적인 질문은 '판 후에 어떻게 자산을 재배분할 것인가'이다. 이 질문에 대한 답을 준비하지 않는다면, 성공적인 매도 후에도 그 자금을 제대로 관리하지 못해 다음 사이클에서 크게 실패할 수 있다. 이 책의 마지막 6부에서는 비트코인 슈퍼 사이클의 정점에서 매도에 성공한 후, 어떻게 자산을 효과적으로 리밸런싱해 장기적인 투자 성공의 기반을 마련할 수 있는지 살펴보겠다.

수익 실현의 진정한 목적은 '리스크 제거'

우리가 고점에서의 매도를 통해 수익을 실현하려는 진짜 목적은 단순히 확정적으로 이익을 얻기 위함이 아닌 '리스크 제거'에 있다. 다가올 하락 사이클로 인한 리스크를 제거하고 미래를 위한 생존력을 확보하려는 것이다.

비트코인 사이클이 끝나면 매우 예측 가능한 상황들이 도래한다. 먼저 극심한 가격 하락이 시작되는데, 비트코인은 역사적으로 고점에서 70~85% 하락했으며 알트코인은 보통 80~99% 이상 폭락하는 양상을 보였다. 미디어와 대중의 관심도 급격히 쪼그라드는데 매일 같이 비트코인을 다루던 언론 매체들의 관심은 다른 곳으로 향하고, 비트코인은 끝났다는 부정적 내러티브가 시장을 지배하게 된다. 온라인 커뮤니티 역시 활력을 잃어 암호화폐 관련 포럼과 소셜 미디어 그룹의 활력이 급격히 감소한다.

다양한 기술적 지표들이 극단적인 과매도 구간에 진입하며, 온체인 데이터들도 모두 '바닥 신호'를 보내기 시작한다. 무엇보다 중요한 변화는 투자 심리가 완전히 붕괴된다. 불과 몇 달 전까지 시장을 지배했던 낙관주의는 깊은 비관주의로 바뀌며, 사람들은 장기적 비전보다는 당장의 손실에만 집중하게 된다. 많은 투자자가 절망감에 빠져 시장을 떠나거나 손절매를 단행하는 시점이 바로 이때다.

그런데 이러한 하락장은 역설적으로 가장 좋은 매수 기회이기도 하다. 모든 사람이 절망하고 포기할 때, 정작 가장 큰 기회가 숨어있는 것이다. 하지만 이 소중한 기회를 실제로 활용하려면 반드시 미리 충분한 현금 유동성을 확보해 두어야 한다. 시장이 바닥일 때 매수하고 싶어도 투자할 자금이 없다면 그 기회는 무의미해진다.

바로 여기서 수익 실현의 진정한 가치가 드러난다. 수익 실현은 단순히 당장의 이익을 챙기는 것이 아니라, 다음 사이클을 위한 탄약을 마련하는 전략적 행위인 것이다. 사이클의 정점에서 팔아둔 현금이야말로 다음 바닥에서 더 많은 자산을 매수할 수 있게 해주는 핵심 자원이 되며, 이를 통해 장기적으로 훨씬 더 큰 부를 축적할 수 있다. 투자 기회를 놓치는 것 또한 리스크라고 한다면 수익 실현을 통한 유동성 확보 또한 '리스크 제거'의 일환이라 할 수 있겠다.

다음 장에서 수익을 실현을 통해 하락장으로 인한 리스크를 제거하고 다가올 저점 매수 기회를 준비하는 방법을 살펴보도록 하겠다.

2
3가지 자산으로 수익금을 리밸런싱하라

정점 매도 이후 자산을 어떻게 재배분할 것인가? 가장 이상적인 리밸런싱은 다음 세 가지 영역에 자산을 분산하는 것이다.

현금, 스테이블코인 비중 확대(40~60%)

현금 비중을 40~60% 수준으로 확대하는 것은 가장 강력한 하락장 방어 전략이자 동시에 공격 전략이다. 많은 투자자가 현금을 단순한 안전자산 정도로 여기지만 사실 미래의 기회를 포착하도록 만드는 가장 중요한 요소이기도 하기 때문이다. 역사적으로 가장 큰 수익은 모두가 공포에 떨 때 매수함으로써 달성할 수 있었는데 현금을 보유하고 있어야만 이런 'Buy the Dip' 기회를 실제로 활용할 수 있다.

현금을 다량으로 보유하는 전략은 다방면으로 이점이 많다. 우선 하락장에서 압도적인 방어력을 제공한다. 시장이 아무리 급락하더라도 현금의 가치는 온전히 보존된다. 이는 투자자에게 심리적 안정감을 줄 뿐만 아니라 실제로 자산 보호 효과가 있다.

또한 현금은 투자자에게 자산 다각화의 유연성을 제공한다. 암호화폐가 바닥을 찍었을 때 이 돈으로 다시 투자할 수도 있지만 부동산이나 금, 주식 등 다른 자산군이 더 매력적인 상황에서 그쪽으로 자금을 배분할 수도 있는 '선택권'을 제공한다.

현금 보유 전략을 실행할 때의 핵심은 리스크 분산이다. 현금성 자산의 보관 방식을 다각화하는 것이 중요한데 일부는 주거래 은행에, 일부는 다른 금융기관에, 그리고 일부는 단기 예금이나 머니마켓펀드 같은 유동성이 높은 금융상품에 분산해서 보관하는 것이 바람직하다. 특히 암호화폐에서 나온 자금의 경우 총 현금성 자산의 70~80%는 실제 은행 계좌로 인출하여 암호화폐 생태계 외부의 리스크들로부터 완전히 헤지하는 것이 안전하다. 거래소 해킹, 규제 리스크, 시스템 장애 등 암호화폐 특유의 리스크로부터 자산을 보호하는 중요한 조치다.

돈은 못 버는 것보다 잃는 것이 더 치명적이다. 현금 보유가 단기적으로는 인플레이션으로 인한 실질 가치 하락이나 투자로 돈을 불릴 수 있는 기회비용을 놓치게 만들 수 있지만, 리스크 대비 효율성 측면에서는 효율이 극대화되는 전략이다. 특히 시장이 과열되었을 때는 현금의 옵션 가치가 매우 높아진다. 언제든 좋은 기회가 오면 즉시 투자할 수 있는 유연성을 유지하면서도, 시장 급락 시에는 안전하게 자산을 보존할 수 있기 때문이다. 이런 관점에서 현금은 단순히 수동적인 자산이 아니라 가장 능동적이고 전략적인 포지션이라고 할 수 있다.

비트코인 중심의 방어적 포트폴리오(10~30%)

시장 하락기에도 일정 비율의 자산을 비트코인으로 유지하는 것은 장기적 관점에서 매우 중요하다. 특히 알트코인에서 비트코인으로의 전환은 하락 리스크를 현저히 줄이면서도 비트코인의 장기적 성장 가능성을 놓치지 않는 현명한 선택이다. 이 전략의 핵심은 비트코인이 언제든 기존의 4년 사이클 패턴을 깨고 지속적으로 상승하는 자산으로 변모할 수 있다는 가능성에 있다.

비트코인은 지금까지 명확한 사이클로 움직였다. 그러나 기관 투자자들의 대규모 유입, 국가 차원의 채택, 글로벌 통화 시스템의 변화 등으로 인해 언제든 전통적인 사이클이 깨질 수 있다. 만약 비트코인이 더 이상 80%까지 하락하지 않고 계속해서 우상향하는 자산이 된다면, 사이클 고점에서 전량 매도한 투자자들은 역사상 가장 큰 기회를 놓치게 된다. 또한 하락장에서도 비트코인 도미넌스가 회복되는 경향이 있어, 비트코인을 일정 수준 보유는 암호화폐 내에서 상대적으로 안전한 피난처 역할을 한다. 무엇보다 비트코인은 지금까지 모든 사이클에서 생존하고 이전 고점을 뛰어넘는 새로운 기록을 세워온 유일한 암호화폐로, 장기적 자산 가치를 확실히 뒷받침하는 강력한 근거가 있다.

비트코인 보유 포트폴리오는 절대적 안전성을 바탕으로 장기 보유에 초점을 맞춰야 한다. 하락장에서는 레버리지를 절대 사용하지 않으며, 장기 보유용 비트코인은 하드웨어 월렛 등 콜드 스토리지Cold storage(지갑에 대한 접근권이 인터넷에 연결되어 있지 않은 형태의 보관 방식)에 보관하여 외부 리스크로부터 완전히 격리시켜야 한다. 동시에 하락장에서도 정기적으로 소량의 비트코인을 매수하여 평균 매수가를 지속적으로 낮추는 전략을 병행하는 게 좋다. 이는 시장 타이밍에 의존하지 않으면서도 장기적으로 유리한 포지션을 구축할 수 있도록 도와준다.

이 전략의 핵심 철학은 비트코인의 장기적 혁신성과 희소성을 믿는다는 점에 있다. 비트코인이 단순히 사이클을 반복하는 투기 자산이 아니라 궁극적으로 전 세계적인 가치 저장 수단이자 아날로그에서 디지털로의 '돈의 디지털 트랜스포메이션'의 핵심이 될 수 있는 잠재력을 가진 혁명적 자산이라고 믿는다면, 단기적 사이클에 맞춰 전량 매도하는 것은 매우 위험한 선택이 될 수 있다. 만약 비트코인이 어느 순간부터 금처럼 꾸준히 상승하거나, 주식 지수처럼 장기적으로 우상향하는 자산이 된다면, 사이클 고점에서 모든 비트코인을 판 투자자들은 돌이킬 수 없는 기회비용을 치르게 될 것이다. 따라서 진정으로 비트코인의 장기적 가치를 믿는 투자자라면 시장 사이클에 따라 일부는 매도하더라도 핵심 포지션은 영구적으로 보유할 각오를 해야 한다.

많은 투자자가 사이클 정점에서 올인-올아웃 전략을 취하려 하지만, 장기적으로 결코 좋은 방법이 아니다. 물론 완전히 시장을 떠났다가 적절한 시점에 재진입하는 것도 방법이다. 그러나 이론적으로는 간단해 보이지만 실로 매우 어려운 일이다. 시장이 바닥을 형성하는 과정은 예상보다 길고 복잡할 수 있으며, 많은 투자자가 재진입 타이밍을 놓치거나 오히려 자신이 팔았던 것보다 더 비싼 가격으로 다시 매수하는 경우가 빈번하다.

과거 메이저 사이클의 데이터를 보면, 각 사이클의 저점은 이전 사이클의 고점보다 높은 경향이 있다.

- **1차 사이클 고점(2013년):** 약 $1,100 → 이후 저점: 약 $200
- **2차 사이클 고점(2017년):** 약 $19,700 → 이후 저점: 약 $3,200
- **3차 사이클 고점(2021년):** 약 $69,000 → 이후 저점: 약 $15,800

주목할 점은 2차 사이클 이후 최저점(3,200달러)이 2차 사이클 고점(1,100달러)보다 3배 정도 높았고, 3차 사이클 이후 최저점(1만 5,800달러)은 2차 사이클 고점(1만 9,700달러)에 근접했다는 것이다. 따라서 한 사이클에서 매수한 비트코인을 그다음 사이클 고점에서 전량 매도하지 않고 일부를 보유했다면, 그다음 사이클 저점에서도 여전히 이익 상태를 유지했을 가능성이 높다. 따라서 슈퍼 사이클이라는 특별한 상황에서도 일정 비율은 반드시 보유하여 예측할 수 없는 미래에 대비하는 것이 현명하다.

외부 자산군으로 분산(10~30%)

　암호화폐 외부 자산으로의 분산은 포트폴리오 안정성과 심리적 건강을 위해 매우 중요하다. 이 전략은 투자 다각화를 넘어서 암호화폐 생태계 자체가 가진 시스템적 리스크에서 벗어날 수 있는 안전장치 역할을 한다. 많은 암호화폐 투자자가 높은 수익률에 매료되어 모든 자산을 암호화폐에만 집중시키지만, 이것은 스스로가 생각하는 것보다 훨씬 큰 리스크를 안고 있는 위험한 접근법이다.

　핵심은 상관관계가 낮은 자산으로의 분산이다. 암호화폐와 상관관계가 낮거나 음의 상관관계를 가진 자산에 투자함으로써 전체 포트폴리오의 변동성을 현저히 줄이고 안정성을 높일 수 있다. 또한 인플레이션, 규제 리스크, 금융 위기, 지정학적 갈등 등 다양한 거시경제적 시나리오에 대비할 수 있는 매크로 위험 헤지 기능을 제공한다. 암호화폐만으로는 대응하기 어려운 위험들에 대한 보험 역할을 하는 것이다. 무엇보다 심리적으로 안정감을 느낄 수 있다는 게 장점이다. 암호화폐 시장에만 자산이 집중되어 있으면 24시간 내내 가격 변동에 신경을 쓰게 되고, 극심한 심리적 스트레스와 FOMO에 시달리게 된다. 다른 자산군에도 투자한다면 이런 심리적 부담을 상당히 완화할 수 있다.

　구체적인 실행 방법을 살펴보자. 우선 다양한 자산군에 체계적으로 분산하는 게 중요하다. 전통적인 안전자산인 금이나 은 같은 귀금속, 미국 국채, 달러 인덱스 등에 일정 비중을 배분하는 것이 기본이다. 이런 자산들은 경제 위기나 인플레이션 상황에서 암호화폐와는 다르게 움직여 포트폴리오를 안정화시킨다. 또한 S&P500이나 나스닥 같은 주요 글로벌 지수를 추종하는 ETF에 투자하여 전 세계 경제 성장 가능성에 투자하는 것도 중요하다. 암호화폐가 침체를 겪더라도 글로벌 경제가 성장한다면 수익을 낼 수 있는 대안적 수익원을 마련하는 것이다. 나아가 부동산, 예술품, 희귀 수집품 등 실물 자산도 고려해 볼만하다. 이런 자산들은 인플레이션에 대한 강력한 헤지 기능을 제공하며 암호화폐와는 완전히 다른 시장 논리로 움직인다.

핵심 원칙은 투자의 기본인 모든 달걀을 한 바구니에 담지 않는다는 지혜다. 높은 수익률에 현혹된 암호화폐 투자자들이 쉽게 잊는 규칙이지만, 장기적으로 부를 지키고 늘리기 위해서는 절대 무시할 수 없는 중요한 원칙이다. 암호화폐의 혁신성과 성장 가능성을 믿으면서도, 동시에 예측할 수 없는 리스크에 대비하는 균형 잡힌 투자를 하는 게 매우 중요하다. 결국 성공적인 투자자들은 한 분야에서 큰 성과를 거두면서도 그 성과를 지키기 위한 방어 전략을 동시에 구축하는 사람들이란 걸 잊지 말자.

정리하면 현금성 자산, 비트코인, 암호화폐 이외의 자산군을 각각 40~60%, 30~50%, 10~30% 수준으로 리밸런싱해 나가는 것으로 매도 이후 전략을 정리할 수 있다. 어디까지나 가이드 라인이며 다음 요소에 따라 개인별로 그 비중을 조정해야 한다.

- **투자 경험**: 경험이 많은 투자자는 비트코인 비중을 높게 유지할 수 있다.
- **리스크 성향**: 보수적인 투자자는 현금과 외부 자산 비중을 높인다.

- **투자 규모**: 투자금이 클수록 외부 자산 비중을 높이는 것이 안전하다.
- **나이와 시간 지평**: 젊고 장기 투자할 시간이 많은 투자자는 비트코인 비중을 높게 가져갈 수 있다.
- **시장 상황**: 하락장이 이미 상당 기간 진행된 경우, 비트코인 비중을 점진적으로 높일 수 있다.

3
멘탈 리셋, 투자 휴식기를 가져라

대부분의 투자자들이 사이클 고점에서 성공적으로 매도를 마쳤더라도, 그 이후의 '공백 기간'에서 많은 실수를 저지른다. 이 기간은 투자자의 인내력과 자기 규율이 가장 심하게 시험받는 시간으로, 오히려 매도보다 더 어려운 과제가 될 수 있다.

공백 기간에 나타나는 가장 일반적인 실수는 너무 빠른 재진입이다. 수익 실현의 성취감에 도취하여 시장이 아직 충분히 하락하지 않았음에도 불구하고 성급하게 다시 투자를 시작하는 것이다. 이는 결국 소중한 자산을 잃게 만드는 원인이 된다.

또한 과거에 큰 수익을 안겨준 특정 코인에 대한 감정적 애착도 큰 문제가 된다. 이런 맹목적 충성심은 객관적 판단을 흐리게 하여, 해당 코인의 펀더멘털이 악화되었음에도 불구하고 계속 투자하게 만든다.

많은 투자자가 투자 활동의 빈자리를 메우기 위해 충동적으로 밈코인이나 기타 투기성 자산에 뛰어드는 것도 흔히 저지르는 실수다. 심리적 공허함을 채우려는 욕구에서 비롯되지만 대부분 좋지 않은 결과로 이어진다.

마지막으로 한 번의 성공적인 매도 경험으로 인해 자신의 투자 능력을 과대평가하고 더 위험한 도전에 나서는 '과신'도 주의해야 한다.

이런 실수들을 피하기 위해서는 공백 기간을 효과적으로 활용하는 전략이 필요하다. 가장 중요한 것은 매도 후 최소 3~6개월은 새로운 포지션 구축을 자제하는 '투자 휴식기'로 명확히 설정하는 것이다. 이 기간에는 시장에서 물러나 객관적인 시각으로 암호화폐 기술과 시장을 깊이 있게 연구하는 시간으로 활용해야 한다. 투자 압박에서 벗어나 있을 때야말로 편견 없이 시장을 분석하고 새로운 인사이트를 얻을 수 있는 최적의 시기다. 투자 외의 다른 취미와 활동에 시간을 투자하여 심리적 균형을 찾는 것도 매우 중요하다. 운동, 독서, 여행, 새로운 기술 학습 등 다양한 활동을 통해 투자에만 집중되어 있던 관심을 분산시켜 정신적 건강을 회복해야 한다. 그렇게 멘탈을 회복시키고 하락장 동안 천천히 다음 사이클을 위한 체계적인 투자 전략을 구축하는 것이 좋다.

비트코인 사이클의 교훈: 역사는 반복된다

투자 휴식기를 가지라는 말이 언뜻 이해되지 않을 수 있다. 이쯤에

■ 2010~2020년대 비트코인의 성장세

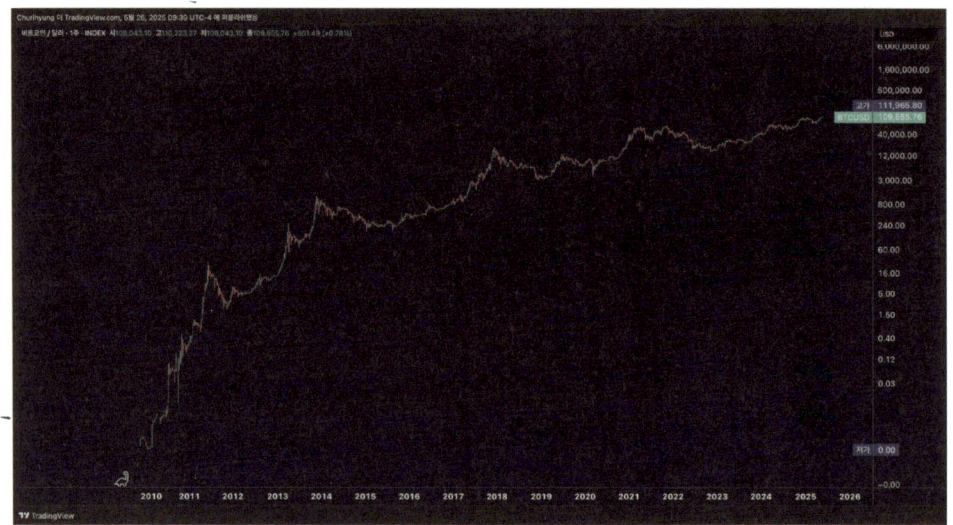

출처: TradingView

서 돌아봐야 할 것이 그동안 비트코인 사이클에서 보여준 투자자들의 행태다.

비트코인이 등장한 지 15여 년이 흘렀지만 투자자들의 행동 패턴은 놀라울 정도로 일관적이다. 기술 혁신과 시장 인프라 발전에도 불구하고, 인간의 기본적인 심리는 수천 년간 변하지 않았기 때문에 탐욕과 공포, 집단 심리와 FOMO 현상은 여전히 시장을 지배하고 있다.

경제학자 하이먼 민스키가 제시한 금융 불안정성 5단계 모델이 비트코인 시장에서 기계적으로 반복되고 있다. 변위 단계에서 새로운 패러다임이 등장하고, 붐 단계에서 점진적 가격 상승과 관심 증가가 나타나며, 열광 단계에서 대중적 참여와 비합리적 낙관론이 팽배해진다. 이후 위기 단계에서 선구 투자자들의 이익 실현이 시작되고, 마지막 공포 단계에서 급격한 가격 하락과 대량 매도가 발생한다. 2013년 온라인 결제 혁신부터 2017년 ICO 열풍과 스마트 컨트랙트 생태계 확장, 2021년 기관 투자 유입과 인플레이션 헤지 내러티브까지 각 사이클마다 서로 다른 동력이 존재했지만, 가격 변동성과 투자자 행동 패턴은 놀라울 정도로 유사했다.

2025년에도 ETF 승인과 미국의 디지털 자산 보유 정책이라는 새로운 구조적 변화가 변위 요인으로 작용하고 있지만, 이후 전개될 시장 역학은 과거 사이클과 본질적으로 다르지 않을 것이다. 비트코인의 기술적 발전은 분명 인상적이다. 라이트닝 네트워크를 통한 확장성 개선, 탭루트 업그레이드를 통한 프라이버시와 스마트 컨트랙트 기능 강화, 그리고 스테이킹 프로토콜을 통한 디파이 생태계 확장 등이 지속적으로 이루어지고 있다.

하지만 이러한 기술적 진보가 투자자들의 심리적 반응 메커니즘을 근본적으로 변화시키지는 못하고 있다. 오히려 각각의 기술적 혁신은 새로운 과대광고 사이클의 촉매제 역할을 할 뿐이며, 인간의 인지적 편향과 감정적 의사결정 구조는 여전히 시장 참여자들의 행동을 좌우하고 있다. 행동경제학적 관점에서 보면 손실 회피 편향, 확증 편향, 앵커링 효과, 그리고 군중 심리 등의 인지적 편향들이 암호화폐 시장에서 더욱 극단적으로 나타나고 있다.

시장 참여자들은 매번 달라진 근거를 제시하며 이번에는 과거와 다르게 시장이 흘러갈 것이라고 말하지만, 결국 동일한 감정의 롤러코스터를 경험하게 되는데 이는 인간이 진화적으로 단기적 사고와 집단 행동에 최적화되어 있기 때문이다. 수십만 년에 걸쳐 형성된 뇌의 신경 구조가 현대 금융 시장의 복잡성에 적응하기에는 시간이 부족하다.

특히 비트코인의 4년 주기 반감기는 오히려 이러한 심리적 패턴을 더욱 강화하는 요인이다. 공급량 감소라는 경제학적으로 명확한 변수가 사전에 프로그래밍되어 있음에도 불구하고, 대다수 투자자는 여전히 감정적으로 의사결정을 내린다. 하락장에서는 절망적 매도를, 상승장에서는 광적인 매수를 반복하는데 이는 정보의 존재가 원활한 감정 조절을 보장하지 않는다는 점을 명확히 보여준다. 반감기 날짜와 그에 따른 영향을 정확히 예측할 수 있음에도 불구하고 시장에선 매번 과소반응과 과대반응을 번갈아 나타난다.

24시간 돌아가는 소셜 미디어와 온라인 뉴스 시장은 발달은 이러한 감정적 변동성을 더욱 증폭시키고 있다. 정보 전달 속도는 기하급수적으로 빨라졌지만, 인간의 정보 처리 능력과 인지적 대역폭은 여전히 제한적이기 때문에 과도한 낙관론과 과도한 비관론이 더욱 극단적이고 빈번하게 교대로 나타나고 있다. 간혹 벌어지는 단일 트윗이나 뉴스 헤드라인으로 인한 수십억 달러 규모의 시장 변동도 이러한 심리적 증폭 효과의 결과다.

또한 새로운 세대의 투자자들이 지속적으로 시장에 유입되면서 과거에 교훈을 체득하지 못한 참여자들이 동일한 실수를 반복하기도 한다. 집단 기억의 한계와 경험 학습의 개별성 때문에 발생하는 필연적 현상이다. 인간은 타인의 경험보다는 자신의 경험을 통해 학습하는 경향이 강하며, 특히 금전적 손실과 관련된 교훈은 개인적 체험 없이는 내재화되기 어렵다.

기관 투자자들의 참여 확대가 시장 효율성을 높이고 변동성을 줄일 것이라는 기대는 반만 맞는 말이었다. 기관도 결국 인간이 운영하는 조직이기에 개인 투자자와 동일한 인지적 편향과 심리적 압박에 노출되어 있다. 오히려 기관이 운용하는 큰 자본으로 인해 시장이 더 크게 충격받는 결과를 낳기도 한다. 펀드 매니저들의 단기 성과 압박, 리스크 관리 시스템의 기계적 작동, 그리고 집단사고 현상 등이 기관 차원에서도 유사한 패턴을 만들어낸다.

비트코인 시장의 글로벌 특성도 보편성이 드러난다. 전 세계 투자자들이 처한 문화적 배경과 경제적 환경은 모두 제각각이지만 기본적인 인지적 편향과 군중 심리는 지역을 초월하여 유사하게 나타난다. 탐욕과 공포, FOMO와 손실 회피 추구는 경계를 넘나드는 보편적 심리 현상이다.

사실 비트코인의 기술적, 환경적 특성부터가 이러한 인간의 심리들을 강화하는 요소가 포함되어 있다. 24시간 글로벌 거래가 가능하고, 높은 변동성과 상대적으로 낮은 시장 유동성, 그리고 복잡한 기술적 개념들이 투자자들이 감정적으로 의사결정하도록 부추긴다. 특히 암호화폐 특유의 이해하기 어려운 원리와 작동 방식, 구조적 특성, 기술적 복잡성은 많은 투자자들로 하여금 근본적 분석보다는 감정과 추세에 의존하게 만들곤 한다.

결국 '비트코인의 과대광고 사이클'은 기술의 발전이나 시장의 성숙도와 무관하게 인간 심리의 근본적 특성에 기반하고 있기 때문에 앞으로도 계속될 수밖에 없다. 사이클의 규모가 커지고 참여자가 늘어나며 영향력이 확대될 뿐, 기본적인 패턴과 메커니즘은 동일하게 유지될 것이다. 이를 이해하고 체계적으로 준비하는 투자자만이 이러한 불변의 인간 심리를 활용하여 지속 가능한 수익을 창출할 수 있을 것이다.

4
비트코인의 최종 도달점은 어디인가

　비트코인을 단순히 하나의 투자 자산으로만 바라보는 시각은 비트코인의 본질적 가치와 잠재력을 크게 과소평가하는 것이다. 우리가 주식을 사고팔듯 비트코인을 거래하는 것은 표면적인 현상에 불과하며, 그 이면에는 인류 역사상 가장 중요한 금융 혁신이 자리잡고 있다. 비트코인은 주식이나 금, 혹은 부동산처럼 기존 자산군과 경쟁하는 또 하나의 수단이 아니라, 돈 자체의 속성과 흐름을 근본적으로 변화시키는 디지털 트랜스포메이션의 중심축이다.

돈의 패러다임을 바꾸는 디지털 트랜스포메이션

현대 금융 시스템은 겉으로는 디지털화된 것처럼 보이지만, 여전히 대부분 아날로그적 속성을 가지고 있다. 디지털 뱅킹과 전자 송금이 존재하지만, 그 기반인 법정 화폐는 여전히 중앙기관이 발행하고 통제한다. 통화 정책은 각국 중앙은행이라는 소수의 결정권자에 의해 좌우되며 글로벌 자산 흐름은 국경과 규제, 그리고 지역적 불균형 속에서 제한적으로만 이루어진다.

반면 비트코인은 이러한 기존 패러다임을 완전히 뒤집는 특성을 갖추고 있다.

1. **국경을 넘는 진정한 디지털 자산**: 비트코인은 어떤 국가나 기관에도 종속되지 않으며, 인터넷이 연결된 곳이라면 어디서든 즉시 접근하고 전송할 수 있다. 이는 과거 어떤 화폐나 자산도 가지지 못했던 특성이다.
2. **21세기형 가치 저장 수단**: 비트코인의 총 발행량은 2,100만 개로 엄격히 제한되어 있으며, 이는 어떤 중앙기관도 임의로 변경할 수 없다. 이러한 구조적 희소성은 인플레이션에 취약한 법정화폐와 근본적으로 다르다.
3. **검열 불가능한 통화 시스템**: 비트코인 네트워크는 전 세계 수천 개의 노드에 분산되어 있어, 어떤 단일 주체도 거래를 검열하거나 시스템을 중단시킬 수 없다. 이는 자산 동결이나 계좌 압류와 같은 전통적 통제 수단이 작동하지 않는다는 걸 의미한다.

이러한 특성들이 결합되어 비트코인은 존재만으로도 인류의 자산 구조를 근본적으로 재편할 수 있는 혁신적인 도구가 되었다. 화폐의 본질과 기능에 대한 새로운 패러다임을 제시하고 있는 것이다.

세계 자산 구조 속에서 비트코인의 위치

현재 비트코인의 시가총액은 약 2조 달러에 이른다. 과거 미약했던 규모를 생각하면 놀라운 성장이지만 전 세계 자산 시장의 규모를 약 1,000조 달러로 추론했을 때 여전히 0.2% 수준에 불과한 미미한 비중이다. 글로벌 자산 시장의 구성을 살펴보면 다음과 같다.

- **부동산 시장**: 약 370조 달러
- **채권 시장**: 약 318조 달러
- **주식 시장**: 약 135조 달러
- **현금 및 예금**: 약 129조 달러
- **금을 포함한 귀금속**: 약 22조 달러
- **예술품 및 수집품**: 약 27조 달러
- **비트코인 및 암호화폐**: 약 2.5조 달러(비트코인만)

이러한 관점에서 보면, 비트코인은 아직 글로벌 자산 시장에서 극히 일부분일 뿐이다. 그러나 최근 들어 비트코인은 투기 자산에서 벗어나

■ 전 세계 자산군별 시장 규모

출처: X@Croesus_BTC

글로벌 금융 생태계의 정식 구성원으로 자리잡고 있다. 블랙록이나 피델리티와 같은 세계 최대 자산운용사들이 비트코인 투자 상품을 출시하고 있으며, 엘살바도르가 법정 화폐로 비트코인을 채택한 것처럼 국가 수준에서의 인정과 활용이 시작되었다. 미국 SEC의 현물 ETF 승인으로 전통 금융과의 연결성도 강화되었고 거대 기업들이 현금 보유분의 일부를 비트코인으로 대체하기 시작했다.

이러한 추세는 비트코인이 이제 글로벌 자산 구조 내의 정식 플레이어로 인정받기 시작했음을 시사한다. 그리고 이 속도는 결코 느리지 않다. 비트코인이 10년 만에 0달러에서 1조 달러 시가총액에 도달했다는 사실을 고려하면, 향후 10년간 10조 달러, 다시 10년 뒤에는 10조에서 100조 달러까지 성장할 가능성이 있다.

2045년, 비트코인의 잠재적 가치

장기적 관점에서 비트코인의 잠재적 가치를 예측하는 것은 복잡한 작업이지만, 몇 가지 합리적인 가정을 통해 가능한 시나리오를 탐색해 볼 수 있다.

경제학자들의 예측에 따르면, 2045년경 전 세계 자산 시장의 총 규모는 약 4,000조 달러에 도달할 것으로 보인다. 이는 현재보다 4배 이상 증가한 수치로, 경제 성장과 자산 인플레이션을 모두 고려한 추정치다. 이러한 상황에서 비트코인이 글로벌 자산 시장에서 차지하는 비중을 시나리오별로 살펴보자.

■ **스트래티지 마이클 세일러의 2045년 예상 자산 가치**
(비트코인이 전체 자산의 7% 점유)

1. **보수적 시나리오(1% 점유율)**: 비트코인이 글로벌 자산의 1%를 차지한다면, 시가총액은 40조 달러에 이르게 된다. 이 경우 1BTC의 가격은 약 190만 달러(한화 약 24억 원)가 된다.
2. **중간 시나리오(5% 점유율)**: 비트코인이 금과 유사한 수준인 5%의 점유율을 달성한다면, 시가총액은 200조 달러까지 성장할 수 있다. 이 경우 1BTC의 가격은 약 950만 달러(한화 약 120억 원)에 이른다.
3. **낙관적 시나리오(10% 점유율)**: 비트코인이 디지털 금을 넘어 주요 글로벌 가치 저장 수단으로 자리잡으며 10%의 점유율을 달성한다면, 시가총액은 400조 달러, 1BTC의 가격은 약 1,900만 달러(한화 약 240억 원)까지 오를 수 있다.

이러한 수치들은 지금 시점에서는 공상 과학처럼 들릴 수 있다. 그러나 생각해 보자. 1980년대만 해도 "강남 아파트가 20억 원이 될 것"이라는 말을 믿은 사람은 거의 없었다. 당시 1억 원도 안 되던 아파트가 40년이 지난 지금 20억, 30억을 넘어 100억 원까지 치솟은 것은 당시로선 상상조차 어려웠던 일이다.

비트코인은 강남 아파트보다 훨씬 더 글로벌하고, 훨씬 더 희소하며, 훨씬 더 개방적인 자산이다. 또한 부동산과 달리 인위적으로 공급이 증가할 가능성도 없다. 이러한 측면에서 비트코인의 장기적 가치 상승 잠재력은 오히려 더 크다고 볼 수 있다.

비트코인이 만드는 새로운 패러다임과 역사적 기회

전 세계 자산 구조는 이미 비트코인으로 인한 거대한 조정을 시작했다. 아직 그 변화의 규모는 크지 않을 수 있지만, 변화가 시작됐다는 분명한 신호들이 여러 영역에서 동시에 관찰되고 있다. 인류 역사상 가장 거대한 패러다임 변화의 시작 단계인 것이다.

2008년 금융위기 이후 시작된 양적완화 정책과 제로 금리 기조는 전통적인 통화 정책의 한계를 드러냈다. 특히 코로나19 팬데믹 대응으로 전 세계 중앙은행들이 펼친 사상 초유의 무분별한 화폐 발행은 법정 화폐 시스템에 대한 근본적인 신뢰를 크게 약화시켰다. 미국 연준은 2020년 한 해 동안만 기존 달러 공급량의 40%에 해당하는 새로운 달러를 발행했고, 유럽중앙은행과 일본은행 역시 비슷한 수준의 통화 팽창을 단행했다. 화폐 공급량 급증은 자산 인플레이션을 가속화했으며 주식, 부동산, 원자재 등 모든 실물 자산의 가격 상승을 촉발하면서 많은 투자자들이 화폐 가치 하락에 대응할 수 있는 인플레이션 헤지 수단을 찾게 되었다.

금과 같은 전통적인 가치 저장 수단은 여전히 중요한 역할을 하고 있으며 실제로 팬데믹 초기 상당한 자금이 유입되었지만 디지털 시대의 요구 사항에 부응하기에는 뚜렷한 한계가 있다. 물리적 보관을 위한 높은 비용과 복잡한 보안 시설의 필요성, 소액 거래를 위한 분할의 제한, 국경을 넘나들 때 발생하는 복잡한 세관 절차와 신고 의무 등은 글로벌화된 디지털 경제에서 명확한 단점으로 작용한다.

특히 젊은 투자자들은 물리적 자산보다는 디지털 형태의 자산을 선호하는 경향이 강해지고 있는데 이들에게 금은 구시대적인 투자 수단으로 인식되는 경우가 많다. 이는 단순한 선호의 문제가 아니라, 디지털 네이티브 세대가 추구하는 효율성, 접근성, 그리고 혁신성 부족에 대한 본능적인 반응이다.

가장 주목할 만한 변화는 기존 금융기관들의 태도 전환이다. 불과 몇 년 전만 해도 비트코인을 디지털 마약 또는 스캠(사기)라고 혹평했던 JP모건의 제이미 다이먼 CEO조차 현재는 고객 서비스 차원에서 암호화폐 업무를 확대하고 있고 골드만삭스, 모건스탠리 등 대형 은행들이 적극적으로 비트코인 투자 상품과 서비스를 출시하고 있다.

이러한 변화는 단순히 기회를 포착하려는 의도를 넘어 리스크 관리 차원에서 비트코인이 포트폴리오 분산과 헤지 기능에 실질적으로 기여할 수 있다는 기관들의 인식 변화를 반영한다. 특히 비트코인이 주식, 채권 등 전통 자산과의 상관관계가 상대적으로 낮다는 점과 인플레이션 환경에서의 자산 보호 효과가 입증되면서 기관 투자자들의 관심이 급속히 증가하고 있다.

초기에는 규제의 불확실성과 정부의 부정적 입장이 비트코인 채택의 가장 큰 장벽이었지만, 현재는 전 세계 많은 국가들이 암호화폐에 대한 명확하고 균형 잡힌 규제 프레임워크를 개발하고 있어서 제도적 기반이 크게 개선되고 있는 중이다. 미국은 SEC의 ETF 승인을 통해 합법적 투자 자산으로서의 지위를 확고히 했으며, 유럽연합은 MiCA**Markets in Crypto-Assets** 규정을 통해 통합된 규제 체계를 구축했다.

일본과 싱가포르는 혁신적인 암호화폐 허브로 자리매김하고 있으며, 심지어 중국처럼 비트코인 거래를 금지한 국가조차 중앙은행디지털화폐**CBDC** 개발을 통해 디지털 자산의 미래를 인정하고 있다. 이러한 규제가 명확해질수록 더 많은 기관과 개인이 법적 리스크에 대한 우려 없이 합법적이고 안전하게 비트코인 시장에 참여할 수 있게 될 것이다.

이 모든 물줄기는 결국 하나의 거대한 흐름으로 모인다. 이제 비트코인은 디지털 골드의 차원을 넘어 디지털 자산 시대 새로운 패러다임의 중심축이자 기준점이 될 가능성이 크다는 것이다. 지금 우리가 목격하고 있는 것은 화폐와 가치 저장 수단에 대한 인류 문명사적 전환의 초기 단계라고 볼 수 있다.

비트코인이 글로벌 자산 시장에서 차지하는 0.2%라는 현재의 비중은 인터넷이 막 상용화되기 시작한 1990년대 초중반의 상황과 놀라울 정도로 유사하다. 당시 전 세계 인터넷 사용자는 전체 인구의 1%도 되지 않았으며, 사람들은 인터넷을 학술 연구나 컴퓨터 애호가들의 전유물로 여겼다. 하지만 불과 30년 만에 인터넷은 전 세계 정보, 통신, 상거래, 엔터테인먼트 구조를 완전히 재편했으며 일상의 모든 영역에 깊숙이 침투했다.

부의 이동은 항상 새로운 패러다임의 등장과 함께 일어났다. 산업혁명, 인터넷 혁명, 그리고 이제 우리는 비트코인이 만들어내는 화폐 혁명을 마주하고 있다. 비트코인은 패러다임의 변화를 대표하는 자산이며, 돈의 디지털 트랜스포메이션이라는 거대한 물결의 중심이다. 지금이야말로 부를 창출하고 보존할 수 있는 가장 합리적이며 가장 현실적인 기회다. 이 거대한 흐름은 향후 20~30년간 당신의 인생과 부의 수준을 근본적으로 바꿀 수 있다.

    지금이 바로 그 변화의, 그리고 기회의 시작점이다.

맺음말
―――

그릇을 키우는 시간

지금까지 이 책을 통해 비트코인 사이클의 패턴을 이해하고, 정점의 신호를 포착하며, 목표 가격을 설정하고, 포트폴리오를 리밸런싱하는 실용적인 방법들을 살펴보았다. 이 모든 지식의 가치는 하나로 귀결된 질문을 통해 가늠할 수 있다.

"나는 이 사이클을 통해 나의 그릇을 얼마나 키웠는가?"

시장은 공평하다. 모두에게 같은 기회를 제공한다. 그러나 결국 각자가 가진 그릇의 크기만큼만 채울 수 있다. 그 그릇이란 무엇일까? 바로 지식과 통찰이다. 시장과 자산에 대한 깊은 이해, 거시경제 흐름을 읽는 능력, 온체인 데이터를 분석하는 기술적 역량이 모두 여기에 포함된다.

그리고 이론만큼 중요한 것이 감정 조절 능력이다. 모두가 환호할 때 냉정함을 유지하고, 모두가 절망할 때 용기를 내며, 시장이 혼란스러울 때 판단력을 잃지 않는 능력 말이다. 비트코인 시장에서 감정을 다스리는 힘은 반드시 갖춰야 할 기본기이자 가장 달성하기 어려운 과제다. 다행히도 이러한 감정 조절은 연습과 경험을 통해 향상될 수 있다. 극단적 시장 상황에 반복적으로 노출될수록, 점차 감정의 파도에 휩쓸리지 않고 객관적 판단을 유지하는 능력이 강화된다.

무엇보다 그릇의 핵심은 인내다. 비전이 실현되기를 기다리는 능력, 단기적 유혹을 이겨내는 의지력, 계획을 일관되게 실행할 수 있는 규율 말이다. 인내는 어쩌면 가장 얻기 어려운 자질일 수 있다. 특히 비트코인과 같이 변동성이 큰 시장에서는 말이다. 진정한 인내는 단순히 '기다림'이 아니라 '목적이 있는 기다림'이다. 시장의 속성과 자신의 전략을 깊이 이해하고 분명한 목적을 갖췄을 때 우리는 유혹이나 두려움에 흔들리지 않을 수 있다. 그리고 인내는 인내한 만큼의 큰 보상을 우리에게 가져다준다.

상승장, 하락장, 횡보장에 대한 명확한 행동 지침을 세우고 예상 밖의 상황에 대비한 대비책도 준비하자. 자신의 투자 지평, 리스크 감수 능력, 자산 배분 원칙을 명확히 하고 이에 따라 일관되게 행동하자. 장기적 비전을 갖추고 단계적 전략을 수립해 행동하되 변화하는 환경에 유연하게 대응하자. 단순히 언제 사고 언제 팔 것인지를 고민하는 것에 멈추지 말고 '어떤 상황에서 어떻게 행동할 것인가'를 계획하는 차원으로 생각을 확장시키자. 이처럼 전략적으로 사고하며 투자하는 능력을 키우는 일은 투자뿐 아니라 인생의 모든 영역에서 가치가 발휘되는 자질이기도 하다.

이번 사이클이 끝났을 때, 모든 투자자가 같은 결과를 얻지는 않을 것이다. 어떤 이들은 고점에서 감정에 휘둘려 모든 수익을 놓치고, 때로는 원금까지 잃고 시장을 떠날 것이다. 또 다른 이들은 확고한 원칙과 냉철한 판단으로 수익을 지키고, 더 나아가 다음 사이클을 위한 토대를 마련할 수 있을 것이다. 진정한 투자자는 한 사이클의 성공에 머무르지 않는다. 한 여정이 끝날 때마다 새로운 시작을 준비한다. 이번 사이클에서 얻은 수익은 단순한 승리의 보상이 아니라, 다음 여정을 위한 자원이자 지혜의 씨앗이기도 하다.

비트코인 사이클의 원리가 복잡하고 예측하기 어려울 수 있지만, 그 기저에 흐르는 원칙은 단순하다. 사이클은 거품과 공포의 반복이며, 군중심리와 구조적 변화가 복합적으로 작용한 결과다. 거시경제 환경, 규제 변화, 기술 발전 등의 요인이 사이클의 정확한 타이밍과 크기에 영향을 미칠 수 있지만, 공급 축소와 수요 증가의 상호작용이 만들어내는 기본적인 순환 구조는 계속될 가능성이 높다.

그렇기에 이번 사이클에서 원하는 성과를 얻지 못하더라도 낙담하지 말자. 모든 위대한 투자자들도 처음에는 실수와 시행착오를 겪었다. 중요한 것은 경험을 통해 배우고 더 나아지는 것이다. 실패는 그 자체로 값진 교훈이며, 종종 성공보다 더 많은 것을 가르쳐준다. 투자의 여정에서 가장 큰 실패는 일시적인 손실이 아니라, 그 손실에서 아무것도 배우지 못하는 것이다. 포기하지 않는다면 그 어떤 손실도 더 큰 보상을 위한 '값진 수업료'가 될 수 있다. 따라서 계속 도전하는 투자자에게는 원칙적으로 손실도 실패도 있을 수 없다.

투자란 결국 두 가지 측면의 여정이다. 하나는 자산을 늘려가는 외적 여정이고, 다른 하나는 자신을 성장시키는 내적 여정이다. 진정한 성공은 이 두 가지가 함께 이루어질 때 완성된다. 경제적 자유는 단순히 큰돈을 버는 것이 아니라, 돈과의 건강한 관계를 정립하고 그것이 인생에서 차지하는 적절한 위치를 찾았을 때 달성할 수 있다.

이 책을 통해 단순히 투자 기법만 배우는 것이 아니라, 투자자로서의 철학과 마인드셋, 그리고 지속 가능한 성공을 위한 원칙을 함께 얻어가기를 바란다. 투자 성공은 기술적 분석이나 타이밍보다 자신에 대한 이해와 감정 조절, 그리고 원칙을 일관되게 실행하는 자세에 더 많이 달려 있다는 것을 항상 기억하자.

비트코인과 암호화폐 시장은 여전히 초기 단계다. 우리는 디지털 자산이 글로벌 금융 시스템을 재편하는 역사적인 순간에 서 있다. 이러한 패러다임 전환기에는 항상 혼란과 불확실성이 존재하지만, 동시에 전례 없는 기회도 함께 찾아온다. 이 거대한 변화의 물결 속에서 준비된 투자자들에게는 이전에 없던 기회가 펼쳐질 것이다. 슈퍼 사이클을 꼭 외부에서 찾으려 하지 말자. 시대적 변화를 깨닫고 올바른 방향으로 투자의 여정을 떠나기로 마음먹었다면 바로 그 지점에서부터 자신만의 슈퍼 사이클이 시작된다. 부디 이 책이 그 길동무가 되어주었으면 하는 바람이다. 당신의 투자 여정에 지혜와 용기, 그리고 행운이 함께하기를 진심으로 기원한다.

비트코인 슈퍼 사이클 2026

1판 1쇄 발행 2025년 8월 13일
1판 2쇄 발행 2025년 8월 20일

ⓒ 신민철, 2025

지은이	신민철
펴낸곳	거인의 정원
출판등록	제2023-000080호 (2023년 3월 3일)
주소	서울특별시 강남구 영동대로602, 6층 P257호
이메일	nam@giants-garden.com

* 이 책은 저작권법에 따라 보호받는 저작물이므로 무단전재와 무단복제를 금합니다.
  이 책의 전부 또는 일부를 이용하려면 반드시 사전에 저작권자와 거인의 정원 출판사의 서면 동의를 받아야 합니다.
* 잘못 만든 책은 구입한 서점에서 바꿔 드립니다.